云南省哲学社会科学创新团队成果文库

# 云南沿边农村金融
# 发展问题研究

## Research on the Rural Financial Development
## in the Border Financial Opening of Yunnan Province

唐青生 等 / 著

社会科学文献出版社
SOCIAL SCIENCES ACADEMIC PRESS(CHINA)

# 《云南省哲学社会科学创新团队成果文库》
# 编辑说明

《云南省哲学社会科学创新团队成果文库》是云南省哲学社会科学创新团队建设中的一个重要项目。编辑出版《云南省哲学社会科学创新团队成果文库》是落实中央、云南省委关于加强中国特色新型智库建设意见，充分发挥哲学社会科学优秀成果的示范引领作用，为推进哲学社会科学学科体系、学术观点和科研方法创新，为繁荣发展哲学社会科学服务的具体举措。

云南省哲学社会科学创新团队 2011 年开始立项建设，在整合研究力量和出人才、出成果方面成效显著，产生了一批有学术分量的基础理论研究和应用研究成果，2016 年云南省社会科学界联合会决定组织编辑出版《云南省哲学社会科学创新团队成果文库》。

《云南省哲学社会科学创新团队成果文库》从 2016 年开始编辑出版，拟用 5 年时间集中推出 100 本云南省哲学社会科学创新团队研究成果。云南省社会科学界联合会高度重视此项工作，专门成立了评审委员会，遵循科学、公平、公正、公开的原则，对申报的项目进行了资格审查、初评、终评的遴选工作，按照"坚持正确导向，充分体现马克思主义的立场、观点、方法；具有原创性、开拓性、前沿性，对推动经济社会发展和学科建设意义重大；符合学术规范，学风严谨、文风朴实"的标准，遴选出一批创新团队的优秀成果，根据"统一标识、统一封面、统一版式、统一标准"的总体要求，组织出版，以达到整理、总结、展示、交流，推动学术研究，促进云南社会科学学术建设与繁荣发展的目的。

编委会

2017 年 6 月

# 目　录

# 第一章

# 绪　论

本章主要介绍研究的背景与意义，梳理研究的主要内容、思路与方法、主要观点与创新点、难点与不足，全面地对所研究的问题进行导引阐述与关键思想揭示。

## 第一节　研究的背景与意义

### 一　研究背景

沿边经济开放是我国沿边提高边疆区域经济竞争力、缩小与内陆和沿海发展差距、参与全球经济格局竞争的必然要求。1992 年 3 月，我国正式拉开了沿边经济开放的序幕。

为进一步推进我国沿边经济开放上规模、增质效、提速度，有必要在沿边金融开放上进行试点探索。2013 年 11 月 20 日，国务院正式批复了《云南省广西壮族自治区建设沿边金融综合改革试验区总体方案》（简称《总体方案》）。[①] 沿边金融综合改革试验区主要范围包括滇桂两省区共 15 个州市，具体为云南的 9 个州市和广西的 6 个市，区域总面积 31.77 万平

---

① 经国务院同意，中国人民银行、国家发展和改革委员会、财政部、商务部、海关总署、国务院港澳事务办公室、国务院台湾事务办公室、中国银行业监督管理委员会、中国证券监督管理委员会、中国保险监督管理委员会、国家外汇管理局 2013 年 11 月 20 日发出通知，印发《云南省广西壮族自治区建设沿边金融综合改革试验区总体方案》。《云南日报》2013 年 11 月 26 日全文发布。

方公里，共 4419 万人口。其中云南省包括昆明市、保山市、普洱市、临沧市、红河州、文山州、西双版纳州、德宏州、怒江州共 9 个州市，面积 22.07 万平方公里，占全省土地总面积的 56%，人口 2514.9 万人，占全省总人口的 54%。广西壮族自治区包括南宁市、钦州市、北海市、防城港市、百色市、崇左市 6 个市。可以说，这是我国继上海自由贸易试验区之后批复的第二个区域性综合改革试验区方案，是当前我国区域面积最广、人口最多、边境和海岸线最长、面向国家最多的一个金融综合改革试验区，也是第一个以省区命名、第一个跨省区、第一个沿边跨境的金融综合改革试验区，也是党的十八届三中全会后第一个获批的专项金融综合改革方案。该方案彰显出我国全面深化改革的决心、信心和勇气，是我国金融改革的一项重大创新，在对外金融改革开放上迈出了历史性的步伐，具有十分重要的探索突破和创新意义。

《总体方案》明确指出，"整合西南边陲民族地区金融资源"，"推动沿边地区和民族地区经济金融和谐发展"，支持云南、广西面向南亚和东盟实行金融开放，以实现沿边金融、跨境金融和地方金融创新发展。全面提升两省区对外开放和贸易投资便利化水平、跨境金融服务水平，推动我国人民币周边区域化和沿边大开放实现新的突破发展，也是"加强顶层设计"和"摸着石头过河"相结合、整体推进和重点突破相促进的具体体现。沿边金融综合改革试验必将助推云南、广西跨境金融快速发展，促进我国沿边金融对外开放实现大跨越，对发展沿边经济、跨境经济将产生积极作用，并推动人民币在东盟、南亚区域影响力的上升。尤其对当时云南一直在不断打造和推进的滇中经济圈、沿边开放经济带、孟中印缅经济走廊、跨境经济合作区、昆明区域性国际金融中心、云南桥头堡战略以及园区经济、县域经济、民营经济等，都具有十分重大的作用。沿边金融综合改革试验区建设以沿边金融、跨境金融和地方金融改革为三条主线，而农村金融作为金融的重要组成部分，也属于金融综合改革的重要内容，因而与沿边金融、跨境金融和地方金融紧密相连、息息相关。《总体方案》颁发后，2014 年 1 月 14 日，云南便抓紧出台了《关于建设沿边金融综合改革试验区的实施意见》（云政发〔2013〕158 号），对方案具体实施进行了细化分解与部署落实。

　　本研究基于以上背景，具体以《总体方案》为蓝本，以滇桂沿边金融综合改革试验区中的云南为主要研究对象，以农村金融发展问题为主线和突破口进行政策解读与深入研究，针对当前云南试验区建设中面临的一系列农村金融发展问题进行专门研究。同时，由于云南沿边地区大多是农村地区、民族地区和贫困地区，在"三农"问题倍受重视的今天，以农村金融为重点和突破口深入研究云南民族地区"三农"问题的破解之道，无疑具有十分重要的理论和现实意义。

　　《总体方案》作为我国金融改革的"顶层设计"，体现了明确的金融开放取向与试点探索要求，其基本框架主要包括"总体要求""主要任务""保障措施"三个部分，共计 4000 余字。"总体要求"包括指导思想、总体思路和主要目标三个方面，"主要任务"有十个，"保障措施"有三个。

　　《总体方案》中直接提及农村金融改革的是十大主要任务中的"第五条"，该条明确指出："加快农村金融产品和服务方式创新。指导和鼓励金融机构与涉农部门建立对接互动机制，推进农村产权确权登记颁证服务平台建设，与评估、流转、信贷融资等服务做好衔接。依法探索扩大可用于担保的财产范围，创新农村互助担保机制和信贷风险分担机制。鼓励涉农金融机构探索开展林权、土地承包经营权抵押贷款业务。建立和完善专项监测统计制度，引导涉农贷款、小微企业贷款增速不低于各项贷款平均增速。加快推进农村信用体系和支付结算体系建设，努力实现农户信用档案和行政村惠农支付服务点全覆盖。指导和推动建立联评、联动、联创、联贷机制，加快健全农户电子信用档案的登记、评价和贷款授信，推广应用非现金支付工具，提高农村支付结算便利度，增强'三农'金融服务能力和抗风险能力。"而间接提及且与农村金融发展直接相关的则有多处，如村镇银行、民营银行、贷款公司、小额贷款公司（简称"小贷公司"）、融资性担保公司、跨境金融合作、跨境保险合作、农业保险、优化金融生态环境、加强金融基础设施建设、完善金融市场组织体系、培育发展金融市场等方面的内容。这些都体现了《总体方案》与农村金融发展的紧密相关性。

　　《总体方案》可以说是我国第一个金融综合性专门改革方案，也是第一个沿边跨境金融改革方案，既然是金融综合性改革方案，其中必然包括农村金融。从其主要内容及框架结构中，可以清楚地看到，沿边金融、跨境金融和地方金融是其改革发展主线，而农村金融也交织其中，形成了一个你中有我、我中有你的融合、互补的综合体系。从某种意义上讲，城乡金融是一个国家和一个地区金融的整体，农村金融是其最基础、最广泛和最重要的组成部分，其涉及地域广大、人口众多、业务繁杂，沿边金融、跨境金融和地方金融与农村金融关系密切。没有农村金融或不重视农村金融的发展，要实现《总体方案》提出的沿边金融、跨境金融和地方金融发展与十大主要任务就是一句空话，难以落到实处，也就必然成为此项改革的重要"短板"与缺陷。因此，城乡金融必须统筹协调，只有作为"一盘棋"全面综合考虑，改革才能取得圆满成功，否则，农村金融改革滞后便会拖住总体改革的"后腿"。因此，《总体方案》高屋建瓴，对农村金融发展高度重视并提出了明确的改革要求，体现了"顶层设计"和"摸着石头过河"的改革思路。也正因为此，本研究选择从农村金融视角来研究《总体方案》中涉及的沿边地区农村金融发展问题，以期农村金融改革这块"短板"能够迅速补齐和跟上沿边金融综合性改革的步伐与进度，最终实现沿边金融综合改革整体效应。

## 二　研究意义

云南地处我国西南边陲，"边疆、民族、山区、贫困"是其基本特点，与越南、老挝、缅甸接壤相邻，边境线长达 4060 公里，共有 26 个民族，十余个民族跨境而居，农村地域广大，农村人口占比很大且贫困人口多，长期以来农村经济金融发展较为缓慢。因此，《总体方案》选择云南作为沿边金融开放的"试验区"，强调沿边金融、跨境金融和地方金融改革发展的意义，对农村金融改革也做了相关部署和要求，一方面丰富了金融综合性改革创新内容，另一方面也对沿边金融开放背景下农村金融这块"短板"提出了任务要求，这为我们深入探索研究这一问题提供了重要的方向指南，具有重大的现实意义。

基于以上分析，本研究紧紧抓住《总体方案》的指导思想和总体思路，紧密围绕并以《总体方案》强调的沿边金融、跨境金融和地方金融改革中的农村金融发展为中心，以十大主要任务中强调的相关农村金融问题为主要研究内容，以云南为重点研究对象进行研究。为此，在具体内容设计中，我们尽可能选取当前影响云南沿边地区农村金融改革发展的主要问题进行深入研究，包括涉农金融机构、农村金融服务与业务、农村金融市场和跨境金融合作四个方面。涉农金融机构主要包括中国农业银行（简称"农业银行"）、中国农业发展银行（简称"农业发展银行"）、农村信用社（简称"农信社"）、村镇银行、民营银行、小额贷款公司、农村资金互助社等。在农村金融服务与业务方面，主要选取了农村普惠金融、农村"三权三证"抵押贷款问题进行研究。在农村金融市场方面，主要对农村要素市场交易所与农村金融资源配置效率问题进行研究。通过重点对以上问题的研究，提出对策建议，为云南沿边农村金融改革发展提供解决方案和重要参考，使云南沿边金融开放这一国家"试验田"在云南取得丰硕成果，并在全国更大范围得到复制与推广。

## 第二节　研究的主要内容

本研究以云南为研究重点和研究对象，通过对云南沿边地区农村金融相关问题的分析研究，提出对策及政策建议，以补齐沿边金融开放中农村金融发展的"短板"，为我国沿边金融开放与地方金融发展提供农村金融改革发展的经验与借鉴。具体来看，本研究的基本框架和主要内容构成如下。

第一章：绪论。主要介绍研究的背景与意义、主要内容、思路与方法、主要观点与主要创新点，以及难点与不足。

第二章：文献综述与基本理论。主要对国内外相关研究文献进行梳理，对云南沿边金融开放中的农村金融发展涉及的一些基本概念、相关农村金融发展理论及理论机制进行分析，为进一步研究提供必要的文献理论基础。

第三章：云南沿边金融开放中的农村金融改革发展现状与主要成效。主要对《总体方案》实施以来云南沿边地区农村金融改革发展现状及取得的主要成效进行分析，为进一步对相关农村金融发展问题进行研究提供重要依据。

第四章：云南沿边金融开放中的涉农金融机构发展研究。重点对云南目前主要涉农金融机构，包括农业银行、农业发展银行、农村信用社、村镇银行、小额贷款公司、民营银行、农村资金互助社等的发展现状与问题逐一进行分析，并提出相关对策建议。

第五章：云南沿边金融开放中的农村金融服务与业务创新研究。选取云南沿边金融开放中的农村普惠金融、农村"三权三证"抵押贷款两个问题进行专门研究，并提出相关发展建议。

第六章：云南沿边金融开放中的农村金融市场发展研究。重点研究云南省农村要素市场交易所的发展现状与主要问题，提出构建设想，以图通过这一机构的建立，为农村金融市场发展提供重要的作用平台，从更深层次上看则是彻底打通"三农"发展的融资"阻梗"，培育市场化发展基础，更好地发挥要素市场对农村金融发展的作用，进而提高农村金融市场发展质量与深度。同时，对当前云南沿边地区农村金融资源配置效率进行实证分析，得出研究结论，提出进一步提高效率的对策建议。

第七章：云南沿边金融开放中的跨境金融合作发展研究。重点研究当前云南省跨境金融合作存在的主要问题，进而提出相关对策建议。

第八章：综合性政策建议。在前面各章相关对策建议研究基础上，进行综合性归纳与总结提炼，主要针对政府、涉农金融机构、农村小微企业、农户等农村金融市场主体，围绕涉农金融机构、产品业务发展、市场效率建设、跨境金融发展、金融风险防控监管、农村金融人才培养和农村金融生态环境等提出进一步的政策建议。

第九章：结论与研究展望。基于以上研究，进一步进行总结，并对下一步云南农村金融发展提出值得深入研究的问题与目标。

# 第三节　研究的思路与方法

## 一　研究思路

本研究从时间与空间、静态与动态、一般普遍性与区域特殊性等方面，以云南沿边金融开放为基本背景，通过对《总体方案》的解读，以农村金融发展为重点研究了云南沿边金融开放中的农村金融发展相关问题，力图通过对云南农村金融发展问题的研究，推动实现《总体方案》中提出的沿边金融、跨境金融和地方金融的全面改革发展任务目标，具体是沿着"政策出台—文献梳理—提出问题—考察现状与实证研究—对策建议"的逻辑思路开展研究。

## 二　研究方法

（1）本研究采用理论与实践相结合的基本研究方法，通过对《总体方案》的政策解读，分析背后相关的农村金融理论与实际问题，再从实际问题出发通过实地调研获取一手资料和二手资料，然后归纳整理并分析问题，进而提出相关对策建议。坚持问题导向原则，直接提出问题，针对问题展开相关研究，并以解决实际问题为根本目的。

（2）坚持定性与定量分析相结合，以定性分析为主，定量分析方面主要运用主成分分析法对云南省农村金融资源配置效率进行实证研究。

（3）利用比较分析、结构分析和历史分析方法，采取个案调研与一般研究相结合，以及"总—分—总"的分析方法。通过对基本数据材料的分析及部分地区的实地调研，发现问题进而探寻其背后的原因，通过比较分析、结构分析和历史分析，为具体对策建议提供可靠依据与方法。

通过以上主要方法的紧密结合运用，尽可能使本研究方法科学、可靠、实在、可行，研究规范合理、实证可信，确保问题分析到位，研究结论可靠，对策建议具有很好的针对性、可行性与前瞻性，为政府部门及相关金融机构等决策提供重要依据。

# 第四节　研究的主要观点与创新点

## 一　主要观点

本研究主要成员通过多年的金融教学与调研观察，尤其是对中国西部及云南农村金融发展的跟踪研究，紧密结合本研究选题与内容，将我们多年对这一问题进行研究得到的主要观点与认识感悟提炼出来形成了本研究的基本观点和主要认识，具体如下。

（1）经济贫困根源于金融贫困，西部边疆民族地区农村经济要快速发展，农村金融是重要"抓手"和"突破口"。当前我国农村经济社会发展落后，城乡差距尽管在不断缩小但依然较大，尤其是西部边疆民族农村地区仍存在严重的金融抑制和金融约束，金融资源供给不足，农村金融作为现代农村经济核心的作用发挥得还不充分，农村内生的金融资本形成机制存在缺陷，导致农村金融总量与结构双失衡，进而导致农村经济社会发展的不平衡、不充分，且这一问题将长期存在。要寻求根本性突破与解决，必须从资金问题入手。因此，高度重视农村金融发展，并以农村金融为重要"抓手"和"突破口"，构建良好的农村金融组织体系、制度体系、产品业务体系与市场体系及适宜的外部条件，是促使农村经济社会发展、化解"三农"难题进而摆脱经济贫困、实现精准脱贫乡村振兴和走向共同富裕的十分重要的手段，也是当前农村各项经济改革实施与成功的关键。

（2）当前我国沿边经济开放急需加快和进一步扩大金融开放，并以此为引领，实现开放提速度、上水平、增质效。20世纪80年代初，我国最早的经济开放是在沿海，90年代初开始了沿边经济开放，2000年以后，全国各地包括沿海、沿边和内陆地区都全方位实行了经济金融开放，实践证明金融在经济开放中起到了十分重要的作用。伴随我国经济的不断开放，金融开放必须同步跟进。随着我国经济的不断增长和改革的不断深化，尤其是2010年我国GDP超越日本成为世界第二大经济体之后，中国发展崛起势不可挡。在新的经济形势下，经济开放与经济发展急需金融进一步开放，以促进经济高质量发展，打破近年来美国对中国的贸易保护与关税壁垒，进而实现全球经济共享繁荣发展。独特的区位优势和地缘优势把云南沿边经济和沿边金融发展推上了改革开放的最前沿。当前，云南应紧紧抓住沿边金融开放和云南自由贸易区建设这一重大历史机遇与发展契机，积极充分利用现有优惠支持政策，坚持开放性、包容性、普惠性和共赢性基本原则，尽力实现云南沿边金融、跨境金融和地方金融的快速发展，以形成推动和引领云南经济包括农村经济发展的巨大金融力量，实现云南边疆民族地区"跨越式"发展。

（3）云南沿边地区农村金融发展应实现开放性、市场性、地方性和民族性"四位一体"的有机结合。当今时代，开放是全球经济发展的大势，封闭只会作茧自缚。我国作为正在向市场经济转型的最大新兴市场经济体，进一步开放是我们对世界的承诺与践行，也是我们走向世界、融入世界的必然之路。因此，沿边金融发展必须首先体现开放性。市场性是改革发展的内在要求和基本导向，必须始终坚持，但也不能忽视政府必要的适度介入。地方性是农村金融改革必须符合各地实际情况并充分调动发挥地方政府的积极主动性。民族性是作为民族地区地方金融发展的进一步延伸，包括逐渐形成或培育而成的带有民族传统文化生活习惯等特征的金融行为。

（4）云南沿边金融开放中的农村金融发展必须大力发展农村普惠金融，构建完善的、多元的农村金融组织体系，鼓励和支持真正由民间资本发起设立的以村镇银行、民营银行、农村资金互助社、小额贷款公司、担保公司、保险公司、互联网金融平台等为代表的"草根金融""民有金融""民本金融"。

（5）云南沿边农村金融改革目前应以农村"三权三证"抵押贷款为重点和"突破口"，在加强金融风险防控前提下，不断深入推进，进而以点带面，唯有如此，才能取得根本成效，推动整个农村经济社会全面深化改革。

（6）云南沿边农村金融发展应以沿边金融开放为重大契机，以改革促开放，以开放促发展，以敢于担当、勇于创新的精神，为我国沿边农村金融改革开放以至我国金融改革发展探索出一条可复制、可推广的道路，为最终实现我国金融对外开放宏伟战略提供有益的"云南样本"。


## 二 主要创新点

本研究的创新之处主要体现在以下两个方面。

### 1. 研究对象与研究视角的创新

本研究以近年来边境贸易、人民币跨境结算和金融创新势头强劲的云南沿边金融开放为背景，以云南为直接研究对象和研究重点，从农村金融视角对出台的《总体方案》进行系统解构，并以农村金融发展为主线和中心，重点对云南主要涉农金融机构、农村金融服务与业务、农村金融市场、跨境金融合作等方面进行了较为全面系统的研究，探索进一步扩大金融对外开放中，云南省农村金融发展的新思路、新举措，为云南沿边金融综合改革一系列政策措施的有力、有效实施提供智力支持，同时也进一步丰富了我国沿边农村金融发展理论和实践研究。

**2. 研究成果内容的创新**

本研究基于国家重大金融政策创新试验，以问题为导向，以解决问题为目的，取得了较多的研究创新成果。

（1）提出云南沿边金融开放必须高度重视农村金融发展，并以此为突破口持续深入推进"三农"金融服务改革，云南沿边金融开放必须坚持开放性、包容性、普惠性和共赢性原则；

（2）提出应建立多元化、多样化、多层次的农村金融组织体系，打破所有制界限与禁区，除了大中型涉农金融机构应进一步加大"三农"金融服务力度外，更应鼓励和支持真正由社会资本、民间资本与外资发起设立的村镇银行、民营银行、保险公司、证券公司、融资担保公司、信托租赁公司、小额贷款公司、互联网金融公司等小微金融机构，尤其是通过具有地方和民族特色的村镇银行和民营银行的建设发展，为云南"三农"金融快速发展注入活力；

（3）提出在金融风险防控前提下，积极创造条件尽快设立云南农村要素市场交易所和沿边地区小币种交易所，为云南省农村金融深度发展培育必要的市场基础，为昆明区域性国际金融中心的形成加码助力；

（4）提出农村"三权三证"（或"两权两证"）抵押贷款这一重大金融产品和业务创新应成为云南农村金融改革全面深入推进的重要"突破口"与"着力点"，并以此带动农村相关改革的配套跟进，发挥协同合力效应，从根本上解决"三农"发展长期以来的"融资难""融资贵""融资慢"难题；

（5）通过实证研究，运用主成分分析法对当前云南沿边地区农村金融资源配置效率进行实证分析，得出的结论是，云南沿边地区农村金融资源配置效率总体水平较低，且各地区差异较大，进而提出了相关对策建议；

（6）提出应努力构建起云南与周边国家内外紧密合作、国家与云南地方金融上下联动发展的新机制，通过各种平台、模式和渠道，为沿边跨境金融合作注入活力、动力；

（7）提出云南应通过沿边金融开放，不辱使命，敢于担当，勇做金融开放"排头兵"，虽然"五年建设期"已经完成并取得了较大的金融开放成效，但接下来新一轮沿边金融开放的任务会更加艰巨，我国已明确提出要加快金融对外开放，云南应紧紧抓住沿边区位优势，打好"沿边牌""民族牌""生态牌"，尽快将云南打造成为我国沿边金融开放、农村金融改革和兴边富民工程的示范区，在"三农"金融服务中不断探索创新并形成"云南经验"，为我国沿边地区和其他农村地区提供可以复制推广的经验与做法。

# 第五节　研究的难点与不足

## 一　主要难点

本研究基于云南沿边金融开放背景，重点对云南沿边农村金融发展问题进行了较为全面系统的研究，但一些数据资料获取难度较大，资料挖掘甄别较为困难，具体主要有两个方面。

一是部分数据收集还不够全面、系统与精准。如涉农金融机构的存贷款、利润、不良贷款及其比率、产品业务、资产人员情况，以及农村民间金融与小额信贷情况等难以全面准确获取，有的还需要进一步甄别、对比与多方印证。另外，近年来的一些指标数据获取也还不太齐全，并非最新数据，这在一定程度上会影响到对现状的比较分析与判断。

二是虽然对云南沿边的部分州市如德宏州、保山市、普洱市、文山州、怒江州及省外如贵州、四川、青海、湖南、广西等地做了一些调研考察，获取了一些数据资料，在云南 3 个沿边州县还做了问卷调查，但实难综合全面反映出云南沿边地区农村金融发展存在的各种问题。另外，经济环境、政策环境与人事变化等也是重要影响因素。还有，外地的一些好的经验做法未必都对云南有用，一些问题的分析及对策建议可能就会显得较为粗略笼统，不能深入具体分析，从而影响到其针对性和可操作性。

## 二　主要不足

以上难点造成了本研究的欠缺与不足，具体来看主要有三个方面。

一是部分数据资料收集难度大直接导致问题的系统性深入分析不够全面和不够到位。

二是在研究内容上，云南沿边"农村金融发展"这一核心主题涉及的具体问题较多，研究角度与方法也不尽相同，要全面进行研究确实力有不逮，本研究尽可能地选取了对于当前云南沿边农村金融改革发展具有重要意义的相关农村金融问题进行研究，还有部分农村金融问题由于侧重点和研究视角等不同难以涵盖进来，但即便如此，对选取的一些主要问题的专门研究，也由于以上困难而存在研究不系统、不深入的情况。

三是尽管我们做了最大努力，根据专家所提意见建议进行了较大幅度的修改，但限于能力与水平，本研究必定还存在着许多不足与问题。对此，我们将会高度重视，并在以后研究中不断改进。

## 第二章

# 文献综述与基本理论

本章重点对云南沿边金融开放中的农村金融发展涉及的国内外相关文献及一些基本概念与金融理论进行阐述，为进一步研究提供必要的观点借鉴与理论准备。

## 第一节　文献综述

下面对本研究所涉及的国内外相关文献进行梳理与归纳，我们的考虑是，将这些文献集中起来专门作为一部分进行论述，而不是分散在后续各章节中，这样既能够避免体例和形式上的重复死板和散乱，也能使我们比较集中地对一些观点结论进行比较，全面、更好地了解其研究现状，为后续进一步研究提供必要基础。

### 一　关于金融开放及其与金融风险关系的研究

金融开放是指国内外资本自由流动从而让国内金融市场融入全球金融市场的一个过程。金融开放理论始于麦金农（Mckinnon）和肖（Shaw）的金融自由化理论，他们认为，发展中国家普遍存在金融市场不完全和"金融压抑"，政府对贷款与利率进行严格管制，且自我封闭，造成市场严重扭曲，从而抑制了经济增长，因此必须实行金融自由化或金融深化；马克威尔·弗莱发现，发展中国家金融开放的方式是存在先后次序的；国内外大量研究表明，金融开放在很大程度上可以促进一国经济增长（吴卫锋，2012）；Obstfeld（1998）认为，金融开放能增加政府有关未来经济金融发展政策、发展战略承诺的可信度。

周道许（2010）认为，金融开放面临着一系列金融风险，因而金融开放的金融风险或者金融安全必须成为国家金融战略的重要内容，进而提出实行金融开放和维护金融安全应该坚持提高国民福利、"以我为主"、着眼长远、市场化改革和审慎的金融监管等主张；张明（2014）认为，金融开放可能存在较多的潜在风险，如大量短期国际资本流入引发资产价格泡沫、大量资本外流、金融市场被国外金融机构操纵、海外并购投资失败等都可能带来较大的金融风险；李婷（2019）分析了人民币资本账户开放给我国经济金融系统带来的各方面的风险冲击，进而提出了我国实现人民币资本账户开放的风险防范策略；陈琼豪、应益荣（2019）认为，加快金融开放会增大跨境资本流动风险，因此放开资本项目应审慎，资本项目的金融开放应是渐进的、可控的，深化资本项目开放需要协调国际合作、改善金融经济体系和加强宏观监管。

对外资银行进入与银行稳定性的关系，叶欣和冯宗宪（2004）、邱立成和王凤丽（2010）认为，外资银行进入有利于东道国银行体系的稳定，而董青马和卢满生（2010）等通过研究则提出相反的观点。

## 二 关于农村金融组织机构的研究

在国外，有学者以印度为例，认为可以通过建立信用以尽可能实现信息对称的方法从而降低金融交易成本，以促使农村微型金融机构实现可持续发展；通过采用不同实证方法对微型金融的减贫效应进行了深入研究，发现微型金融对贫困的降低有着积极的影响；中央银行应该引导非正规金融的小额信贷组织转向正规金融体系，创建资本市场与农村金融机构之间的适当联系，这样更有利于减贫和农村经济发展。

我国农村长期以来都是传统大中型农村金融机构占据主导地位，对于大中型农村金融机构的研究很多，取得了许多理论与实践共识，当前及未来我国农村金融组织机构发展的方向和目标就是要彻底打破国有金融的垄断，建立多元化、多样化、多层次的农村金融组织体系，大力发展小微金融、民营金融、普惠金融组织。因此，本书在此不对农村大中型金融机构进行文献研究，而是将重点放在小微金融组织研究上，在此做专门说明。

樊纲（2000）认为，农村金融组织尤其是小微金融机构在克服"信息不对称"和因信息不完全而引起的高成本问题上具有绝对优势；刘仁伍（2002）提出，应逐步放宽农村金融机构准入限制，不断提高金融业的开放度，让民营资本、社会资本甚至国外资本等得以有效进入，以促进农村金融市场的有效竞争；张元红等（2002）认为，农村金融市场应适度放开准入政策，允许新的、符合条件的、产权明晰的、民营性质的金融组织加入农村金融体系，采取适度管制原则，建立公开、公平、有序的农村金融市场竞争环境，以增强农村金融市场的竞争与活力；何广文、冯兴元（2004）提出，要进一步完善农村金融组织体系，尤其是要加快农村小微金融机构的发展；张杰、刘东（2006）指出，在我国长期以来以农村正式金融制度为主体条件下，合理规范并适度支持非正式金融发展显得十分必要；唐双宁（2007）提出，应大力支持民间资本到农村投资，通过设立三类新型农村金融机构来解决现有农村金融机构服务不足、服务缺失和竞争不充分等问题；韩俊（2009）认为，应当允许并支持民营资本发起设立农村金融机构，规范发展现有三类新型农村金融机构，以实现农村金融组织可持续快速发展；王曙光等（2013）认为，我国农村金融改革一方面取决于"存量"的改革，另一方面则要促进"增量"，如村镇银行、农村资金互助社和小贷公司等新型农村金融机构的发展；蔡洋萍（2016）认为，新型农村金融机构在农村金融市场承担着"支农支小"的重要角色，是我国构建农村普惠金融体系的重要组成部分。目前，众多专家学者对农村小微金融组织发展持肯定支持态度。下面重点对农村小微金融机构主要是村镇银行、农村资金互助社、民营银行等的相关研究进行归纳与梳理。

关于村镇银行的研究。国外几乎没有村镇银行这一概念与定义，但与社区银行、中小银行或微型银行等较为类似。Besley（1994）认为，社区银行在为中小企业和社区居民提供资金支持方面拥有长期性和监督性的比较优势；社区银行由于其自身优点，如能够获得大量稳定的存款和服务费用相对低廉等，其比大银行更需要小额信贷及其他金融服务业务的支持；

黄庆华（2007）认为，由于长期以来"三农""贷款难"，村镇银行的设立能在一定程度上起到缓解农村金融供给不足、活跃农村金融市场的作用；郭俊（2008）认为，村镇银行的设立必将打破农村现有金融机构的垄断格局，有利于农村金融市场的适度竞争，从根本上促进农村金融改革发展；何广文、李树生（2008）认为，村镇银行设立对我国金融界来说是一项重大突破创新；刘津慧（2011）认为，资金来源有限、股东间矛盾难以协调、管理人才缺乏等是村镇银行发展中存在的主要问题；李睿璇（2015）认为，我国村镇银行存在内部、外部两方面的制约因素，内部制约因素包括市场定位偏差、业务创新能力不足、注册资本金少、经营规模小、管理制度不健全、人力资源不足等，外部制约因素主要有社会认知度低、政策配套不到位、信用环境较差和监管问题等；李建强等（2018）通过对吉林省白城地区村镇银行的调研，认为其目前逐步显露出存贷两难、利差渐窄、成本上升等问题。

关于农村资金互助社的研究。在国外，农村资金互助社属于合作金融的一部分。有学者认为，合作金融组织通过吸收成员的个人存款与小额资金，以优惠贷款条件将资金借贷给本组织成员使用，达到使成员互助互益的目的；合作金融是由多数人自愿出资、资金内部共享、利润平均分配、不以营利为目的的一种经济组织，与以信贷协会形式普遍存在的互助组织具有相似的功能，它们都是通过集体相互彼此合作来缓解资金约束问题；Nigrini（2002）认为，由于合作金融独有的治理结构和组织运行结构，其受到更多的监管约束和成本困扰，因此对其采取的风险控制与成本控制手段应与其他金融组织有所区别；沈利华（2014）认为，农村资金互助社社员大多数具有强烈的净贷款者利益倾向，而存款热情并不高，一方面制约了资金来源规模，另一方面为降低风险而将贷款更多地提供给那些信用良好的农户；曲小刚、罗剑朝（2013）认为，村干部参与农村资金互助社管理，降低了贷款审批的民主程度，不利于互助社的发展，进而提出应引进专业人才进行规范管理，对此，杜晓山、孙同全（2010）早就指出，村干部的参与行为弊大于利，并提出对相关人员进行培训和指导；胡璇、李存（2018）认为，农村资金互助社存在一系列风险，包括市场风险、政策风险、监管风险、流动性风险、从业人员素质风险以及精英俘获风险（乡村精英在机构中占有控制地位，从而主导机构的运营，有限资金往往会被这些人支配占用）；田杰等（2018）对重庆市 29 个区（县）953 家扶贫资金互助社的运行绩效进行分析，发现其总体运行绩效偏低，可持续发展存在问题。

关于民营银行的研究。被誉为"中国民营银行最积极倡导者"的徐滇庆早在 20 世纪 90 年代就开始研究和倡导民营银行，他认为，设立民营银行是中国金融业进一步深化改革的必然要求，主张民营银行的发展应采取"增量发展"模式，即重点在放松行业准入、注册资本金、加强监管等方面进行相应改革，让资金实力雄厚、公司治理符合条件的民营资本发起设立银行，同时比较分析了"存量发展"模式存在的诸多缺点，进而指出存量改造不能产生真正的民营银行；王硕平等（2003）则认为可以采用存量改组方式，将城市信用社、农村信用社等改造为民营银行；钟伟（2004）主张民营银行应效仿美国的做法，走社区银行的道路；卫新江（2013）认为，基于目前我国银行业发展状况，要对其进行重大改革难度很大，只有引入在经营理念、经营模式和经营制度等方面大为不同的民营银行，才能从根本上带动并促进整个银行业的改革发展；秦响应等（2014）等认为，民营银行应定位于为本地经济服务，面向小微企业，通过与国有银行及其他股份制大中型银行的"错位竞争"，从而形成核心竞争能力；金强、吴泽权（2015）认为，现有五家民营银行的市场定位较好地体现出与现有国有银行及其他股份制大中型银行的差异性和互补性，是一种大胆的创新和突破，充分利用了主发起人的特色资源和竞争优势，将成为未来民营银行发展的重要方向；卞文志（2016）认为，"小而美"将成为民营银行的发展方向，民营银行在申办常态化之后，将进入"量产"阶段，势必给各家民营银行的发展带来更多考验，但民营银行的使命一定是创新，而不是复制；何宁、薛小飞（2018）认为，民营银行在经营模式上依旧存在诸多问题，与传统银行机构相比明显处于弱势地位，因此需要通过多种路径加强转型；对于民营银行的潜在风险问题、加强监管及如何发展，章建伟等（2003），卢亚娟等（2005），丁建臣、董小平（2014），凌敢（2015），王刚等（2016），曾刚、李博文（2017），刘荣佳（2018），李奇霖（2019）等进行了一系列研究。

### 三 关于普惠金融与小额信贷的研究

普惠金融（Financial Inclusion），也即包容性金融，这一概念于 20 世纪 90 年代提出，其定义与内涵至今尚未实现完全统一，其对应概念为金融排斥（Financial Exclusion）。世界银行扶贫协商小组[①]认为，普惠金融的核心是要让所有人尤其是低收入贫困人群享有平等的金融权利，使金融服务惠及所有阶层。同时指出，小额信贷以信贷服务帮助贫困或低收入群体摆脱贫穷为基本宗旨，是普惠金融最重要、最主要的形式。

孙宁莴、郭莉莉（2008）研究指出，"小额信贷之父"尤努斯[②]的"乡村银行"模式不应以赢利为首要目标，而是应该以一定的社会目标确定自身的定位，在农村经济发展、农民收入提高、农村贫困减缓方面发挥重要作用；Sheremenko 和 Escalante（2017）认为，通过向更多的借款人特别是妇女提供小额信贷，贫困会得到很大改善。

国内专家学者近些年来对普惠金融和小额信贷也进行了较多研究。杜晓山等（2005）认为，应建立适应农村多层次、多样化金融需求的可持续发展的普惠性农村金融体系，将包括落后地区和贫困人群在内的金融服务有机地融入微观、中观和宏观三个层面的金融体系之中；韩俊（2009），何德旭、苗文龙（2015）认为，普惠金融机构的发展，可以缓解农村信贷市场的供求失衡以及由此产生的金融排斥现象；曹凤岐（2010）认为，在农村地区，应通过多元化的金融机构来实施小额信贷和其他小微金融服务，而普惠金融为弱势群体提供了一种与其他客户平等享受金融服务的权利，能够有效地帮助贫困群体脱贫，是促进农村经济发展、构建和谐社会的重要推动力；杜晓山等（2011）指出，由政府组织主导的小额信贷的未

---

[①] 世界银行扶贫协商小组（Consultative Group to Assist the Poor，CGAP）于 1995 年成立，1997 年首届国际小额信贷高峰会的举办，标志着普惠金融、小额信贷和微型金融的概念与理念开始被国际社会所接受，并迅速得以传播。

[②] 尤努斯，孟加拉国格莱珉银行（GB）的创立者，"格莱珉"为孟加拉语，意即"乡村的"，"格莱珉银行"即"乡村银行"，尤努斯倡导并实践小额信贷扶贫与普惠金融的做法，使格莱珉银行从最初微不足道的 27 美元，发展成为全球拥有 2500 多家分支机构的庞大金融集团，也是金融精准扶贫的典范。由于在金融扶贫和金融反贫困上的杰出贡献，他于 2006 年获得诺贝尔和平奖，也有人称之为"小额信贷之父"。

来发展方向是逐步过渡到公益性制度主义，让社会弱势群体和低收入贫困人群真正享受到普惠金融的服务；吴永兴、袁天昂（2011）通过对普惠金融发展现状及其存在的运行成本高、征信体制不健全、小额保险缺失以及大中型金融机构没有发挥应有作用等问题，从微观、中观和宏观三个层面提出了相关建议；周小川（2013）指出，要坚持民生金融优先，鼓励金融创新，不断加强和改进金融宏观调控，切实推动包容性金融发展；吴晓灵（2013）指出，小额信贷是提高和改善贫困和低收入弱势群体社会地位与生活状况的重要手段；王曙光等（2013）、江春和赵秋蓉（2015）认为，建立农村普惠金融体系是中国农村金融改革发展的重要方向，有助于缓解贫困；钟慧安（2015）对普惠金融如何利用互联网的优势以实现二者的融合发展走可持续发展之路进行了深入探讨；胡璇（2019）、聂竞（2019）对普惠金融体系下农村小额信贷的发展困境问题进行了研究；郭娟（2014）、黄叶影（2015）、樊英（2018）对农村小额信贷的风险及其管理进行了研究。

## 四　关于农村"三权三证"抵押贷款的研究

Hof 和 Stiglitz（1997）认为，信息不对称、交易成本高以及缺乏有效的抵押物是制约农村信贷市场发展的重要因素；Deininger 和 Binswanger（1999）认为，改革农村土地产权制度需要政府实施全国范围内的确权计划，这是提升贫困农户信贷可获得性的必要条件，大规模的土地确权是缓解发展中国家农村信贷约束的重要政策措施。

国内文献近年来主要集中在以下四个方面。

一是认为农村"三权三证"抵押贷款能在较大程度上解决农村抵押物不足问题。郑凤田（2016）认为，农民最大的资本是土地和宅基地及其房屋，但这些都是抵押禁区，农村土地承包经营权抵押融资解决了农村信贷一直解决不了的问题；肖富义、陈学军（2013）认为，农村"三权三证"抵押融资能盘活农村沉睡的资源资产，促进城乡要素资源流动，真正赋予农民更多财产权利，激发农村发展活力，实现银企双赢；周溢（2014）等认为，农村土地承包经营权、林权和宅基地使用权是农民最重要的资产，对增加农民财产性收入，推动"三农"发展具有巨大作用；林乐芬和赵倩（2009）、刘盈和申彩霞（2010）通过对重庆开县、忠县两县农户进行的抽样调查，得出了农户缺少抵押担保、资金需求强烈和对农村"三权三证"抵押贷款存在期盼的结论；王曙光（2015）认为，新一轮农村土地改革，进一步打开了土地金融创新的政策空间，为土地金融的快速发展提供了重大机遇，同时土地流转及其资本化较大程度上解决了农民贷款抵押物不足的问题。①

二是认为农村"三权三证"抵押贷款存在系列法律问题及一定的操作风险和信贷风险等。黄庆河（2010）、张仁枫和杨继瑞（2012）、肖圣章（2014）、王永康（2014）等分析指出，农村"三权三证"抵押融资存在相关法律不健全等法律障碍、相关规定不具体等操作困难，从而加大了金融机构的贷款风险，继而提出需要相关法规制度的完善和政府的大力扶持；衣昊翰（2014）认为要审慎对待和预估农户宅基地使用权抵押融资可能出现的风险问题，使宅基地及其房屋具有同国有土地及其房屋一样的财产权，并提出建立和完善农村土地价值评估制度体系等；赵一哲、王青（2015）以涉农金融机构为视角，从借款人信用风险、抵押物风险、操作风险三方面着手，运用博弈论对涉农金融机构和农户的信贷行为进行分析，得出加强风险管理的可行性方法建议；俸正雄、张万伟（2015）认为，当前制约农村土地流转融资的主要因素是农村土地经营权抵押贷款缺乏法律制度保障、农村土地流转抵押贷款相关配套服务不健全、现有土地流转抵押融资程序不规范，以及各项风险保障机制不健全等；张宇雁等（2019）通过对保山市的研究，认为目前"三权三证"抵押贷款实施的困境主要在于"三权三证"抵押贷款风险补偿不到位、抵押物流转平台建设滞后等影响了金融机构的积极性，"三权三证"抵押贷款缺乏法律赋权，林权评估困难且费用较高，土地承包经营权和农村房屋财产权评估制度缺失，缺乏专业评估机构和有效的抵押登记机构，最终也导致农户对"三权三证"抵押贷款积极性不高。

---

① 2014年11月中共中央办公厅、国务院办公厅印发《关于引导农村土地经营权有序流转发展农业适度规模经营的意见》，明确了土地制度"三权"（土地所有权、承包权和经营权）分置的基本原则，这是土地流转政策最重要的顶层设计。

三是认为农村"三权三证"抵押贷款效率较低。惠献波（2014）基于 DEA-tobit 模型对河南省 28 家农村信用社进行分析，得出在农村土地承包经营权抵押融资当前影响农村土地流转方面存在总体技术效率偏低、总体规模效率不高、规模效应尚未充分发挥等问题；岳传刚（2014）提出"三权三证"抵押贷款配套体系不健全，如农村要素市场建设滞后、缺乏风险处置与保障机制和部门配合协调问题等，极大地影响了抵押贷款的效率。

四是其他方面。刘明尧等（2014）综合比较了我国成都、重庆、武汉、鄂州、枣庄等地农村产权抵押融资的做法，认为确权颁证、市场定价和风险防控是抵押融资成功的重要保障；吕永安（2015）结合广西发展现状指出，农村产权确权问题和流转问题、贷款利率高、缺乏贷款分担机制、缺乏有效的配套政策和环境是目前制约农村"三权三证"抵押贷款快速发展的主要难题；韩俊（2015）认为，农村产权抵押贷款改革应试点先行，边试点、边总结、边完善，在试点的基础上逐步推开，确保风险可控。

## 五　关于农村要素市场交易所的研究

交易所是市场经济最高级组织形式，当经济发展到一定程度时，应建立相关交易所，通过正式严格的规则制度来约束和规范其交易活动，以提高资源配置效率；市场机制的引入可以更好地提高土地要素流转效率，居民和企业主之间的契约效力往往比行政干预更能增加市场活力；Veettil 等（2013）认为农村要素流转是提高农民收益、促进人口流动的重要手段；政府应制定严格的惩罚措施，增加土地要素流转相关方违背契约的成本，规范市场参与主体行为；Deiningeret 等（2014）则强调，在发展中国家，推进农村土地要素流转的前提是要素确权和私有化等。

李国祥（2006）认为，我国农村已建立了一些市场，包括农村产权市场、农村商品市场、农村消费品市场等，但是农村要素市场还没有真正形成；党国英（2008）认为，我国农村经济改革市场化方向明显，但从产品市场和要素市场两个方面看，要素市场改革较产品市场改革滞后，农村经济改革应该是沿着继续深化农村要素市场改革，建立健全农村劳动力市场、土地市场和资本市场的方向进行；许经勇（2016）认为，农村要素是可以被用来交易的，农业供给侧改革就是通过完善市场机制，发挥市场在要素配置中的决定性作用，矫正行政配置要素而造成的扭曲现象，以提高要素的配置效率。

## 六　关于农村金融资源配置效率的研究

金融资源配置效率简称金融效率。王振山（2000）认为，金融效率是在宏观上和微观上所达到的帕累托最优；王广谦（1996）等认为，金融效率是金融运作能力，在不同经济体制下表现为不同形式；杨德勇（1997）指出，金融效率是在整个社会经济发展运行中金融发展和运行所发挥出来的效率，要提高金融效率，必须做到微观金融主体的市场化，金融市场的市场化和宏观金融调控的市场化；沈军（2003）认为，金融效率是金融系统与经济系统的协调度，并从静态和动态两个方面进行了考察研究。可见，对于金融效率，学者并没有一个统一的观点，但无论如何，金融效率体现和反映的是一种投入产出关系。

农村金融效率从研究理论和方法上看可以说是金融抑制深化理论、农业信贷补贴理论、农村金融市场理论和不完全竞争理论、金融创新理论等一系列金融理论的核心问题，尽管这些理论所蕴含的金融效率观不尽相同，但是对于一国或一个地区而言，农村金融效率在农村经济发展中的作用发挥程度是至关重要的，是农村金融发展水平与质量的重要表现。谷慎（2006）通过对我国农村金融资源配置效率进行实证，指出我国现行农村金融制度有效供给不足导致了农村金融效率低下，无法实现帕累托最优，主张创新农村金融制度以提高农村金融资源配置效率；温涛、熊德平（2008）用数据包络分析法评价和分析了我国 30 个地区的农村金融效率，并运用 Tobit 模型分析了农村金融配置效率的影响因素；唐青生、周明怡（2009）利用主成分分析法，对我国西部地区各省（区、市）（除西藏）的农村金融资源配置效率进行测算比较，得出总体效率较低，且省际存在较大差异的结论；向琳、李季刚（2010）采用数据包络分析法，对我国各地区的农村金融资源配置效率进行比较，发现东部农村金融资源配置效率整体上高于中西部；余坤莲（2019）选择 6 个指标运用数据包络分析法对西部地区 2008~2017 年农村信贷资金配置效率进行了实证分析，并选择 7 个指标运用 Tobit 模型对其影响因素进行了分析，结果显示西部地区农村信贷资金配置效率存在显著的区域性差异，经济发展水平、城乡二元结构是影响其效率的显著因素；耿刘利、黎娜（2019）运用数据包络分析法构建 BCC 模型，对安徽省农村金融效率进行实证研究，发现安徽省农村金融整体效率偏低且呈现较强的区域差异性等。

## 七　关于跨境金融合作的研究

国内研究主要集中于以下四个方面。

一是政府间的跨境金融合作，主要涉及政府在区域金融合作过程中应当扮演的角色，以及政府应如何约束与引导各市场主体的行为从而达到区域金融发展的目的。冉凌旭、陆亚琴（2010）认为政府间协调与合作是最高层次也是解决问题的关键；李永前等（2012）认为政府应帮助到境外投资的企业在一些方面进行统一的风险防范，以保证跨境投资安全，并针对缅甸的具体情况提出在口岸经济区或跨境（边境）经济合作区采取"超特区"模式以推动企业"走出去"；何帆等（2011）认为由于缅甸经济金融发展水平落后，两国在合作时我国应采取开发性金融的合作方式；王赞信、陈瑛（2012）以云南和越南老街省的边境经济区作为研究对象，利用多元 Logit 模型分析边境经济区吸引投资的政策效应，结果证明政府的金融支持政策和土地使用政策对企业投资决策具有重要影响，并认为政府激励政策应该突出边境地区的优势；廖凡（2018）认为，完善跨境金融合作监管的远景目标是建立一个以多边条约为基础，能够制定、实施和监督执行有约束力国际规则的全球金融监管（合作）组织，而近期对策是充分利用现有国际机构和机制，系统性地"硬化"相关软法性规则，加强其约束性、执行力和实施效果。

二是银行业的跨境金融合作，主要涉及银行跨境经营、人民币跨境结算、跨境金融监管等方面。黄秀云（2013）以西双版纳州为例，认为边境地区银行结算体系不完善、资金跨境流通不畅制约了云南沿边贸易与投资便利化，提出要加强境内外银行间的金融合作，积极构建中缅、中老、中泰银行间结算体系，建立和完善中老缅泰四国金融对话机制，疏通四国金融信息互通渠道，为四国经济贸易往来搭建金融服务平台；郑建团（2013）提出，应继续加大同 GMS 国家的合作与交流力度，加强对跨境贸易人民币结算的监管，完善和推广现有结算模式，进一步推动昆明区域性跨境人民币金融服务中心和昆明区域性国际金融中心建设，鼓励支持云南省银行业"走出去"，培育健康稳定有序的金融市场环境等；李燕美（2015）认为，必须从加强国内沿边金融建设和对外货币合作两方面着手共同推进人民币跨境流通，一方面要规范沿边地区人民币流通渠道和改善结算体系，另一方面要加强多方货币合作为境外人民币流通提供必要条件。

三是保险业的跨境金融合作，主要涉及出口信用保险、工程保险等领域的交流与合作，引入保险资金支持企业"走出去"和参与重点项目建设。马俊、冉萍（2012）认为，云南出口企业风险防范意识薄弱，投保意识差，应当着力加大出口信用保险推广力度，培育外贸企业出口信用保险意识；吕萌（2012）认为，云南保险业应不断扩大出口信用保险覆盖面，鼓励出口信用保险公司创新产品服务，帮助出口企业不断提高风险管控能力和国际竞争力，促进云南保险助力外向型经济、支持出口型企业实现跨越式发展；郝臣等（2013）认为，保险公司跨境经营是我国保险业未来发展的必然选择，但目前存在许多问题，如我国保险公司产品市场国际化程度不高、法律监管与政治风险、投资决策的科学性、跨境经营本土化和人才培养等。

四是农村金融的跨境合作。李海娣、李海珊（2010）提出，要加强云南沿边地区农村对外开放，引入外资，从各方面保证农村的建设资金；江惠琼等（2012）总结了云南农业对外开放与合作的优势，认为各级政府要高度重视并采取有力措施促进农业对外招商引资，引导企业和社会资金更多地投向外向农业领域，扩大云南农产品出口的国际市场占有率；唐青生等（2015）提出，云南应进一步实施"三农"金融综合改革创新试验，以农村"三权三证"抵押贷款为突破口，推动云南"三农"金融服务实现大跨越、大突破与大发展，同时云南金融发展应实现地方性、民族性、市场性和开放性的有机融合与模式创新；田东林等（2013）认为，要努力构建投融资担保体系，着力解决农业产业化发展融资难的问题，要构建开放的招商引资体系，积极发展与越南的经济技术交流与合作，不断增强农业产业新活力等。

以上研究文献为本项目奠定了良好的研究基础，具有重要的参考指导与借鉴作用。但是现有研究主要存在两个方面的不足：一是对沿边金融开放与农村金融关系的作用认识不够进而研究不足，云南沿边地区大多是农村地区、民族地区、落后地区，经济金融发展缓慢，因而实施沿边金融开放必须高度重视与体现农村金融的重要性和先导性，从某种意义上看，农村金融发展对沿边金融的进一步开放及农村经济发展都具有重大影响，而过去无论理论研究还是实践应用都还没有将它们放在一个应有的高度来认识和研究。二是研究对象与研究内容大多是对我国或某一地区在某一方面如机构、产品、业务、模式等进行研究，对沿边一定范围内如云南、广西、新疆等我国沿边地区基于沿边金融开放背景下的以上农村金融发展问题的系统性、综合性研究不够。基于以上，本研究以面向南亚和东南亚开放与《总体方案》重点提及的云南省为研究对象和研究重点，针对沿边金融开放下云南省农村金融发展存在的一系列现实问题，遵循以问题为导向、以解决问题为目的原则，在上述方面进行尝试和努力，力图通过研究，进一步完善和丰富我国农村金融发展的理论与观点，同时为各级政府及其相关部门与涉农金融机构决策提供重要参考指导。

# 第二节　基本理论

## 一　主要概念

下面将对研究中涉及的一些重要概念进行必要的界定与交代，它们是经过研究比较后本书的具体所指，为的是使研究内容更加具体深入与研究对象更加清晰明确。

**1. 金融开放与金融风险**

金融开放既是一个国家或地区由金融封闭状态向金融开放状态转变的过程，也是国内外资本双向自由流动从而让国内金融市场融入全球金融市场的过程，它是一个动态的概念，主要包含资本账户开放、证券市场开放、国内金融部门机构开放、资本跨境自由流动、国际直接投资开放、保险市场开放等。

伴随金融开放，必然带来金融风险。此处的金融风险，是指金融开放给一个国家或地区所带来的风险，包括金融机构风险、金融产品与业务风险、金融市场风险、金融法律风险、金融监管风险等。金融风险不断增大，进而可能形成金融危机。金融危机的特点是传导性快、扩散性广、危害性大，其可能引致社会危机甚至政治危机，最终给一国经济社会发展带来严重的破坏性影响。由金融开放引起的金融风险或金融危机可分为输入型、输出型与互致型。由于金融风险的这些特性，大凡实行金融开放的国家或地区对于金融风险的监管与防控都高度重视，一般采取的做法是渐进式的对外开放战略，待时机条件成熟，逐步扩大开放，逐渐深入推进，直至全面实现金融开放。

**2. 沿边金融、跨境金融与地方金融**

沿边一般是指一国的内陆沿边地区、边境地区，与沿海相对应。此处的云南沿边地区是指特定地区云南或云南8个沿边州市（保山市、普洱市、临沧市、红河州、文山州、西双版纳州、德宏州、怒江州）再加上昆明市（所谓的"金改区"、"试验区"或"8+1"，是《总体方案》中明确指定的）这一特定区域与地理范围。沿边金融则是指沿边地区、边境地区的金融。因此，本书具体所研究的云南沿边地区农村金融既包括广义上的云南全省总体，也包括狭义上的"金改区"、"试验区"或"8+1"，二者互有使用，部分地方是特指，但一般会进行说明。

跨境金融关键是跨境，是指我国边境地区或者与周边其他国家或地区有接壤关系的地区，此处特指云南与同其接壤相邻的三个国家，即越南、老挝和缅甸，在货币金融方面开展的业务合作与交流往来。跨境金融主要是两国在银行业、证券业和保险业等领域开展的一系列货币金融合作。

地方金融一般与国家金融或中央金融相对应，是指我国一定地方、一定区域内的金融发展，此处的地方金融指的是云南地方金融或者云南金融，具体是指云南省级行政区域范围内的金融。

总之，沿边金融、跨境金融与地方金融的前面加上"云南"二字，指的就是云南这一特定区域、特定主体在沿边金融、跨境金融与地方金融三个方面的金融关系及其发展。沿边金融、跨境金融与地方金融是《总体方案》中明确提出的三条改革发展主线，要求重点在以上三个方面积极探索创新，推动云南沿边地区和民族地区经济金融和谐发展和云南沿边大开放实现新突破。

**3. 农村金融和"三农"金融**

农村金融是农村领域内货币资金的融通，可分为狭义和广义两种。狭义仅指农村中货币资金的借贷关系，广义则不仅包括农村信贷市场，还包括农村资本市场、保险市场、信托基金市场、期货期权市场、典当租赁市场等所有金融信用活动，即大金融，本研究中的农村金融一般指的是广义的大金融，但农村信贷市场是研究的重点内容，也是最主要的研究对象。农村金融的主要特点是涉及面广、政策性强、风险性高、监管较难。

"三农"金融这一概念是随着"三农"问题的提出而出现的。"三农"金融或者"三农"金融服务以"三农"（农村、农民和农业）为服务对象，突破了仅在地域上服务农村的概念，还包括农民与农业，以及各类"三农"经营主体，服务与满足"三农"金融需求是其根本出发点也是其最终目的，从而凸显了"三农"金融的重要性、主体性与发展理念，因而在某种意义上是对传统的农村金融的升华。本研究中这两个概念均有使用，未进行严格区分，但方便起见大多仍然使用农村金融这一概念。

**4. 农村普惠金融**

农村普惠金融，又称"包容性金融"，是"金融排斥"的对立面，它指的是涉农金融机构以可负担的成本，主要针对有一定偿还能力的低收入贫困人群而提供的有效的金融服务，农村小微企业、农民及贫困农户等弱势群体是其重点服务对象。实质上，农村普惠金融的核心要义是让农村所有人包括低收入贫困人群都享有平等的金融权利，即"普遍惠及"。在农村普惠金融发展中，小额信贷是其最重要、最主要的形式。近些年来，普惠金融之所以得到高度关注与重视，与国际社会普遍倡导的基本理念与反贫困有关，我国近年来无论理论还是实践，无论中央政府还是地方政府，无论官员领导还是普通民众，对普惠金融、农村金融、小额信贷、金融扶贫等问题都极为关注与重视，这在我国金融发展史上是少见的，说明我国金融发展质量与水平已经达到了一个较高的程度，也就是说，普惠金融在一定程度上反映着一个国家或一个地区的金融发展程度，普惠金融越受重视，其金融发展质量越好，人们的金融权利越能得到保障。

**5. 农村"三权三证"抵押贷款**

农村"三权三证"主要是指农户房屋与宅基地使用权、土地承包经营权、林权及其权证。"三权三证"抵押贷款，是指借款人以农户房屋与宅基地使用权、土地承包经营权、林权及其权证作抵押向金融机构进行的借款，或者从另外一个方面讲，就是金融机构以农户房屋与宅基地使用权、土地承包经营权、林权及其权证作抵押向借款人发放的贷款。两种表述借贷主体不同，内容内涵相同，抵押物指向特定明确，与其他抵押贷款在贷前、贷中和贷后要求也基本一致。近年来，全国性试点提出的"两权两证"抵押贷款，则是指除林权及其权证外的其他"两权两证"的抵押贷款。由于贷款是一种重要的融资行为，一些地方又称之为"三权三证"抵押融资。

**6. 正规与非正规金融、内生与外生金融**

根据是否得到金融监管部门颁证许可，农村金融可分为农村正规金融与农村非正规金融。正规金融是得到政府及其有关部门批准的金融形式，大多由政府主导设立，在一国中居于绝对主导地位。而民间金融属于非正规金融，没有得到政府金融监管部门的批准设立，因而往往处于"地下"与"灰色地带"，政府也难于对其进行有效监管。本书研究的主要是农村正规金融，其涉农金融机构主要有农业银行、农业发展银行、农村信用社[包括改制而来的农村商业银行（简称"农商行"）和农村合作银行（简称"农合行"）]、村镇银行、民营银行、小额贷款公司、农村资金互助社等。

根据生成机制，农村金融可以分为农村内生金融和农村外生金融。农村内生金融是指根据农村经济发展内在的、实际的需要而自发产生的农村金融活动及其组织机构，是来源于农村经济体内部的真实的金融需求。农村外生金融是指由政府自上而下强制设立、安排并由政府正规金融机构主导的农村金融活动及其组织机构，它是来源于农村经济体外部由政府主导层层设立的。由于外部供给与信息不对称，其经营管理难以准确反映并及时满足"三农"经济主体的金融需求。国内外经验证明，大力培育发展农村内生金融有利于弥补外生金融的缺陷与不足，使农村金融充满活力与动力，从而促进农村经济金融协调可持续发展。

## 二 相关农村金融发展理论

下面针对本研究内容，梳理现有相关的农村金融发展理论，这些金融理论来自实践又指导着实践不断发展，对本研究具有十分重要的借鉴指导作用。

### 1. 金融抑制与深化理论

金融抑制与深化理论的代表人物是罗纳德·麦金农和爱德华·肖。在1973年，麦金农出版了《经济发展中的货币与资本》，肖出版了《经济发展中的金融深化》。这两本书都以发展中国家的货币金融问题作为研究对象，分别从"金融抑制"和"金融深化"两个方面，全面地论证了货币金融与经济发展的关系。金融抑制理论认为，大多数发展中国家的金融制度和经济发展之间都处于一种相互制约的恶性循环状态，主要表现为：一是长期的低利率政策，利率和汇率被人为压低，不能正确反映货币资金供求状况；二是政府对农村货币资金的管制使得农村金融市场发育和货币资金供给受到严重抑制；三是长期以来农村货币资金不断外流；四是政府设立的农村金融机构占绝对支配地位，民间金融机构被排挤、打压甚至被取缔禁止等。

金融深化理论是在金融抑制理论基础上提出来的，核心思想是政府应放弃对金融的过分干预和管制，实行利率自由化或金融自由化，以实现经济与金融协调发展的目的。之后，卡普尔、马希森、加尔比斯、弗莱等经济学家也做了相关研究，进一步丰富和发展了麦金农-肖的金融抑制与深化理论。

**2. 金融排斥理论**

金融排斥理论产生于 20 世纪 90 年代初，主要代表人物是 Leyshon 和 Thrift，最初属于西方金融地理学的研究范畴，后被逐渐拓展到经济学、管理学、社会学等领域。所谓金融排斥，是指社会中的某些群体如低收入贫困阶层没有机会进入正规金融体系，没有能力以恰当的形式获得必要的金融服务，因此被排斥在金融服务体系之外，难以得到应有的金融服务。

如何判定存在金融排斥，目前最有影响和说服力的是坎普森（Kempson）与韦利（Whyley）提出的六个维度指标：地理排斥、评估排斥、条件排斥、价格排斥、营销排斥和自我排斥。根据金融排斥的成因，可分为由于收入、身体、智力、资源等不同而形成的功能性排斥和由于社会等级、分层等方面不合理而形成的制度结构性排斥。按照金融排斥的程度，可分为暂时性排斥和永久性排斥两种状况。国际上的研究主要集中于对发展中国家的研究，近些年来由于"三农"问题得到我国政府的高度重视，国内学者也开始加强对这一问题的研究，但重点多集中在农村金融方面，因为农村、农民是金融排斥的重点区域和重点人群，相对严重。

**3. 普惠金融理论**

普惠金融又称"包容性金融"，是"金融排斥"的反义与对立面。普惠金融理论最早产生于 20 世纪 90 年代，后逐渐被学界、政界和业界接受，并还在不断完善之中，联合国在"2005 国际小额信贷年"明确提出发展普惠金融。普惠金融理论的核心是强调对服务对象的普惠性和包容性，倡导建立包容性金融体系，尤其是使低收入和弱势群体拥有平等享受应有的金融服务的权利。该理论还认为，信贷是人的基本权利，为使所有人群尤其是低收入贫困人群有机会获得应有的金融服务，必须从金融制度、金融机构、金融产品与业务等方面进行创新发展，构建完善的普惠金融体系。目前包括我国在内的广大发展中国家以小额信贷为主要形式的普惠金融不断发展，普惠金融理念也日益深入人心，而农村普惠金融的发展更为重要，农村金融发展的实质也就是农村普惠金融的使命。

**4. 金融结构理论**

金融结构理论的创立者是雷蒙德·W. 戈德史密斯（Goldsmith），他于1969 年出版了《金融结构与金融发展》，此书奠定了现代金融发展理论的基石。该理论认为，金融结构是一国现有的金融机构和金融工具之和，各种金融机构和金融工具的性质、形式及相对规模构成了一国金融结构的重要特征。一国或一个地区金融发展的实质就是金融结构的不断变化，研究金融发展就是研究金融结构的变化过程和趋势。自然，农村金融结构也包括上述基本构成要素及其变化发展趋势，从而构成农村金融理论的重要组成部分。

**5. 金融创新理论**

1912 年，美国经济学家熊彼特（J. A. Schumpeter）在《经济发展理论》中最早提出创新理论。他认为创新就是指企业家把一种从来没有过的生产要素和生产条件实行"新组合"，包括新产品的生产、新技术或新生产方法的应用、新市场的开辟以及新的生产组织方式的开发等，具有广泛的外延。创新理论问世后，一些经济学家运用这一理论来解决或研究某些部门行业的现象或问题，金融创新理论（financial innovation）便是其中之一。金融创新可以定义为金融领域内通过各种要素的重新组合和创造性变革所创造或产生的新事物或新变化。

金融创新一般包括金融制度创新、金融组织创新、金融业务创新和金融市场创新四个方面。在金融发展史上，金融创新是金融发展永恒不变的主题，也是金融市场的灵魂所在，尤其在当今经济快速发展的过程中，金融与经济日益融合，已渗透到经济社会各个方面，成为支撑和引领经济发展的重要力量，金融创新愈显重要。

**6. 农业信贷补贴理论**

20 世纪 80 年代以前，农业信贷补贴理论一直占据农村金融理论的主流地位。该理论借鉴了麦金农和肖的金融抑制与深化理论，也受到凯恩斯"政府干预主义"的影响。它认为，广大发展中国家农村经济发展落后，农业落后于其他产业，农业融资利率较低，政府有必要通过提供专项贷款的方式由外部注入资金来干预农村金融市场，通过政府补贴等来对农村金融机构进行保护。在该理论指导下，广大发展中国家纷纷建立起大量由政府主导的农村金融机构，特别是专业的农业信贷机构，同时打击高利贷和各种民间金融活动，运用政策性低利率贷款和信贷配给，为农村注入大量低息的外部政策性资金。

从后期实践效果来看，由于过分依赖低利率外部资金，农村内部储蓄动员不足，贷款偏向农村中上层和大户，贫困农户获贷率很低，农村信贷资金来源难以为继，农业信贷机构经营难以持续。

### 7. 农村金融市场理论

由于农业信贷补贴理论存在诸多缺陷与问题，20世纪80年代以来，农村金融市场理论逐渐兴起并得以实施。很显然，农村金融市场理论是建立在金融深化理论基础上的，该理论明确反对政策性金融对市场的直接干预，反对低利率与补贴政策，与农业信贷补贴理论完全相反。从应用上看，这一理论在市场经济国家中占据主流地位，但在部分发展中国家尤其是欠发达国家是不适合的。

### 8. 不完全竞争市场理论

1997年亚洲金融危机使世界各国认识到市场机制并非万能，对于稳定金融市场来说，合理的、必要的政府干预非常重要，其代表人物是斯蒂格利茨（Stiglitz），他肯定市场机制的重要性，也注重适度的政府干预对稳定市场、矫正市场失效的重要作用。一些学者将斯蒂格利茨等人提出的这种理论观点运用到农村金融，便形成了农村金融的不完全竞争市场理论。该理论认为，农村金融市场不是一个完全竞争的市场，借贷双方存在信息不对称，如果仅仅依靠市场机制很难生长出农村经济发展所需要的金融市场，因此有必要让政府适度介入，以政府的有限适度介入来弥补市场机制本身的缺陷。

目前来看，不完全竞争市场理论对发展中国家尤其是我国农村金融的发展现状是比较有解释力的，更具有指导性和现实针对性，因而包括我国在内的许多发展中国家都采用了这一理论。

## 三　云南沿边金融开放中的农村金融发展的理论机理

以上是本研究中涉及的农村金融发展的主要理论。其实，每一理论背后都蕴含着特定的发展逻辑与机制机理，既是历史发展的必然产物，也是内在发展的必然逻辑。理论来自实践，又对实践具有指导作用。"金融是现代经济的核心"，货币资金是企业生产发展的"第一推动力"和"持续推动力"，是国民经济的"血液"，因而农村经济发展离不开农村金融的有力支持，更需要有适宜的农村金融理论作为指导。

金融抑制理论和农业信贷补贴理论根源于广大发展中国家长期存在的低利率、信贷管制与补贴政策，对农村金融机构设立采取了截然不同的两种态度，形成了外生的供给领先的政府绝对主导型农村金融发展模式，导致政府金融处于绝对垄断支配地位，民间金融被排挤打压甚至取缔，这种理论期望通过政府的行政力量与外部政策支持推动农村金融进而推动农村经济的发展，结果是补贴的难以为继和基层积极性被严重抑制，最终阻滞了农村经济增长。这一理论的作用机理是：政府垄断的农村金融机构大量设立—低利率强制储蓄与低利率信贷资金供给—大量农村中上层和大户获得低廉信贷资金—存款低利率和缓慢的农村经济发展逐渐导致农村内部储蓄动员不足—贷款低利率和对信贷机构及借贷对象的长期大量补贴使其外部资金提供难以为继—农业信贷机构和借贷对象对政府补贴的依赖和"等靠要"导致基层经营缺乏积极性—其因失去生存土壤而崩溃—新的截然不同的理论、模式及其机制应运而生。这就是后来产生的金融深化理论和农村金融市场理论，以及随之形成的内生的需求领先的市场绝对主导型农村金融发展模式，其理论机理与运作机制与以上完全不同。任何一种理论都有其优点也有其缺陷，有什么样的理论就会有什么样的模式与机制。任何一种金融理论的产生，都既是实践的历史发展必然，也是理论的内在逻辑使然，良好的、适宜的农村金融发展理论与模式是随着农村经济的发展阶段及其环境的变化而变化的。

目前极受广大发展中国家欢迎的不完全竞争市场理论，在某种程度上讲是一种典型的中性理论或混合理论，它避开了金融抑制理论、农业信贷补贴理论和金融深化理论、农村金融市场理论分别过于强调政府和市场的极端，认为农村金融市场不是一个完全竞争的市场，借贷双方存在信息不对称，因而有必要让政府适度介入，以政府的有限适度介入来矫正和弥补市场机制本身的缺陷。这一理论根据偏向程度可分为政府导向型农村金融模式（更多偏向于政府）和市场导向型农村金融模式（更多偏向于市场）两种模式。随着经济金融改革的不断深化，目前我国采取的是后一种模式，这种模式很好地处理了农村金融发展中政府与市场的重要关系问题，也就是我国在改革不同阶段首先面临的"政府与市场之争"的重大问题与核心问题。政府并非"救世主",市场也并非万能,政府与市场必须相互配合协调,充分发挥各自优势,及时弥补对方不足。在改革推进中一定要体现市场导向原则和效率优先原则,坚持让市场在资源配置中发挥决定性作用,避免政府过度作为或不作为,唯有如此,才能实现经济社会发展目标。

基于金融排斥理论而提出的普惠金融理论,是人类社会发展中基于人权而在金融方面提出的具体包括金融制度与政策、金融机构与网点、金融产品与业务等,让低收入阶层甚至贫困人群都能获得最基本的普惠金融服务,当然基本前提是有效金融需求和偿还能力。这一理论与以上其他理论可以相生并存、相映生辉,不同种类性质、不同规模大小的金融机构都可以在其中找到业务机会与发展空间,同时普惠金融也是金融机构放眼长远并履行应有社会责任的重要方式,通过金融约束理论、金融结构理论和金融创新理论中一系列金融政策活动,如通过信贷政策(贷与不贷和贷多贷少)、利率政策(提高或降低),以及金融机构设立(准入或限制)、金融产品与业务(放开或限制)、金融监管(放松或加强)等的一系列调整变化,实现对金融机构与货币供应量的调控,进而对宏观金融产生影响。从这一意义上说,金融机构尤其是涉农金融机构和小微金融机构大力开展普惠金融,使其找到了业务发展的基础,只要社会各方形成共识,外部政策支持有力,内部经营管理有方,政府与市场紧密结合,机构联动有效协作,必然形成对"三农"金融发展的强大支持,从而推动农村经济不断深入发展。这是从普惠金融等理论中可以得到的理论与政策分析结论,即只有以上条件具备,普惠金融才可以得到大力发展。

在农村金融发展理论中,研究较多的另一个问题就是农村金融与农村经济的关系问题,许多专家学者通过经验与实证研究认为,农村经济决定农村金融,农村金融反作用于农村经济,二者是相互制约、相互促进、互为因果的关系,农村金融发展对农村经济增长具有重要促进作用,且经济发展程度越高,金融作用越强越大。下面主要从金融深化理论和内生经济增长理论的角度来分析农村金融促进农村经济增长(或者是农村金融发展对农村经济增长)的主要理论机理或作用机理:由于信息不对称和交易成本产生了农村金融中介和农村金融市场，农村金融中介和农村金融市场的发展通过农村金融组织系统的规模、结构和效率来影响一国或一个地区的金融深化，农村金融深化通过储蓄、投资和资源配置三大效应最终促进农村经济增长。整个流程即信息不对称和交易成本—农村金融中介和农村金融市场—农村金融组织系统的规模、结构与效率—储蓄效应、投资效应和资源配置效应—物质资本积累、人力资本积累与技术进步—农村经济增长。由于制度对农村金融影响很大，在考虑制度因素后，通过政府金融政策的干预来影响农村金融中介及其市场，并通过影响储蓄、投资和资源配置三大效应实现经济增长的目的。以上是农村金融发展的主要理论机理分析，而云南沿边金融开放中的农村金融发展也是在这样的理论及其机理下运作的。

# 第三章

# 云南沿边金融开放中的农村金融
# 改革发展现状与主要成效

本章主要对 2008 年来尤其是《总体方案》实施以来云南沿边地区农村金融改革发展现状及取得的主要成效进行分析，使我们对云南沿边地区农村金融改革发展现状及其成效有一个比较清楚的了解和认识，为以后各章进一步分析相关农村金融发展问题和提出对策建议提供重要研究基础。

## 第一节　云南沿边地区农村金融
## 改革发展现状

下面我们将通过地区生产总值、农业总产值、农村居民人均纯收入、银行业金融机构涉农贷款余额、农业保险等指标，以定量方式尽可能地对云南沿边地区农村金融的改革发展状况进行分析。

### 一　地区生产总值

据统计，截至 2019 年底，云南省常住总人口为 4858.3 万人，其中城镇人口 2376.2 万人，农村人口 2482.1 万人，城镇化率为 48.91%，比 2018 年提高 1.1 个百分点。2019 年，云南省地区生产总值为 23223.75 亿元，比 2018 年增长 8.1%（实际增长）。尤其是近年来，在我国总体经济面临强大内外压力的形势下，云南经济发展呈现相对较好的抗压状态与较好韧性，增长较为强势。从表 3-1 可以看出，在规模方面，2008~2019 年云南省及沿边试验区 9 个州市地区生产总值稳中有升，增长幅度明显，试验区内昆明市和红河州地区生产总值一直大幅领先，2019 年分别达6475.88 亿元和 2211.99 亿元，稳居第一、第二位，怒江州地区生产总值最小，为 192.51 亿元。从增速来看，云南省经济发展近年来保持高速增长，如 2015 年云南省地区生产总值增速为 7.0%（全国平均水平 6.9%），2016 年增速为 8.7%（全国平均水平 6.7%），2017 年增速为 9.5%（全国平均水平 6.9%），2018 年增速为 8.9%（全国平均水平 6.6%），2019 年增速为 8.1%（全国平均水平 6.1%），① 都高出全国平均水平。以上说明，云南"金改"试验以来，云南沿边地区经济发展速度总体较快，虽然各州市之间经济发展存在较大差异，但各州市经济每年增幅较大且多年来都保持着较高速度增长，实属不易。

另外，近年来，云南经济发展在国家脱贫攻坚和民族团结进步示范区建设等重大战略举措下，农村人均可支配收入和农村贫困人口脱贫等取得了历史性重大突破。尤其是脱贫攻坚取得显著效果，据统计，2013 年至2018 年，云南全省有 707 万贫困人口实现脱贫、5068 个贫困村出列、48个贫困县脱贫"摘帽"，贫困发生率从 2012 年底的 21.7% 下降到 2018 年的 5.4%；民族地区贫困人口（此指少数民族）由 2012 年的 426.0 万人减少至 86.5 万人，27 个贫困自治县已有 14 个顺利"摘帽"，有 3 个少数民族实现了整族脱贫。目前，按照中央部署要求，现行标准下的云南农村贫困人口已经实现全部脱贫，88 个贫困县全部脱贫"摘帽"，11 个直过民族和人口较少民族全部实现整族脱贫，历史性地告别了绝对贫困。但如何巩固脱贫攻坚成果与实现乡村全面振兴依然任重道远。

---

① 以上资料来自《云南统计年鉴》、中国经济网、中商产业研究院数据库。另据统计，2020年，云南省地区生产总值为 24521.90 亿元，比 2019 年增长 4.0%，高于全国 1.7 个百分点。全省居民人均可支配收入 23295 元，比 2019 年增长 5.5%，其中城镇常住居民人均可支配收入 37500 元，增长 3.5%，农村常住居民人均可支配收入 12842 元，增长 7.9%。

表3-1 2008~2019年云南沿边地区地区生产总值

单位：亿元

| 地区 | 2008年 | 2009年 | 2010年 | 2011年 | 2012年 | 2013年 | 2014年 | 2015年 | 2016年 | 2017年 | 2018年 | 2019年 |
|------|--------|--------|--------|--------|--------|--------|--------|--------|--------|--------|--------|--------|
| 云南省 | 5700.10 | 6169.75 | 7224.18 | 8893.12 | 10309.47 | 11720.91 | 12814.59 | 13717.88 | 14869.95 | 16531.34 | 17881.12 | 23223.75 |
| 昆明市 | 1605.40 | 1837.46 | 2120.30 | 2509.58 | 3011.14 | 3415.31 | 3712.99 | 3970.00 | 4300.43 | 4857.64 | 5206.89 | 6475.88 |
| 保山市 | 194.05 | 221.66 | 260.90 | 323.24 | 389.96 | 449.74 | 503.09 | 551.96 | 613.39 | 678.95 | 738.14 | 960.68 |
| 普洱市 | 179.86 | 211.70 | 248.08 | 301.19 | 366.85 | 425.39 | 476.95 | 514.41 | 567.54 | 624.59 | 662.47 | 875.28 |
| 临沧市 | 156.87 | 181.33 | 216.97 | 272.43 | 352.98 | 416.10 | 465.12 | 502.12 | 550.82 | 604.06 | 630.01 | 759.26 |
| 红河州 | 514.70 | 560.88 | 650.42 | 780.64 | 905.43 | 1026.95 | 1127.09 | 1222.28 | 1333.79 | 1478.57 | 1573.76 | 2211.99 |
| 文山州 | 244.51 | 284.90 | 329.85 | 401.40 | 478.02 | 553.36 | 615.87 | 670.84 | 735.88 | 809.11 | 859.06 | 1081.60 |
| 西双版纳州 | 122.78 | 138.64 | 160.32 | 197.59 | 232.64 | 272.32 | 306.02 | 335.91 | 366.03 | 393.84 | 417.78 | 568.09 |
| 德宏州 | 99.67 | 115.71 | 140.63 | 172.32 | 201.00 | 230.90 | 274.20 | 292.32 | 323.55 | 356.97 | 381.06 | 513.66 |
| 怒江州 | 43.67 | 48.05 | 54.76 | 64.63 | 74.94 | 85.82 | 100.12 | 113.45 | 126.46 | 141.50 | 161.56 | 192.51 |

资料来源：2009~2020年《云南统计年鉴》、中国统计信息网。

## 二　农业总产值

随着云南沿边地区总体经济的快速发展，云南省及沿边各州市农业（包括农林牧渔业）总产值也出现较快的增长。由表3-2可见，云南省农业总产值2008年为1641.46亿元，2017年达3808.84亿元，2018年为4108.88亿元，2019年为4935.73亿元，2019年是2008年的3.01倍，2020年达到5920.52亿元，近几年增速都在10%以上，沿边各州市农业总产值也都呈现增速较快的发展势头。尤其是红河州，其农业总产值在2013年开始超过昆明市，此后一直排在第一位，2019年红河州农业总产值达460.57亿元，昆明市为447.49亿元，怒江州最少，只有41.22亿元。

## 三　农村居民人均纯收入

从表3-3可以看出，云南沿边地区农村居民人均纯收入不断增长，整体呈上升态势，增幅明显。2008年，云南省农村居民人均纯收入为3103元，2013年为6141元，2017年增长到9862元，2018年则增长到10768元，突破1万元，2019年增加到11902元，2019年是2008年的3.8倍，2020年增加到12842元，呈现逐年增加势头。昆明市和西双版纳州长期以来均处于领先地位，并分别于2014年和2015年突破了1万元大关，保山市和红河州于2017年也突破了1万元。2019年，这一指标最高的是昆明市，达到16356元，其次是西双版纳州，为14478元，红河州、保山市分别为12570元和12499元。最低的是怒江州，为7165元，远低于全省平均水平。

## 四　涉农贷款

从表3-4可以看出，2008年，云南省银行业金融机构涉农贷款余额只有2035.17亿元，2011年实现翻倍达到4182.52亿元，2014年与2008年比，上涨了两倍多，2016年达8006.10亿元，2017年为8935.95亿元，

表3-2 2008~2019年云南沿边地区农业总产值

单位：亿元

| 地区 | 2008年 | 2009年 | 2010年 | 2011年 | 2012年 | 2013年 | 2014年 | 2015年 | 2016年 | 2017年 | 2018年 | 2019年 |
|---|---|---|---|---|---|---|---|---|---|---|---|---|
| 云南省 | 1641.46 | 1706.19 | 1810.53 | 2306.49 | 2680.10 | 3056.44 | 3261.30 | 3383.09 | 3704.69 | 3808.84 | 4108.88 | 4935.73 |
| 昆明市 | 175.74 | 190.96 | 200.73 | 225.07 | 268.84 | 298.66 | 316.77 | 328.58 | 349.69 | 366.38 | 374.84 | 447.49 |
| 保山市 | 102.34 | 114.08 | 126.07 | 160.64 | 184.91 | 211.19 | 224.91 | 234.52 | 249.59 | 262.09 | 268.93 | 321.36 |
| 普洱市 | 87.76 | 98.49 | 108.17 | 148.75 | 190.24 | 220.46 | 234.57 | 244.59 | 260.31 | 273.59 | 271.95 | 324.65 |
| 临沧市 | 94.27 | 104.22 | 117.86 | 144.55 | 180.46 | 213.19 | 226.84 | 235.86 | 251.01 | 263.38 | 270.60 | 323.04 |
| 红河州 | 149.52 | 165.68 | 175.84 | 207.56 | 260.83 | 310.14 | 329.68 | 343.44 | 364.47 | 382.73 | 385.43 | 460.57 |
| 文山州 | 97.28 | 111.63 | 120.07 | 151.71 | 192.46 | 227.01 | 240.86 | 249.73 | 265.27 | 278.05 | 281.19 | 335.68 |
| 西双版纳州 | 58.87 | 65.63 | 73.16 | 97.63 | 115.20 | 138.24 | 146.76 | 152.45 | 162.24 | 169.59 | 173.90 | 207.60 |
| 德宏州 | 45.59 | 51.53 | 58.00 | 71.45 | 91.34 | 107.78 | 114.46 | 119.02 | 126.31 | 132.38 | 133.32 | 159.46 |
| 怒江州 | 8.76 | 9.54 | 10.57 | 12.48 | 17.23 | 20.18 | 26.54 | 30.53 | 32.34 | 33.70 | 34.59 | 41.22 |

资料来源：2009~2020年《云南统计年鉴》，中国统计信息网。

表3-3　2008~2019年云南沿边地区农村居民人均纯收入

单位:元

| 地区 | 2008年 | 2009年 | 2010年 | 2011年 | 2012年 | 2013年 | 2014年 | 2015年 | 2016年 | 2017年 | 2018年 | 2019年 |
|---|---|---|---|---|---|---|---|---|---|---|---|---|
| 云南省 | 3103 | 3369 | 3952 | 4722 | 5417 | 6141 | 7456 | 8242 | 9020 | 9862 | 10768 | 11902 |
| 昆明市 | 4610 | 5080 | 5810 | 6985 | 8040 | 9273 | 10366 | 11444 | 12555 | 13698 | 14895 | 16356 |
| 保山市 | 2717 | 3120 | 3627 | 4439 | 5331 | 6275 | 7626 | 8572 | 9426 | 10321 | 11280 | 12499 |
| 普洱市 | 2536 | 2954 | 3456 | 4338 | 5020 | 5873 | 7096 | 7914 | 8669 | 9484 | 10386 | 11502 |
| 临沧市 | 2363 | 2730 | 3279 | 4284 | 5158 | 6066 | 7199 | 8063 | 8914 | 9814 | 10756 | 11907 |
| 红河州 | 3023 | 3446 | 3922 | 4650 | 5468 | 6368 | 7726 | 8599 | 9449 | 10356 | 11330 | 12570 |
| 文山州 | 2027 | 2379 | 2806 | 3864 | 4643 | 5460 | 6998 | 8157 | 8403 | 9184 | 10030 | 11133 |
| 西双版纳州 | 3213 | 3750 | 4354 | 5327 | 6174 | 7107 | 9155 | 10080 | 11049 | 12043 | 13079 | 14478 |
| 德宏州 | 2439 | 2831 | 3368 | 4096 | 4763 | 5608 | 7152 | 7917 | 8659 | 9464 | 10325 | 11409 |
| 怒江州 | 1448 | 1709 | 2005 | 2362 | 2773 | 3251 | 4297 | 4791 | 5299 | 5871 | 6449 | 7165 |

资料来源:2009~2020年《云南统计年鉴》、中国统计信息网。

表3-4 2008~2019年云南沿边地区银行业金融机构涉农贷款余额

单位：亿元

| 地区 | 2008年 | 2009年 | 2010年 | 2011年 | 2012年 | 2013年 | 2014年 | 2015年 | 2016年 | 2017年 | 2018年 | 2019年 |
|---|---|---|---|---|---|---|---|---|---|---|---|---|
| 云南省 | 2035.17 | 2931.11 | 3602.17 | 4182.52 | 4898.11 | 5570.07 | 6223.55 | 7133.65 | 8006.10 | 8935.95 | 9482.59 | 10253.47 |
| 昆明市 | 691.33 | 956.10 | 1125.91 | 1399.99 | 1589.43 | 1792.08 | 1825.05 | 1993.69 | 2575.89 | 3053.08 | 3235.79 | 3465.32 |
| 保山市 | 70.74 | 102.83 | 121.07 | 151.26 | 184.29 | 216.51 | 249.45 | 310.80 | 324.11 | 356.61 | 389.43 | 456.39 |
| 普洱市 | 68.82 | 101.91 | 126.67 | 132.32 | 157.99 | 196.82 | 233.61 | 286.39 | 315.40 | 344.51 | 362.00 | 380.23 |
| 临沧市 | 49.13 | 66.20 | 50.67 | 111.65 | 147.29 | 170.12 | 208.30 | 255.24 | 266.23 | 280.19 | 276.53 | 271.01 |
| 红河州 | 212.73 | 311.08 | 352.70 | 388.54 | 445.12 | 499.06 | 557.41 | 629.80 | 749.45 | 795.81 | 849.12 | 883.42 |
| 文山州 | 94.89 | 158.94 | 198.48 | 199.10 | 231.44 | 263.28 | 292.05 | 342.17 | 364.33 | 427.41 | 474.44 | 515.01 |
| 西双版纳州 | 57.16 | 80.98 | 93.19 | 96.04 | 114.87 | 139.63 | 153.90 | 188.69 | 213.47 | 205.12 | 200.29 | 210.62 |
| 德宏州 | 56.57 | 96.66 | 111.72 | 140.06 | 164.12 | 183.43 | 199.92 | 243.31 | 264.33 | 288.19 | 307.09 | 308.53 |
| 怒江州 | 22.47 | 32.19 | 37.51 | 49.04 | 56.39 | 54.22 | 59.24 | 68.60 | 68.97 | 72.73 | 85.11 | 93.20 |

资料来源：2009~2020年《云南金融年鉴》，中国人民银行昆明中心支行。

2018 年达到 9482.59 亿元, 2019 年突破 1 万亿元, 达到 10253.47 亿元, 2020 年则达到 11272.17 亿元, 涉农贷款增速较快。其中以昆明市银行业金融机构涉农贷款余额规模最大, 其次是红河州、文山州、保山市, 怒江州、西双版纳州和临沧市规模较小。

## 五　农业保险

### 1. 农业保险保费收入

农业保险是农村金融的重要组成部分, 从表 3-5 可以看出, 2008 年以来, 云南省农业保险保费收入持续稳定高速增长, 2008 年保费收入不到 2 亿元, 2013 年便突破 10 亿元大关, 但 2014~2018 年五年中, 云南农业保险保费收入一直徘徊在 11 亿元左右。总的来看, 全省及沿边州市农业保险保费收入呈逐年增长态势, 2019 年, 达到 16.46 亿元, 增幅很大。总量上看, 开展较好的为昆明市、临沧市和保山市, 怒江州、西双版纳州和文山州则发展较为缓慢。从保险品种上看, 目前全省农险产品有 22 个, 其中中央政策性农险产品 11 个、地方政策性农险产品 4 个、沿边各州市商业性农险产品 7 个。目前, 云南省农业保险基本覆盖了农业经济发展中地位比较重要的粮食作物、经济作物、牲畜和经济林木等, 政策性森林火灾保险、烟叶保险率先实现全省覆盖, 农业保险已成为农业风险保障体系的重要组成部分。

### 2. 农业保险赔付支出

从表 3-6 可以看出, 随着云南省农业保险保费收入的稳定增长, 农业保险赔付支出也逐年上升, 2008 年云南省农业保险赔付支出为 1.73 亿元, 2013 年达到 6.05 亿元, 2014 年为 8.23 亿元, 2017 年为 7.93 亿元, 2018 年为 11.10 亿元, 2019 年为 10.70 亿元。总的来说, 云南省农业保险由于受农业经济发展、地理位置、气候和自然灾害等外部因素及主观因素 (如农户对保险的认识程度还不高等) 的影响, 发展还较为缓慢, 其赔付在一定程度上弥补了 "三农" 的损失, 有力地促进了农业生产的发展。

表3-5 2008~2019年云南沿边地区农业保险保费收入

单位：百万元

| 地区 | 2008年 | 2009年 | 2010年 | 2011年 | 2012年 | 2013年 | 2014年 | 2015年 | 2016年 | 2017年 | 2018年 | 2019年 |
|---|---|---|---|---|---|---|---|---|---|---|---|---|
| 云南省 | 199.22 | 314.32 | 341.69 | 605.48 | 712.87 | 1030.53 | 1106.38 | 1195.08 | 1172.5 | 1174.05 | 1188.01 | 1645.99 |
| 昆明市 | 14.89 | 42.43 | 55.99 | 156.65 | 212.38 | 279.70 | 262.15 | 318.29 | 288.61 | 279.68 | 169.11 | 214.52 |
| 保山市 | 12.54 | 17.01 | 10.70 | 19.52 | 22.13 | 50.08 | 57.18 | 56.11 | 46.06 | 62.68 | 105.32 | 116.46 |
| 普洱市 | 15.22 | 15.39 | 12.94 | 36.85 | 31.10 | 32.10 | 29.77 | 33.22 | 24.87 | 40.13 | 60.88 | 82.55 |
| 临沧市 | 17.04 | 23.49 | 15.26 | 43.43 | 36.96 | 94.83 | 102.12 | 101.93 | 64.12 | 82.54 | 88.33 | 153.67 |
| 红河州 | 15.85 | 19.28 | 15.94 | 18.77 | 50.98 | 68.58 | 75.34 | 74.29 | 49.48 | 87.10 | 95.16 | 99.57 |
| 文山州 | 8.50 | 7.85 | 10.77 | 20.13 | 18.40 | 32.56 | 63.20 | 70.14 | 50.33 | 69.76 | 68.10 | 67.10 |
| 西双版纳州 | 3.33 | 8.90 | 10.84 | 12.35 | 7.91 | 27.72 | 37.03 | 35.36 | 23.55 | 30.49 | 32.28 | 57.77 |
| 德宏州 | 0.99 | 11.61 | 13.62 | 29.29 | 34.62 | 50.40 | 48.30 | 56.08 | 38.39 | 40.24 | 46.40 | 72.41 |
| 怒江州 | 1.34 | 5.78 | 5.25 | 5.60 | 3.71 | 9.29 | 21.57 | 20.68 | 16.22 | 22.73 | 19.57 | 23.94 |

资料来源：2009~2020年《中国保险年鉴》《云南统计年鉴》。

表3-6 2008~2019年云南沿边地区农业保险赔付支出

单位：百万元

| 地区 | 2008年 | 2009年 | 2010年 | 2011年 | 2012年 | 2013年 | 2014年 | 2015年 | 2016年 | 2017年 | 2018年 | 2019年 |
|---|---|---|---|---|---|---|---|---|---|---|---|---|
| 云南省 | 172.61 | 236.50 | 277.85 | 266.63 | 410.37 | 605.12 | 823.28 | 648.86 | 788.50 | 793.01 | 1109.60 | 1069.59 |
| 昆明市 | 11.42 | 35.92 | 36.82 | 58.25 | 53.62 | 155.24 | 163.39 | 95.98 | 191.78 | 118.79 | 265.60 | 181.69 |
| 保山市 | 10.57 | 13.51 | 10.88 | 11.46 | 11.60 | 38.16 | 28.71 | 26.03 | 49.32 | 44.79 | 57.96 | 80.55 |
| 普洱市 | 9.03 | 9.28 | 13.96 | 11.38 | 12.42 | 24.50 | 19.54 | 16.19 | 23.53 | 30.61 | 40.52 | 40.95 |
| 临沧市 | 8.18 | 16.58 | 21.29 | 18.39 | 27.17 | 34.45 | 70.19 | 25.76 | 37.62 | 52.82 | 53.56 | 57.39 |
| 红河州 | 21.67 | 15.61 | 15.24 | 15.88 | 49.56 | 44.37 | 82.85 | 40.58 | 63.48 | 76.95 | 77.22 | 113.26 |
| 文山州 | 10.10 | 18.37 | 5.87 | 10.23 | 12.98 | 16.30 | 58.37 | 41.34 | 34.38 | 43.61 | 72.30 | 72.93 |
| 西双版纳州 | 5.71 | 7.86 | 6.33 | 3.42 | 6.25 | 15.47 | 18.16 | 18.58 | 12.85 | 11.40 | 17.47 | 24.79 |
| 德宏州 | 1.51 | 6.95 | 8.56 | 10.10 | 17.79 | 22.03 | 24.68 | 56.16 | 29.65 | 20.62 | 26.20 | 25.90 |
| 怒江州 | 0.47 | 2.27 | 4.54 | 2.40 | 3.12 | 5.73 | 10.98 | 12.29 | 12.96 | 8.15 | 16.30 | 12.93 |

资料来源：2009~2020年《中国保险年鉴》《云南统计年鉴》。

**3. 保险密度**

从表 3-7 可以看出，云南沿边地区保险密度①自 2008 年至 2019 年，逐年稳步增加，十几年间年均增幅超 30%，增速明显。2008 年，云南省保险密度只有 363.35 元，2017 年增长到 1277.54 元，昆明市和西双版纳州居前两位，分别为 3681.52 元和 1485.05 元，怒江州最低，为 502.19 元。2016 年末，云南省保险密度突破 1000 元达 1116.30 元，2017 年为 1277.54 元，2018 年为 1383.14 元，2019 年为 1527.49 元，近些年来增速明显，说明随着云南经济社会的快速发展，人们的收入水平在不断提高，参保意识也在不断增强，保险业得到了较快发展。但是，相比全国 1766.49 元的保险密度，云南省保险密度仍处于较低水平。

**4. 保险深度**

表 3-8 表明，2008 年至 2019 年云南沿边地区的保险深度②相对稳定。2018 年，云南省保险深度达 3.74%，为历史最高点，而 2014 年之前大多在 3% 以下。昆明市 2016 年达到 5%，怒江州一直在 2% 以下。目前云南省保险深度低于全国平均水平，而国际平均水平在 8%～10%，说明云南省保险深度与全国及国际相比差距较大，需要首先在经济发展上下功夫，而农村经济发展更是"短板"所在。

以上通过几个主要指标对近年来云南省农村经济金融发展的基本情况进行了分析，总体来看，如果是纵向比较，发展无疑是明显的、巨大的，无论是云南全省还是沿边"金改区"州市，农村金融在云南沿边金融开放大好背景与政策支持下得到了较快的发展。但是横向比较以及与改革目标要求相比，还存在一定差距与不足，这是要清醒地认识到的。

---

① 保险密度，是按当地人口计算人均保险费额，即人均保费收入，反映了该地国民参加保险的程度，也反映出该地国民经济和保险业的发展水平。
② 保险深度，是指某地区保费收入占该地区生产总值的比重，反映了该地区保险业在整个国民经济中的地位，保险深度取决于该地区经济总体发展水平和保险业的发展速度。

表3-7 2008~2019年云南沿边地区保险密度

单位：元

| 地区 | 2008年 | 2009年 | 2010年 | 2011年 | 2012年 | 2013年 | 2014年 | 2015年 | 2016年 | 2017年 | 2018年 | 2019年 |
|---|---|---|---|---|---|---|---|---|---|---|---|---|
| 云南省 | 363.35 | 394.87 | 470.67 | 517.54 | 579.94 | 684.45 | 797.62 | 916.50 | 1116.30 | 1277.54 | 1383.14 | 1527.49 |
| 昆明市 | 1105.81 | 1157.90 | 1331.05 | 1469.42 | 1655.78 | 1990.85 | 2337.29 | 2574.97 | 3212.55 | 3681.52 | 3897.95 | 4351.94 |
| 保山市 | 193.75 | 212.78 | 275.97 | 314.70 | 353.31 | 424.08 | 491.82 | 606.19 | 741.84 | 889.09 | 999.96 | 1088.27 |
| 普洱市 | 180.48 | 200.35 | 260.52 | 295.03 | 352.81 | 392.00 | 461.34 | 619.74 | 756.53 | 855.14 | 924.02 | 982.40 |
| 临沧市 | 121.96 | 140.79 | 167.88 | 203.17 | 245.50 | 320.85 | 371.17 | 438.39 | 478.16 | 598.02 | 663.34 | 743.42 |
| 红河州 | 297.65 | 351.39 | 422.28 | 434.53 | 474.45 | 540.95 | 610.66 | 723.11 | 819.28 | 923.25 | 1006.22 | 1040.84 |
| 文山州 | 117.39 | 141.05 | 172.09 | 196.86 | 239.22 | 304.18 | 372.75 | 430.04 | 516.20 | 623.73 | 714.84 | 814.12 |
| 西双版纳州 | 363.02 | 427.22 | 514.13 | 608.27 | 711.74 | 833.85 | 928.41 | 1127.20 | 1307.60 | 1485.05 | 1583.38 | 1706.26 |
| 德宏州 | 310.90 | 375.48 | 421.47 | 485.54 | 568.37 | 656.33 | 775.12 | 877.66 | 1015.64 | 1190.24 | 1301.26 | 1344.67 |
| 怒江州 | 111.33 | 128.81 | 164.70 | 206.23 | 227.04 | 288.42 | 337.41 | 398.49 | 450.96 | 502.19 | 564.05 | 607.34 |

资料来源：2009~2020年《中国保险年鉴》《云南统计年鉴》。

表 3-8 2008~2019 年云南沿边地区保险深度

单位：%

| 地区 | 2008 年 | 2009 年 | 2010 年 | 2011 年 | 2012 年 | 2013 年 | 2014 年 | 2015 年 | 2016 年 | 2017 年 | 2018 年 | 2019 年 |
|------|---------|---------|---------|---------|---------|---------|---------|---------|---------|---------|---------|---------|
| 云南省 | 2.90 | 2.93 | 3.00 | 2.74 | 2.62 | 2.74 | 2.93 | 3.20 | 3.60 | 3.71 | 3.74 | 3.20 |
| 昆明市 | 4.30 | 4.02 | 4.04 | 3.80 | 3.59 | 3.84 | 4.17 | 4.33 | 5.03 | 5.14 | 5.13 | 4.67 |
| 保山市 | 2.46 | 2.43 | 2.65 | 2.49 | 2.30 | 2.41 | 2.52 | 2.83 | 3.14 | 3.42 | 3.56 | 2.98 |
| 普洱市 | 2.59 | 2.56 | 2.68 | 2.51 | 2.48 | 2.38 | 2.58 | 3.14 | 3.49 | 3.60 | 3.68 | 2.98 |
| 临沧市 | 1.85 | 1.90 | 1.87 | 1.84 | 1.71 | 1.91 | 1.99 | 2.19 | 2.18 | 2.50 | 2.67 | 2.49 |
| 红河州 | 2.55 | 2.78 | 2.92 | 2.52 | 2.39 | 2.42 | 2.50 | 2.75 | 2.87 | 2.94 | 3.00 | 2.25 |
| 文山州 | 1.65 | 1.78 | 1.84 | 1.74 | 1.78 | 1.97 | 2.18 | 2.31 | 2.54 | 2.80 | 3.04 | 2.76 |
| 西双版纳州 | 3.16 | 3.32 | 3.61 | 3.52 | 3.52 | 3.53 | 3.51 | 3.91 | 4.19 | 4.45 | 4.50 | 3.59 |
| 德宏州 | 3.70 | 3.89 | 3.59 | 3.44 | 3.48 | 3.54 | 3.95 | 3.84 | 4.09 | 4.36 | 4.49 | 3.47 |
| 怒江州 | 1.36 | 1.44 | 1.65 | 1.71 | 1.63 | 1.81 | 1.82 | 1.90 | 1.94 | 1.94 | 1.93 | 1.76 |

资料来源：2009~2020 年《中国保险年鉴》《云南统计年鉴》。

# 第二节　云南沿边地区农村金融
# 改革主要成效

以上主要数据分析了 2008 年来尤其是沿边"金改"试点以来，云南沿边地区农村金融改革发展的基本情况及取得的主要成就。下面我们基于对以上数据的分析，重点从六个方面对云南沿边金融开放中的农村金融改革发展所取得的主要成效进行归纳总结。

## 一　农村金融组织体系不断完善

农村金融组织机构和网点服务缺失问题一直困扰着云南农村金融的发展。2010 年 3 月，云南省委、省政府出台《关于切实解决农村金融服务缺失问题的实施意见》，省政府拿出近 1 亿元进行补贴，到该年底，云南 122 个农村金融网点服务空白乡镇金融缺失问题终于全部解决，130 多万边远贫困山区各族群众在家门口就能享受到基本的金融服务，使云南农村金融改革迈出了一大步。目前云南农村金融市场初步建立起了以银行、证券、保险为主体，商业性和政策性金融机构为两翼，民间及新业态金融机构为补充的多元化、多样化、多功能的较为现代的农村金融组织体系，涉农金融机构主要有农业银行、农业发展银行、农村信用社（包括改制而来的农村商业银行、农村合作银行）、村镇银行、保险公司、证券公司，以及小额贷款公司、农村资金互助社、民间融资登记服务公司和各种网络贷款融资服务公司等。据中国人民银行昆明中心支行统计，截至 2018 年 9 月末，云南省金融组织体系构成中，有政策性银行 3 家、国有大型银行 5 家、股份制银行 10 家、城市商业银行 3 家、村镇银行 73 家、农村金融机构法人机构 133 家、外资银行 8 家、邮政储蓄银行 1 家、信托公司 1 家、财务公司 5 家、金融资产管理公司 5 家、金融租赁公司 1 家、证券期货经营机构 221 家、小额贷款公司 254 家，相比 2015 年云南省金融办统计数据（云南省共有银行 29 家、非银行业金融机构 9 家、村镇银行 44 家；农村金融机构法人机构 133 家；地方法人证券 2 家；等等），云南省金融组织机构总体上有一定发展，多元化、多样化现代金融体系已基本形成。涉农金融机构已经形成了以农业银行、农业发展银行、邮政储蓄银行、农村信用社、农村商业银行、村镇银行等为主要构成的农村金融组织体系。2015 年 5 月，云南省首家农村商业银行——瑞丽南屏农村商业银行正式开业；云南省农村信用社改制组建农村商业银行加快，在 2016 年首批 20 家联社改制基础上，2017 年启动改制的 25 家已全部批复筹建，2018 年拟改制的 19 家已全部完成清产核资，全省已批复开业的农村商业银行达 43 家。截至 2018 年 9 月末，云南 8 个沿边州市 25 个边境县（市）共有银行业法人机构 36 家，营业性网点 741 个，机构类型与数量不断增多。另外，在担保机构上，2015 年出资 20 亿元设立了云南省信用再担保有限责任公司，2016 年出资 10 亿元设立了云南省农业信贷担保有限公司，分别在 9 个州（市）设立了分支机构。2017 年起，云南省将省级融资担保体系建设专项资金从 1 亿元增加到 3 亿元，并经省政府同意修订出台了《云南省省级财政融资担保体系建设专项资金管理暂行办法》，以提高财政资金使用效益为目标，改变财政直接补助的单一支出方式，将融资担保体系建设资金的使用方向明确为资本金投入、风险补偿基金补充、政策性融资担保机构保费补助、监管业务补助四个方向，重点突出对政策性融资担保机构的扶持，充分发挥政府在政策性融资担保体系建设中的主导作用，以引入社会资本、增强信用能力、降低融资成本和分摊风险损失。

## 二 农村金融产品和业务不断丰富

2013 年，云南省金融办牵头起草并报请省政府出台了《云南省人民政府关于推进"三农"金融服务改革创新的意见》（云政函〔2013〕115 号）和《云南省人民政府办公厅关于实施"三农"金融服务便利化行动的通知》（云政办发〔2013〕128 号），云南省"三农"金融改革创新试点县（市、区）由 6 个扩大到 44 个，2014 年起在全省开始全面推开实施。云南省"三农"金融服务改革创新的主要内容是实施以林权抵押贷款、土地承包经营权抵押贷款、农户房屋所有权及宅基地使用权抵押贷款的"三权三证"抵押贷款，而"三农"金融服务便利化行动则进一步要求有关部门和金融机构整合资源，明确提出实施农村产权抵押融资便利化、县域金融服务便利化、农户小额贷款便利化、新型农业经营主体融资便利化、农业现代化基础设施融资便利化、农业龙头企业直接融资便利化、"三农"保险服务便利化、"三农"融资担保便利化、支付结算等基础服务便利化、金融知识宣传培训服务便利化等十项便利化行动。各级政府和有关部门也相应出台了推进"三农"金融服务改革创新和便利化行动的具体意见与试点措施，分解责任，分工落实。

以开展"三农"金融服务改革创新与便利化行动为契机，云南省大力推进农村金融产品和服务方式创新，推出了一系列适合农户与农村小微企业等需求的金融产品，如农村"三权三证"抵押贷款、"贷免扶补"、小额担保贷款、农村青年创业小额贷款、涉农银团贷款、"公司+农户"贷款、农村危房改造贷款、易地扶贫搬迁贷款、小额信贷、金果贷、金蔬贷、助保贷，以及农房地震保险、人口较少民族综合保险和小额贷款保证保险等，极大地缓解了农村小微企业与农户融资难题。据中国人民银行昆明中心支行统计，2015 年至 2019 年，云南省农村"三权三证"抵押贷款余额分别为 240.26 亿元、200.95 亿元、168.82 亿元、149.43 亿元、133.62 亿元，尤其是林权抵押贷款，自 2010 年以来连续多年居全国第一位。2019年末，云南省涉农贷款连续 10 年实现"贷款增量不低于上年、增速不低于贷款平均增速"的"两个不低于"目标，全省涉农贷款余额达 10253.47亿元，增速高于全省各项贷款平均增速，涉农贷款余额占全省各项贷款余额总量的 35%以上，农户贷款增速与涉农企业贷款增速均高于全省各项贷款平均增速。

近年来，脱贫攻坚战与金融精准扶贫也为"三农"金融发展加劲助力。2015 年以来，云南省金融机构累计发放金融精准扶贫贷款 4817.52 亿元，123.45 万建档立卡贫困人口获得信贷支持。截至 2019 年末，云南省金融精准扶贫贷款余额为 2975.60 亿元。另外，云南省农村基础金融服务覆盖面不断扩大，"村村通"工程和信用村建设成效显著，目前全省乡镇金融网点服务已实现全覆盖，行政村基础金融服务覆盖率达 95%以上。

为进一步深化我国农村金融改革，2015 年 8 月，国务院出台了《关于开展农村承包土地的经营权和农民住房财产权抵押贷款试点的指导意见》（国发〔2015〕45号），决定在全国部分地区开展农村承包土地经营权和农民住房财产权"两权"抵押贷款试点。云南省开远市、砚山县、剑川县、鲁甸县、景谷县及富民县6个县（市）被确定为全国农村承包土地的经营权抵押贷款试点，大理市、丘北县及武定县3个县（市）被确定为农民住房财产权抵押贷款试点。2015年12月，全国人大常委会通过了《关于授权国务院在北京市大兴区等232个试点县（市、区）、天津市蓟县等59个试点县（市、区）行政区域分别暂时调整实施有关法律规定的决定》，对上述两类试点地区分别暂时调整实施《中华人民共和国物权法》《中华人民共和国担保法》关于集体所有的耕地使用权和集体所有的宅基地使用权不得抵押的规定，调整时间为2015年12月28日至2017年12月31日。2016年3月，中国人民银行、银监会、保监会、财政部及农业部五部门联合印发《农村承包土地的经营权抵押贷款试点暂行办法》，中国人民银行、银监会、保监会、财政部、国土资源部、住房和城乡建设部六部门联合印发《农民住房财产权抵押贷款试点暂行办法》。自2015年8月国务院通知下发后，中国人民银行昆明中心支行便牵头成立了省级"两权"抵押贷款试点工作小组，并制定了具体工作方案。到2016年末，云南6个"两权"抵押贷款试点县（市）农地抵押贷款余额2.1亿元，全年累计发放贷款1963笔，累计贷款金额1.9亿元；3个"两权"抵押贷款试点县（市）农房抵押贷款余额17.5亿元，全年累计发放贷款9119笔，累计贷款金额14.5亿元。到2018年9月末，6个试点县（市）农地抵押贷款余额5.2亿元，3个试点县（市）农房抵押贷款余额17.3亿元。

## 三 农村资本市场不断壮大

为解决"三农"长期依靠银行信贷、融资方式单一等问题，云南省大力发展多层次资本市场。一是积极探索支持符合条件的农业龙头企业境内外上市融资和再融资、发行债券，到"新三板"挂牌，支持农业龙头企业依托工业园区、特色产业园基地等发行中小企业集合债券、私募债券。同时，促进农村产权交易流转，探索建设农村产权综合交易市场。二是引导涉农企业尤其是农业龙头企业和农业大户等进入期货市场进行风险管理和套期保值，以规避市场风险。创新发展白糖、橡胶等大宗特色农产品的期货交易，利用套期保值，在稳定预期、产业发展、农民增收方面发挥了重要作用。三是鼓励农业龙头企业与股权投资基金加强合作，推进农业项目与股权投资基金对接融资，在发挥多层次资本市场对"三农"发展的杠杆作用，促进农业产业与金融融合发展上探索便利化服务的新路子。截至2019年底，云南省有36家上市公司，其中沪市14家、深市22家，其中有涉农上市公司9家，有20余家涉农相关企业在"新三板"挂牌上市。2018年8月，富滇银行成功发行35亿元绿色金融债，填补了云南在绿色金融债券市场的空白，该债券将专项用于全省的节能环保、污染防治、资源节约与循环利用等相关项目的融资支持，为云南绿色产业转型发展注入资金动力。

## 四　"三农"保险力度加大

云南省在推进"三农"政策性农业保险发展中，积极开展具有自身特点的高原特色农业保险。一是针对农业生产需求，积极争取扩大政策性农业保险补贴品种和保障范围；二是针对农民大病负担、意外伤害，支持保险机构开展及推广新型农村合作医疗大病补充保险，推动建立覆盖全省农村居民的意外险风险保障网络；三是针对农民工，大力开展建筑工人意外伤害保险和高危行业从业人员意外伤害保险；四是针对信贷风险，加大对农村企业、专业合作组织的保险服务，积极探索农户小额信贷保证保险试点；五是巨灾保险试点破题起步，启动政策性农房地震保险、人口较少民族保障保险、小额贷款保证保险等试点。2014年8月，云南启动小额贷款保证保险试点项目。截至2019年末，全省129个县（市、区）全部开办"三农"保险，全省农业保险险种已发展到50余个，农业保险基本覆盖了云南农业经济发展中地位重要的粮食作物、经济作物、牲畜和经济林木，政策性森林火灾保险、烟叶保险率先实现全省覆盖。2019年，全省农业保险累计提供风险保障1489.6亿元，赔款支付10.7亿元，受益农户136.4万户次。积极引导行业开展价格保险、收入保险、"保险+期货"等新型险种试点。2015 年全国第一个政策性农房地震保险项目在大理州试点，在三年试点期间共计提供农房直接损失风险保障 4.2 亿元，3 次地震共支付赔款 6353.76 亿元，并于 2018 年成功续保，目前正在协同相关部门争取扩大地震保险试点范围，推动天气指数保险试点工作。"三农"保险在云南"三农"金融服务中发挥的作用与空间越来越大。

## 五 跨境金融合作稳步推进

据中国人民银行昆明中心支行统计，云南省跨境人民币结算业务自 2010 年 7 月启动试点至 2020 年底，已累计结算 5884.2 亿元，平均每年达到 580 亿元，尤其是 2014 年达到最高点 780 亿元，此后逐年下降，2015 年为 753 亿元，2016 年为 658 亿元，2017 年为 516 亿元，近两年略有上升，维持在 600 多亿元水平，涉及 95 个国家或地区，其中"一带一路"沿线国家 37 个，跨境人民币业务已覆盖全省 16 个州市、21 个对外口岸，参与企业累计 3400 余户。2019 年，云南跨境人民币结算达 627 亿元，同比增长 9.8%，在边境 8 个省份中居第 3 位，在全国居第 18 位，与其毗邻的缅甸、越南、老挝跨境人民币结算分别为 212.5 亿元、135.5 亿元、21.4 亿元，增速分别为 5.2%、5.6%、2.4%。同时，人民币继续保持云南省仅次于美元的第二大涉外交易货币和对东盟的第一大跨境结算货币。人民币在涉外经济中的地位和作用大幅提升，在周边国家影响力显著增强，逐步形成了以银行间区域市场为支撑、银行柜台交易为基础、特许兑换为补充的全方位、多层次的"云南模式"货币交易体系。

2015 年 3 月，中缅货币兑换中心在德宏州瑞丽市姐告边境贸易区挂牌成立，形成并正式对外发布人民币兑缅币的"瑞丽指数"，2015 年末兑换金额折合人民币 2.05 亿元，较 2012 年至 2014 年的兑换总量增长近 1.5 倍，正规渠道中缅货币兑换实现了阶段性突破。在瑞丽指数带动下，2016 年 3 月河口地区"YD 指数"成功发布。2015 年，中国农业银行泛亚业务中心落户昆明，并同步成立河口、磨憨、瑞丽三个分中心，成为全国首个非主要国际储备货币挂牌交易平台，对于促进非主要国际储备货币兑换走向规范化、正规化管理，引导民间市场进入正规体系具有重要实践意义。

截至 2018 年 12 月末，云南省银行累计办理泰铢、越南盾、老挝基普、缅甸元柜台兑换交易达 14.50 亿元人民币，个人本外币兑换特许业务现钞兑换金额 30361.5 万美元。2019 年，全省银行开展人民币兑泰铢、老挝基普、越南盾柜台交易达 5.3 亿元，同比增长 40%。向云南省外汇市场提供 12 个币种的"小面额区域特色现钞兑换"服务，并积极推动本外币兑换特许业务发展，现钞兑换时间仅需 2~3 分钟即可完成。这些都标志着云南省区域性非主要储备货币兑换机制正在逐步完善。

在金融"入滇"方面，2014 年至 2015 年，共引进外资银行两家，目前外资银行已增至 8 家，外资银行机构数量与种类在西部 12 个省区中排名第三，仅次于重庆与四川，中外资银行协同发展竞争格局初步形成。中国农业银行泛亚业务中心落户昆明，并在河口、磨憨、瑞丽等沿边口岸同时成立了三个分中心，中国银行沿边金融合作服务中心、浦发银行昆明离岸业务创新中心也相继揭牌。在金融"出滇"方面，2014 年 1 月，富滇银行和老挝外贸大众银行在老挝合资设立了老中银行，是我国城市商业银行在境外设立的首家合资银行法人机构。2017 年 8 月，中老合资银行在中老边境设立的分行——磨丁分行正式开业。早在 2013 年 11 月 16 日，太平洋证券就于老挝设立了太平洋老挝合资证券公司，这是我国在境外设立的首家合资证券法人机构。

积极推进跨境人民币双向贷款，拓展企业融资渠道。2014 年 12 月，云南省开始跨境人民币双向贷款试点。截至 2017 年末，云南省共有 18 家银行为试验区内 19 家企业办理了 27 笔跨境人民币贷款业务，累计合同金额为 54.69 亿元，实际提款 40.1 亿元，平均融资成本在 5% 左右，有效缓解了企业特别是中资企业融资难、融资贵的问题。2014 年至 2016 年 3 月末，全省出口信用保险累计实现保费收入 1.69 亿元，支付赔款 1.51 亿元，有效支持了全省对外贸易。值得一提的是，2018 年 5 月 18 日，在中老共同努力下，富滇银行西双版纳磨憨支行与老中银行磨丁分行首次开展了双边本外币现钞调运合作，分别将 500 万元人民币通过中国磨憨口岸调入老挝、5 亿元老挝基普通过老挝磨丁口岸调入中国，是中老跨境金融合作取得的又一重要成果。目前银行间跨境现钞调运实现新突破，已建立中越、中泰、中老本外币现钞调运平台。截至 2018 年 9 月末，云南省共计跨境调运人民币现钞达 9.04 亿元，人民币区域化、国际化逐步深入。截至 2019 年末，全省境外项目人民币贷款余额达 52 亿元。

在跨境保险合作上，积极引进境外保险公司和支持省内保险公司"走出去"，充分发挥政策性出口信用保险的作用，2014 年至 2018 年 9 月，中国信保云南分公司承保云南外经贸风险金额 177.08 亿美元，支付企业赔款 3.29 亿美元，通过中国信保在全球建立的网络渠道，帮助云南企业调查海外买家资信 8384 次。

跨境金融基础设施建设稳步推进。一是在 2014 年首创开展了非现金支付工具的跨境使用，设立了 21 个支付点，为老挝、缅甸边民提供小额取款、汇款、刷卡消费、查询等跨境支付服务业务；二是银行金融机构在沿边口岸加大网点布设力度；三是德宏、保山、腾冲设立了外籍人员金融消费权益保护站，开展金融消费权益保护工作；四是推动"一网五平台"沿边金融基础设施建设等。据中国人民银行昆明中心支行统计，截至 2018 年 9 月末，NRA 账户（指境外机构在中国银行业金融机构开立的人民币银行结算账户）累计办理现金业务 2041 笔，金额 15.97 亿元，其中取现 562 笔，金额 4.37 亿元，存现 1479 笔，金额 11.6 亿元。

跨境金融交流合作不断加强。近年来，与沿边国家的交流合作，除了国家层面积极互动以外，云南省委、省政府领导多次访问周边各国，周边国家领导人与地方负责人也多次访滇，金融合作机制初步建立。试点五年来，经中国人民银行总行批准，中国人民银行昆明中心支行组团出访了泰国、老挝、缅甸 5 次，接待来访 4 次。2014 年 6 月 9 日，云南举办了泛亚金融开放合作暨 BCIM 要素市场经济峰会，邀请了缅甸、泰国、孟加拉国、斯里兰卡等国证券业机构参加。2017 年首次实现滇缅双方央行机构正式会谈，建立了交流沟通平台。云南每年举办的 GMS 金融合作论坛和每两年举办一次的"南博会"等，使双边关系不断加强。尤其在跨境反假币工作上，2017 年初"跨境反假货币工作中心"在昆明成立，昆明成为全国首个设立反假货币工作中心的城市，接着在沿边 8 个州市设立分中心，截至 2019 年末，全省共设立 13 个沿边跨境反假币工作站，设立了反洗钱研修班，举行了一系列反假币宣传培训。在多次互访中，就相关金融问题进行了深度交流磋商，取得共识，使金融合作不断向纵深发展。

## 六　金融风险防控不断加强

金融改革风险防控机制初步建立，金融监管部门和地方政府不断加强金融监管协调和信息共享，防范跨行业、跨市场风险传递。如云南省人民政府发布的《关于地方金融监管职责和风险防范处置责任的实施意见》（云政发〔2015〕81 号）进一步明确属地政府处置金融风险和维护地方金融稳定的责任，积极构建省、市、县三级地方金融监管体系，建立和完善地方金融监管机制。中国人民银行昆明中心支行与云南省银保监局、云南省证监局、云南省地方金融监管局等共同建立了云南省金融监管协调联席会议制度和信息交流机制，加强金融监管政策协调和金融统计信息共享，共同防范和化解区域性、系统性金融风险，妥善应对与及时处置金融风险事件。尤其是近年来，中国人民银行昆明中心支行不断加强金融风险的监测评估预警和对重点领域风险隐患的排查，在 2017 年，重点对全省 11 家农村商业银行、44 家农村信用社、1 家农村合作银行、21 家村镇银行开展法人银行业金融机构稳健性评估工作；组织对全省 431 家银行业金融机构 2016 年度执行中国人民银行政策情况进行综合评价，共评出 A 级 198 家、B 级 216 家、C 级 17 家，对被评为 C 级的金融机构约见负责人谈话，要求限期整改；采用随机抽查方式组织完成了 97 个银行分支机构的综合执法检查，发现问题达 1023 个，拟罚款总额 219.95 万元，有力地推动了银行金融机构提高合规水平；成立了全省互联网金融风险专项整治领导小组，制定了《云南省互联网金融清理整顿分类处置方案》，通过清理整顿，截至 2017 年 11 月末，互联网从业机构退出运营数量 78 家，退出率 52.3%，达一半以上，整改类机构存量不合规业务 4.5 亿元，降幅达 24.2%。另外，中国人民银行昆明中心支行及有关金融机构利用每年的"3·15""金融知识宣传月"等，加大金融知识、非法集资、高利贷、互联网金融、人民币反假及反洗钱等宣传，增强了公众的金融风险防范意识与基本素养。

以上从六个方面进一步归纳了云南沿边金融开放中农村金融发展取得的主要成效。2018 年 11 月 22 日，中国人民银行昆明中心支行在《总体方案》实施五年来的情况报告中，对云南省建设沿边金融综合改革试验区取得的主要成效进行了十个方面的全面系统总结，同时对建设中存在的问题和困难进行了分析，并提出了下一步工作思路。其中指出，截至 2018 年 9 月，基于《总体方案》的目标与任务要求，云南省人民政府发布的《关于建设沿边金融综合改革试验区实施意见》中明确的先行先试的 112 项重点任务，已完成 89 项，已启动并持续推动 15 项，未启动 8 项，总完成率达 93%。与此同时，云南省金融业快速发展，金融业增加值从试点前 2013 年末的 857.8 亿元增加至 2017 年末的 1194.67 亿元，占地区生产总值的比重由 5.92% 提升至 7.23%，提高了 1.31 个百分点，示范作用明显。存在的主要问题和困难，主要是四个方面：一是金融发展规划与产业规划等衔接不够；二是监管部门对金融开放创新较为谨慎，部分沿边金融试点任务难落实；三是跨境金融合作面临一定障碍；四是工作推进存在协调配合不到位等。总的来看，《总体方案》实施以来，试点成效明显，并在多个方面取得突破，为云南未来金融发展提供了良好契机，打下了很好的基础。但一些改革仍任重道远，急需进行新一轮沿边"金改"，云南应继续抓住沿边金融开放，持续不懈有序推进相关改革，攻坚克难，不负使命，为我国进一步加快金融对外开放步伐提供有益的经验探索，农村金融在其中要发挥应有的更重要的作用。

## 第四章

# 云南沿边金融开放中的涉农
# 金融机构发展研究

　　涉农金融机构是农村金融市场的主体与主力，是组织和配置农村金融资源的中介与核心，是农村信贷资金的主要供给者。因此，全面地分析其发展现状，发现并研究其存在的主要问题，进而提出针对性对策建议，对云南沿边金融开放中的农村金融发展有至为重要的意义，因而是研究中必须首先面对的问题。本章将重点对云南目前主要涉农金融机构如农业银行、农业发展银行、民营银行、农村信用社、村镇银行、小额贷款公司、农村资金互助社等进行分析，并提出进一步发展的对策建议。

## 第一节　云南沿边金融开放中的
## 农业银行发展研究

### 一　农业银行云南省分行发展现状

　　对于农业银行云南省分行发展现状，我们重点选取了其 2011~2019 年的存款余额、贷款余额、经营网点人员数、经营网点数、资产总额（见表 4-1），以及涉农贷款等经营指标进行研究。

表 4-1 2011~2019 年农业银行云南省分行发展基本情况

| 年份 | 存款余额<br>（亿元） | 贷款余额<br>（亿元） | 经营网点人员数<br>（人） | 经营网点数<br>（个） | 资产总额<br>（亿元） |
|---|---|---|---|---|---|
| 2011 | 2514 | 1687 | 12826 | 676 | 2576 |
| 2012 | 2831 | 1869 | 13231 | 678 | 2904 |
| 2013 | 3080 | 2070 | 13476 | 679 | 3160 |
| 2014 | 3178 | 2295 | 13948 | 679 | 3239 |
| 2015 | 3355 | 2382 | 13771 | 678 | 3303 |
| 2016 | 3758 | 2420 | 13558 | 679 | 3874 |
| 2017 | 4087 | 2608 | 13229 | 677 | 4199 |
| 2018 | 4233 | 2825 | 12816 | 644 | 4452 |
| 2019 | 4532 | 3184 | 12531 | 647 | 4680 |

资料来源：2012~2020 年《云南年鉴》《云南金融年鉴》。

**1. 存贷款余额情况**

从表 4-1 可以看到，农业银行云南省分行 2011 年至 2019 年存款余额、贷款余额每年都有一定幅度的增长，存款余额从 2011 年的 2514 亿元发展到 2019 年的 4532 亿元，贷款余额从 2011 年的 1687 亿元发展到 2019 年的 3184 亿元。2011~2019 年农业银行云南省分行存贷款余额增长情况具体见表 4-2、图 4-1。

表 4-2 2011~2019 年农业银行云南省分行存贷款余额增长情况

单位：亿元

| 年份 | 存款余额 | 与上年相比增长额 | 贷款余额 | 与上年相比增长额 |
|---|---|---|---|---|
| 2011 | 2514 | — | 1687 | — |
| 2012 | 2831 | 317 | 1869 | 182 |
| 2013 | 3080 | 249 | 2070 | 201 |
| 2014 | 3178 | 98 | 2295 | 225 |
| 2015 | 3355 | 177 | 2382 | 87 |
| 2016 | 3758 | 403 | 2420 | 38 |
| 2017 | 4087 | 329 | 2608 | 188 |
| 2018 | 4233 | 146 | 2825 | 217 |
| 2019 | 4532 | 299 | 3184 | 359 |

资料来源：2012~2020 年《云南年鉴》《云南金融年鉴》。

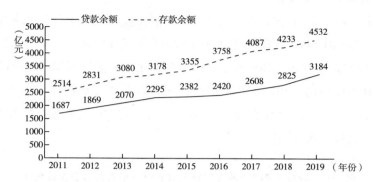

**图 4-1　2011~2019 年农业银行云南省分行存贷款余额变化趋势**

资料来源：2012~2020 年《云南年鉴》《云南金融年鉴》。

### 2. 涉农贷款状况

由表 4-3 可见，2013 年到 2019 年，农业银行云南省分行涉农贷款业务呈逐年上升之势，从 1220 亿元增加到 1762 亿元。但由于涉农贷款分类及统计口径每年都会发生一些变化，不完全统一，数据可能会有一些出入，但经过对比，相差不大。2013~2019 年农业银行云南省分行涉农贷款增长情况具体见表 4-3。

**表 4-3　2013~2019 年农业银行云南省分行涉农贷款增长情况**

单位：亿元

| 年份 | 涉农贷款余额 | 与上年相比增长额 |
| --- | --- | --- |
| 2013 | 1220 | — |
| 2014 | 1355 | 135 |
| 2015 | 1407 | 52 |
| 2016 | 1492 | 85 |
| 2017 | 1585 | 93 |
| 2018 | 1612 | 27 |
| 2019 | 1762 | 150 |

资料来源：根据 2014~2020 年《云南年鉴》《云南金融年鉴》等整理。

### 3. 经营网点及人员情况

农业银行云南省分行 2011 年至 2014 年经营网点人员数呈现增长的基本态势，从 2011 年的 12826 人上升到 2014 年的 13948 人，其中 2012 年、2014 年增加人数较多，2015 年到 2019 年出现了从业人员减少的趋势，显示员工在不断流出。2011~2017 年经营网点数总体上保持稳定，基本维持在 678 个左右，几乎没什么变化，2018 年和 2019 年经营网点数较之前有所下降，具体见表 4-4。

表 4-4　2011~2019 年农业银行云南省分行经营网点及人员情况

单位：人，个

| 年份 | 经营网点人员数 | 与上年相比增长数 | 经营网点数 | 与上年相比增长数 |
|---|---|---|---|---|
| 2011 | 12826 | — | 676 | — |
| 2012 | 13231 | 405 | 678 | 2 |
| 2013 | 13476 | 245 | 679 | 1 |
| 2014 | 13948 | 472 | 679 | 0 |
| 2015 | 13771 | −177 | 678 | −1 |
| 2016 | 13558 | −213 | 679 | 1 |
| 2017 | 13229 | −329 | 677 | −2 |
| 2018 | 12816 | −413 | 644 | −33 |
| 2019 | 12531 | −285 | 647 | 3 |

资料来源：2012~2020 年《云南年鉴》《云南金融年鉴》。

### 4. 资产状况

从表 4-5 可见，农业银行云南省分行 2011 年至 2019 年资产①规模呈现不断增长的态势，其资产总额从 2011 年的 2576 亿元增加到 2019 年的 4680 亿元，每年都有一定增长，2016 年增幅最大，达 571 亿元。

---

① 本书所计算银行资产＝负债+所有者权益。

表 4-5　2011~2019 年农业银行云南省分行资产状况

单位：亿元

| 年份 | 资产总额 | 与上年相比增长额 |
|------|----------|------------------|
| 2011 | 2576 | — |
| 2012 | 2904 | 328 |
| 2013 | 3160 | 256 |
| 2014 | 3239 | 79 |
| 2015 | 3303 | 64 |
| 2016 | 3874 | 571 |
| 2017 | 4199 | 325 |
| 2018 | 4452 | 253 |
| 2019 | 4680 | 228 |

资料来源：根据 2012~2020 年《云南金融年鉴》整理所得。

**5. 跨境金融状况**

2015 年 6 月 13 日，农业银行云南省分行在全国农行系统及云南金融同业中成立"泛亚业务中心"，并分别与泰国、越南的银行签署了合作协议，初步确立了农业银行云南省分行在泛亚非主要货币挂牌和清算业务领域的"领军银行"地位，其开展的业务主要包括办理越南盾、老挝基普和缅甸元现钞兑换业务。紧接着，磨憨、河口、瑞丽三个分中心也于 6 月相继挂牌成立。2015 年 6 月，与农业银行新加坡分行共同为云南昆钢国际贸易有限公司办理了 2 年期 2 亿元跨境人民币贷款，这是农业银行云南省分行办理的首笔云南省沿边金融综合改革试验区跨境人民币贷款。2016 年初，农业银行泛亚业务中心河口分中心完成国内首笔越南盾跨境现钞调运业务，调运大约 10 亿越南盾现钞顺利入境，等值人民币约 28.9 万元。农业银行云南省分行成为全国首家通过陆路口岸跨境调运越南盾现钞的境内银行，为越南盾现钞业务发展提供直接有效的支撑。2016 年 3 月，农业银行云南省分行又成功推出新加坡元、缅甸元现钞兑换业务，成为全国首家办理缅甸元现钞兑换业务的银行，非主要货币现钞兑换币种进一步丰富。近两年来，农业银行泛亚业务中心不断发展，取得较多成果。

## 二 存在的主要问题

从以上主要指标来看，农业银行云南省分行近些年来取得的成绩是明显的，其发展是沿边金融开放及各方面合力共同推动的结果。但面临的问题，尤其是在近年来严峻的国内外经济金融形势下，是深层次的、全局性的且在短期内也难以解决的。总的来看，目前农业银行云南省分行在沿边农村金融发展中面临的问题主要有以下几个。

其一，存贷比（银行贷款余额与存款余额的比率）较低。2012 年至 2019 年，除 2014 年为 72.22%，2015 年为 71.00%，2019 年为 70.26%，这一指标一直在 70%以下运行，最低的 2017 年为 63.81%，反映出银行控制金融风险的意识较强，但也影响到银行的放贷规模与赢利能力。

其二，涉农贷款投入力度与金融产品业务创新还不够。上述数据中不难发现，近几年来，农业银行云南省分行涉农贷款余额 2013 年为 1220 亿元，2017 年为 1585 亿元，2016 年和 2017 年的增幅只有 85 亿元和 93 亿元，年均增幅不到 8%，2018 年为 1612 亿元，2019 年为 1762 亿元，增幅较小。近年来，农业银行云南省分行设立了"三农金融事业部"，实施了"金穗惠农通"工程，[①] 积极利用农业银行总行开发的"惠农 e 贷"这一互联网金融产品与业务模式，并创新开发了烟农贷、核桃贷、蔗农贷、普洱茶贷等信贷产品，截至 2018 年 10 月，农业银行云南省分行"惠农 e 贷"余额为 21.6 亿元。但是，从以上看，无论是贷款规模还是产品创新都难以满足"三农"发展需求，说明在沿边金融开放以及多项国家重大战略政策如精准扶贫、乡村振兴等不断深入推进的过程中，作为立足农村面向"三农"最大的国有商业银行，农业银行肩负着"三农"发展重任，尽管做了

---

① 所谓"金穗惠农通"，就是农业银行在农村地区的农家店、小超市、供销社、农资连锁店、通信及电网运营商、新农保（新农合）村镇服务站等便民场所设立服务点，布放 POS、自助服务终端等电子机具，将农村金融服务网点延伸到农户家门口，使他们"足不出村"就可以办理基本金融服务，如银行卡查询、取款、转账、缴费等，以及后面逐渐增加的小额贷款等业务，是农业银行"三农"金融产品与服务的全新探索。近年来农业银行云南省分行重点将此作为一项精品服务工程进行建设，推动农村金融基础服务升级换代。截至 2017 年 9 月末，云南省"金穗惠农通"服务点已达 14995 个，电子机具布放总量 34003 台，其中 POS 机 15199 台，智付通 18804 台，电子机具乡镇覆盖率达 91.4%。

大量不懈的努力，但涉农贷款或"三农"贷款并没有出现大幅增长，与快速发展的"三农"需求相比，仍存在较大缺口与差距，成为制约云南沿边农村经济发展的重要资金阻力，必须进一步发挥其在"三农"金融服务中的重要作用。

其三，对农业保险的支持力度和与保险业的合作还不足。主要体现在以下三个方面：一是目前农业银行未有相应的针对农业保险产品的明确的支持政策；二是开展合作和支持农业保险的具体产品不多；三是相互间没有建立起定期沟通的合作平台与机制，一定程度上也影响到各自业务的深入开展。

其四，与沿边国家的跨境金融合作还需加强。资料显示，截至2017年，农业银行云南省分行外汇信贷收支表中，存款额为4299万元，其中，个人存款只有1144万元，企业存款为3152万元，贷款额为5251万元，其中贸易融资额为5188万元，说明农业银行云南省分行与周边国家金融合作还不够，且合作以企业为主，形式也比较单一。也没有在沿边国家设立分支机构，辐射影响能力有待提高。与沿边国家银行尚未建立起同业资金互拆业务，还没有实现云南与境外之间资金的自由流动和兑换，非居民还不能在农业银行云南省分行开立本外币自由兑换账户。农业银行泛亚业务中心自2015年成立以来，业务种类不足，离岸金融业务无法满足周边国家对于人民币的需求。

## 三　对策建议

第一，进一步加大涉农贷款投入力度，优化涉农贷款结构，适当提高存贷比率。金融风险防控虽是目前面临的首要任务，但一定要以敢于担当、勇于创新的精神，迎难而上，不断打开云南"三农"金融服务新局面，充分发挥大中型商业银行在农村金融市场的"定海神针"和带头示范作用。

第二，加大农村金融产品业务创新力度，尽可能满足"三农"金融需求。应根据政策要求并结合云南实际，积极开发出适合当前"三农"需求的各类金融产品与业务，尤其是信贷抵押品，以打通银行融资的"肠梗阻"，缓解"融资难""融资贵"问题。目前需在农村"三权三证"抵押贷款，培育支持新型农业主体、农业龙头企业，金融精准扶贫和地方产业发展战略上做好相关工作，同时也可以适当放宽农业贷款条件，增加信用贷款，降低质押品要求，给予"三农"贷款、小微企业贷款等更多优惠倾斜，不断提高金融服务质量。

第三，加强与保险业及农业保险公司的合作，共同开发相关金融产品与业务，将"三农"金融服务不断引向深入。

第四，加强完善网点和人才建设，确保"三农"金融服务有力。

第五，不断加强沿边跨境金融合作。一是可考虑在沿边国家设立分支机构拓展业务；二是建立与沿边国家银行的同业人民币借贷款业务，加强与沿边国家银行的交流合作，尽可能满足并提高沿边国家对于人民币的需求；三是与周边国家及其金融机构签署金融战略与具体合作协议，积极推进人民币跨境结算和人民币周边国际化。

# 第二节　云南沿边金融开放中的农业发展银行发展研究

## 一　农业发展银行云南省分行发展现状

农业发展银行是我国的农业政策性银行。农业发展银行云南省分行自 2015 年 1 月成立后，按照要求积极开展政策性金融业务，重点支持粮棉油收购（主要是流动资金贷款）和农业农村基础设施建设（主要是中长期贷款），取得了明显发展。

表 4-6 至表 4-17 是近些年来农业发展银行云南省分行的主要业务发展情况，包括存贷款余额、经营网点及人员数、涉农贷款及资产规模等，具体分析如下。

### 1. 存贷款余额情况

从表 4-6 可见，农业发展银行云南省分行存款余额从 2011 年的 159 亿元波动上升到 2017 年的 603 亿元，其中 2015 增加额最多，达到 263 亿元，

2017 年达到最高点之后接连三年逐年下降；贷款余额从 2011 年的 540 亿元波动上升到 2020 年的 1710 亿元，2015 年增加额最多，达 205 亿元，近些年来保持 10% 以上的增幅。

表 4-6　2011~2020 年农业发展银行云南省分行发展基本情况

| 年份 | 存款余额（亿元） | 贷款余额（亿元） | 经营网点人员数（人） | 经营网点数（个） | 资产总额（亿元） |
|---|---|---|---|---|---|
| 2011 | 159 | 540 | 1702 | 86 | 553 |
| 2012 | 178 | 611 | 1808 | 86 | 635 |
| 2013 | 131 | 636 | 1832 | 86 | 651 |
| 2014 | 213 | 623 | 1824 | 86 | 630 |
| 2015 | 476 | 828 | 1755 | 86 | 835 |
| 2016 | 512 | 1006 | 1792 | 86 | 993 |
| 2017 | 603 | 1205 | 1815 | 86 | 1428 |
| 2018 | 507 | 1351 | 1825 | 87 | 1579 |
| 2019 | 435 | 1525 | 1862 | 87 | 1737 |
| 2020 | 336 | 1710 | 1839 | 87 | 1896 |

资料来源：2012~2021 年《云南年鉴》《云南金融年鉴》，中国人民银行昆明中心支行。

**2. 经营网点及人员情况**

从表 4-7 可见，农业发展银行云南省分行经营网点人员数 2011~2013 年呈现小幅增长，但增长数逐年减少；2014~2015 年总体数量呈现减少趋势；2016 年后有小幅增长，2020 年减少 43 人。经营网点数则一直比较稳定。

表 4-7　2011~2020 年农业发展银行云南省分行经营网点及人员情况

单位：人，个

| 年份 | 经营网点人员数 | 与上年相比增长数 | 经营网点数 | 与上年相比增长数 |
|---|---|---|---|---|
| 2011 | 1702 | —— | 86 | —— |
| 2012 | 1808 | 106 | 86 | 0 |
| 2013 | 1832 | 24 | 86 | 0 |

| 年份 | 经营网点<br>人员数 | 与上年相比<br>增长数 | 经营网点数 | 与上年相比<br>增长数 |
|------|------|------|------|------|
| 2014 | 1824 | -8 | 86 | 0 |
| 2015 | 1755 | -69 | 86 | 0 |
| 2016 | 1792 | 37 | 86 | 0 |
| 2017 | 1832 | 40 | 86 | 0 |
| 2018 | 1852 | 20 | 87 | 1 |
| 2019 | 1882 | 30 | 87 | 0 |
| 2020 | 1839 | -43 | 87 | 0 |

资料来源：2012~2021 年《云南年鉴》《云南金融年鉴》。

### 3. 涉农贷款状况

表 4-8 至表 4-15 分别列举了农业发展银行云南省分行 2013~2020 年涉农贷款不同类型指标的变化及其统计口径情况，2013 年以来涉农贷款规模总体上呈现递增态势，2013 年涉农贷款为 276.11 亿元，2014 年为 346.80 亿元，2015 年为 482.31 亿元，2016 年为 524.80 亿元，2017 年为 712.00 亿元，每年都有明显增长，增长速度较快。2018 年和 2019 年涉农贷款只列举了一些主要指标数据，未有总体数据。为更好了解其涉农贷款情况，我们将其主要指标而非全部列示出来，具体见表 4-8 至表 4-16。

表 4-8　2013 年农业发展银行云南省分行涉农贷款情况

单位：亿元

| 指标名称 | 贷款额 |
|------|------|
| 涉农贷款 | 276.11 |
| 粮油收购贷款 | 14.27 |
| 农业农村基础设施建设贷款 | 88.92 |
| 农村流通体系建设贷款 | 8.60 |
| 非粮油产业化龙头企业贷款 | 40.30 |
| 其他涉农企业贷款 | 2.90 |

资料来源：2014 年《云南年鉴》和《云南金融年鉴》。

表 4-9　2014 年农业发展银行云南省分行涉农贷款情况

单位：亿元

| 指标名称 | 贷款额 |
|---|---|
| 涉农贷款 | 346.80 |
| 粮油收购贷款 | 16.67 |
| 农业农村基础设施建设贷款 | 91.61 |
| 水利建设贷款 | 14.07 |
| 其他农村基础设施建设贷款 | 2.53 |
| 农村流通体系建设贷款 | 5.30 |
| 非粮油产业化龙头企业贷款 | 40.00 |

资料来源：2015 年《云南年鉴》和《云南金融年鉴》。

表 4-10　2015 年农业发展银行云南省分行涉农贷款情况

单位：亿元

| 指标名称 | 贷款额 |
|---|---|
| 涉农贷款 | 482.31 |
| 易地扶贫搬迁贷款 | 218.55 |
| 农业农村基础设施建设贷款 | 214.16 |
| 农业产业及基础设施建设贷款 | 178.70 |
| 非粮油产业化龙头企业贷款 | 40.00 |

资料来源：2016 年《云南年鉴》和《云南金融年鉴》。

表 4-11　2016 年农业发展银行云南省分行涉农贷款情况

单位：亿元

| 指标名称 | 贷款额 |
|---|---|
| 涉农贷款 | 524.80 |
| 易地扶贫搬迁贷款 | 132.60 |
| 农业农村基础设施建设贷款 | 226.46 |
| 农业产业化龙头企业贷款 | 32.20 |
| 农村流通体系建设贷款 | 16.00 |
| 农村土地流转和规模化经营贷款 | 1.00 |
| 林业贷款 | 140.10 |

资料来源：2017 年《云南年鉴》和《云南金融年鉴》。

**表 4-12 2017 年农业发展银行云南省分行涉农贷款情况**

单位：亿元

| 指标名称 | 贷款额 |
| --- | --- |
| 涉农贷款 | 712.00 |
| 易地扶贫搬迁贷款 | 45.50 |
| 农业农村基础设施建设贷款 | 294.60 |
| 农业现代化贷款 | 99.30 |
| 特色产业扶贫贷款 | 86.89 |
| 水利建设贷款 | 101.77 |
| 林业贷款 | 33.73 |

资料来源：2018 年《云南年鉴》和《云南金融年鉴》。

**表 4-13 2018 年农业发展银行云南省分行涉农贷款情况**

单位：亿元

| 指标名称 | 贷款额 |
| --- | --- |
| 粮食类贷款 | 37.06 |
| 扶贫类贷款 | 256.34 |
| 农业农村基础设施建设贷款 | 212.03 |
| 民营企业贷款 | 23.12 |
| 特色产业扶贫贷款 | 84.18 |
| 农发建设基金（支付） | 135.25 |

资料来源：2019 年《云南年鉴》和《云南金融年鉴》。

**表 4-14 2019 年农业发展银行云南省分行涉农贷款情况**

单位：亿元

| 指标名称 | 贷款额 |
| --- | --- |
| 粮食类贷款 | 61.14 |
| 扶贫类贷款 | 190.64 |
| 农业农村基础设施建设贷款 | 209.28 |
| 农村人居环境建设贷款 | 11.25 |
| 特色产业扶贫贷款 | 65.30 |
| 水利建设贷款 | 90.51 |
| 民营小微企业 | 3.65 |

资料来源：2020 年《云南年鉴》和《云南金融年鉴》。

**表 4-15　2020 年农业发展银行云南省分行涉农贷款情况**

单位：亿元

| 指标名称 | 贷款额 |
|---|---|
| 粮食类贷款 | 99.32 |
| 扶贫类贷款 | 35.06 |
| 抗疫类贷款（含复工复产） | 234.32 |
| 农业农村基础设施建设贷款 | 38.62 |
| 农业现代化贷款（物流体系） | 68.89 |
| 水利建设贷款 | 87.47 |

资料来源：2021 年《云南年鉴》《云南金融年鉴》，中国人民银行昆明中心支行。

**表 4-16　2013~2020 年农业发展银行云南省分行农业农村基础设施建设贷款情况**

单位：亿元

| 年份 | 贷款总额 |
|---|---|
| 2013 | 88.92 |
| 2014 | 91.61 |
| 2015 | 214.16 |
| 2016 | 226.46 |
| 2017 | 294.60 |
| 2018 | 212.03 |
| 2019 | 209.28 |
| 2020 | 38.62 |

资料来源：2014~2021 年《云南年鉴》《云南金融年鉴》，中国人民银行昆明中心支行。

**4. 资产状况**

从表 4-17 可见，2011 年至 2014 年农业发展银行云南省分行的资产数量总体维持稳定的状态，除 2014 年出现负增长，2015 年大幅增加了 205 亿元，资产总额达 835 亿元，2016 年为 993 亿元，2017 年则达到 1428 亿元，增加额达到 435 亿元，增长速度最快，2020 年为 1896 亿元。

表 4-17　2011~2020 年农业发展银行云南省分行资产状况

单位：亿元

| 年份 | 资产总额 | 与上年相比增长额 |
|---|---|---|
| 2011 | 553 | — |
| 2012 | 635 | 82 |
| 2013 | 651 | 16 |
| 2014 | 630 | -21 |
| 2015 | 835 | 205 |
| 2016 | 993 | 158 |
| 2017 | 1428 | 435 |
| 2018 | 1579 | 151 |
| 2019 | 1737 | 158 |
| 2020 | 1896 | 159 |

资料来源：2012~2021 年《云南年鉴》《云南金融年鉴》，中国人民银行昆明中心支行。

## 二　存在的主要问题

其一，面向"三农"贷款仍不足，需要进一步加大力度。尽管近年来农业发展银行云南省分行存贷款增速较快，涉农贷款明显增多，但作为针对"三农"发展提供政策性资金支持的银行，其与云南沿边农村经济社会发展对资金的需求还不相称，还有很大的发展空间。在"三农"发展中，政府的政策性资金具有至为重要的引导、带动和决定性作用，其资金投向主要是当地的农业龙头企业、农业农村基础设施建设及粮棉油收储等大中型资金需求，因而对"三农"发展具有"定海神针"的作用。

其二，通过对近年来农业发展银行云南省分行业务的分析不难发现，近年来其贷款主要集中于异地搬迁、农村基础设施建设、农村扶贫及农业产业化龙头企业，对于其他涉农企业的贷款较少，涉及产业基金项目的更是少之又少，尤其是其参与设立的农业产业投资基金的作用未能得到充分发挥。

其三，金融创新不足，服务质量有待提高。目前，其贷款业务与农村金融产品的供给受业务范围与贷款对象限制，不能更多更有效地拓展其政策性业务，尤其是对那些特殊的或重要的大中型农业龙头企业，也难以满足其必要的资金需求。

其四，沿边跨境金融发展不足。农业发展银行更多的是发挥政策性银行的作用，特别是这几年脱贫攻坚力度加大，沿边跨境金融合作参与度较低。资料显示，2016 年农业发展银行云南省分行外汇信贷收支中存款总额为 199 万元，2017 年仅为 12 万元，可见其沿边跨境金融参与度明显不足。

## 三　对策建议

第一，继续加大面向"三农"贷款力度。积极争取国家政策的大力支持，服务国家粮食安全，积极利用优惠政策，聚焦重要项目工程与产业，加大沿边跨境金融服务参与度，为云南沿边地区"三农"快速发展提供强有力的政策性资金保障。

第二，创新金融产品与业务，尽力满足大中型农业龙头企业、农业农村基础设施建设和粮棉油收购收储的信贷需求，以商业性金融的转型发展逐步实现商业性与政策性的金融融合，充分发挥其职能效果。同时，应发挥保险在政策性金融方面的保障支持作用。

第三，继续加大对农业产业投资基金项目的支持力度，充分发挥其对农业产业发展的支持导向作用，使成立的农业产业投资基金得以良好发展并向沿边国家延伸拓展。

第四，进一步做好脱贫攻坚后乡村振兴重大战略任务工作，这是政策性银行不可推卸的责任，功在千秋，利在农民，必须继续做实做好。

第五，大力支持地方政府主导发展的"三农"重大发展战略规划，如云南省政府近年来提出的大力发展高原特色农业，打好"三张牌"①，以及推动滇中城市群、沿边城镇崛起等。

---

① 2018 年 1 月，云南省《政府工作报告》中明确提出要打好"三张牌"，即绿色能源、绿色食品和健康生活目的地，倡导绿色发展理念。

# 第三节　云南沿边金融开放中的
## 农村信用社发展研究

### 一　云南省农村信用社发展现状

2005 年 3 月 28 日，云南省农村信用社联合社（简称"省联社"）正式成立，开启了云南省农村信用社改革发展新纪元。此后云南省农信社进行了一系列脱胎换骨的重大改革，使其得以甩掉包袱、轻装上阵并焕发生机活力。据统计，到 2016 年末，云南省农村信用社①形成了以省联社为核心，集 2 个市联社、14 个州市办事处、106 个县级联社、3 个县级农合行、21 个县级农商行于一体的三级法人体系，经营网点数达到 2338 个，从业人员数达到 2.17 万人，存款余额达到 7237 亿元，贷款余额达到 4547 亿元，存贷款规模均居云南省银行业金融机构第一位。2019 年末，云南省农村信用社各项存款余额达 8208 亿元，各项贷款余额达 6156 亿元，较年初分别增加 381 亿元和 413 亿元，增量和余额均居全省银行业金融机构首位。2015 年，云南省首家农村商业银行——瑞丽南屏农村商业银行正式开业，从而拉开了全省农信社改制的大幕，2016 年，云南省农信社启动了首批 20 家联社改制为农村商业银行，经过几年努力，截至 2018 年底，全省共有 43 家农村商业银行获批开业，2019 年底发展到 50 家，有 1 家农村合作银行，其余为农村信用社。可见，随着立足"三农"、服务城乡、改制转型的理念的深入及业务的快速发展，云南省农村信用社无可置疑地成为云南省"三农"金融服务的主力军，其改革发展对云南沿边金融、地方金融发展起到了至为重要的作用。表 4-18 为 2011~2019 年云南省农信社（包括农村信用社、农村商业银行和农村合作银行）发展基本状况。

---

① 本书关于云南省农村信用社的研究，不仅包括现有农村信用社，还包括由其改制而来的农村商业银行和农村合作银行，对农村商业银行与农村合作银行未分别进行专门研究，而是放在一起总体研究。

**表 4-18　2011～2019 年云南省农村信用社发展基本情况**

| 年份 | 存款余额（亿元） | 贷款余额（亿元） | 经营网点数（个） | 从业人员数（人） | 资产总额（亿元） | 法人机构数（个） |
|---|---|---|---|---|---|---|
| 2011 | 3167 | 1947 | 2378 | 19604 | 3705 | 133 |
| 2012 | 3958 | 2315 | 2382 | 20699 | 4743 | 133 |
| 2013 | 4811 | 2775 | 2383 | 21237 | 6126 | 133 |
| 2014 | 5594 | 3319 | 2387 | 21725 | 7179 | 132 |
| 2015 | 6831 | 3946 | 2376 | 21499 | 8548 | 133 |
| 2016 | 7237 | 4547 | 2338 | 21691 | 9184 | 133 |
| 2017 | 7855 | 5177 | 2408 | 21851 | 10129 | 133 |
| 2018 | 7827 | 5743 | 2285 | 23027 | 11089 | 133 |
| 2019 | 8208 | 6156 | 2239 | 23368 | 12061 | 133 |

资料来源：2012～2020 年《云南金融年鉴》《云南省金融运行报告》。

从表 4-18 可见，虽然云南省农村信用社的法人机构数和经营网点数多年来基本保持不变，且从业人员数增长幅度不大，但资产总额增长非常迅速，从 2011 年的 3705 亿元增长到 2019 年的 12061 亿元，增长了 2 倍多。存、贷款增长方面，存款余额由 2011 年的 3167 亿元增长到 2019 年的 8208 亿元，贷款余额由 2011 年的 1947 亿元增长到 2019 年的 6156 亿元，每年都有较大幅度增长，2019 年涉农贷款余额为 3356 亿元，比 2018 年增加 26 亿元。

据统计，截至 2019 年 5 月末，云南省农信社各项存款余额达 8080.58 亿元，占全省银行业金融机构的 25.16%；贷款余额达 6003.77 亿元，占全省银行业金融机构的 20.32%，较年初净增 260.84 亿元。其中，涉农贷款余额 3365.78 亿元，占各项贷款的 56.06%；中小微企业贷款余额 1625.27 亿元。为打通农村金融服务"最后一公里"，云南省农信社不断加强农村基础金融服务体系建设，目前在全省设有 2291 个营业网点，在全省 129 个县的 8915 个村（居）委会布放惠农 POS 机 10986 台，覆盖全省 64% 的行政村，并与人社部门在全省共建 3408 个金融服务站。截至 2019 年底，云南省农信社累计办理跨境人民币结算 269 亿元，其中 2019 年办理 67 亿元。2017 年 6 月 30 日，云南省农村信用社在华宁县举行"金碧惠农贷记卡"

首发仪式。该卡是云南首款为农民量身定制的"信用消费"产品，填补了全省农民贷记卡的金融服务空白。

## 二 存在的主要问题

### 1. 农村信用社改制与管理体制需要进一步理顺

2003 年我国农信社改革试点后，全国各地成立了省级联社，由地方政府负责，对农村信用社进行管理、指导、协调与风险处置。2012 年，银监会出台《关于规范农村信用社省（自治区）联合社法人治理的指导意见》，强调省级联社应淡化行政管理职能，强化服务职能和健全法人治理结构。于是各省份开始探索对省级联社的改造，出现了以下主要模式：一是单一大法人模式，如北京、上海、天津、重庆四个直辖市依托省级联社，组建以直辖市为单一法人单位的农村商业银行；二是多级法人的资本管理模式，如宁夏组建了黄河银行、陕西组建了秦农农商银行等，对全省（自治区）县级行社进行参股或控股管理，变行业管理为资本管理，海南将省会城市农村信用社和省级联社合并改制为农村商业银行；三是多级法人的行业管理模式，虽然仍保持省级联社编制，但在职能定位等方面均有所调整。

目前，我国银保监会提出的农村信用社改制为农村商业银行的目标已非常明确。但是，对于云南来讲，目前全省已批复开业的农村商业银行只有 50 家，绝大部分还没有完成改制任务，极少数发展较好的农村商业银行正在积极准备上市，但现有省级联社的管理体制与农村商业银行的法人地位在运作模式上必然会产生一定矛盾，在公司治理及重大问题决策中，大股东和省级联社之间意见可能会相左甚至难以调和。此外，省级联社管理体制和上市公司法律法规之间也存在冲突，因此，省级联社的进一步改造迫在眉睫。

### 2. 不良贷款增多，潜在金融风险加大

近年来，受经济下行压力及国家金融风险调控政策和内部管理问题等多方面因素影响，云南省农信社不良贷款率出现上升，资本充足率出现下降，与一般商业银行相比较高。根据监管政策要求，2017 年 12 月 26 日云

南省农信社进行五级分类调整，严格按照五级分类划分标准，调整后的系统将本息逾期 90 天贷款纳入不良，之前并未划入不良的本息逾期 90 天贷款大量归并其中，风险情况由之前的逐渐缓释，变为完全暴露，使不良贷款明显增多。

**3. 内部治理有待完善，操作风险需警惕**

近十年来，云南省农信社取得了快速发展，但在公司治理、内部控制、人员素质、业务水平等方面与商业银行相比有待进一步提高，经营过程中的操作风险仍需时刻警惕。贷款"三查"制度落实还不到位，贷前调查细致深入度、贷后追踪管理及不良贷款清收方式有待改进提高。尤其是随着农村商业银行的快速发展，其在管理理念、市场地位、规章制度、员工素质等方面较之前均有更高要求，面对商业利益最大化与承担社会责任、服务"三农"的抉择时，新的矛盾与困惑，如战略定位不足、市场定位不清、发展定位不准、服务方向不明等会不断产生，因此需要不断进行实践探索。这些都增大了其经营管理风险与操作风险。

**4. 产品业务创新难度大能力弱，政策风险较大**

目前云南省农村信用社根据"三农"发展需求开发了一系列的金融新产品与新业务，但是仍显得较为单调，基本上还是在模仿商业银行的产品模式，且具有很高的同质性，"三农"特色产品难以具有真正的特色，也难以切中"三农"的意愿需求，以早已在 2014 年全面推广实施的"三权三证"抵押贷款为例，由于各项配套措施难以跟进，近年来发展基本停滞不前。围绕省政府如何打造好"三张牌"，近年来面向云果、云菜、云药、云花、食用菌种植及牛羊畜牧产品养殖等优势产业，云南省农信社推出了"金果贷""金蔬贷""金旅贷""微农贷""扶贫贷"等系列特色产品，但开发新产品不容易，形成产品价值链条并做好贷前、贷中和贷后服务更难，除了要有较好的发展理念、先进的开发技术、熟练的管理能力，还要有较高素质的员工和适宜发展的环境。目前"三农"信贷对政策的依赖性较大，一旦政策对"三农"的倾斜减小、力度减弱，农村经济形势将发生不利变化，如农村产业结构转型升级困难、优势特色产业培育缓慢，脱贫成效未能巩固难以持续。对于近年来在脱贫攻坚战中存在的大量异地扶贫搬迁，农信社同样发挥着重要的主力军作用，其大规模搬迁后的后续产业发展、就业创业、社会治理等诸多方面，都在较大程度上构成"三农"发展的重大挑战，如果搞得好，农信社将乘着脱贫攻坚战和乡村振兴战略的"东风"快速发展壮大，搞得不好，农信社的不良贷款将大幅攀升，资产规模及赢利水平将大幅下滑，这都是潜在的隐性风险，不得不防。

## 三　对策建议

### 1. 加快农信社转型升级为农村商业银行进程

从目前云南省农信社改制转型为农村商业银行进度来看，还需要抓紧加快步伐，按照"成熟一家，组建一家"原则，稳妥推进县联社改制组建农商行工作，通过加快机构改革不断推动创新。应深知农信社机构改革的意义与目的，最根本的就是要使目前产权模糊不清、管理职责不明、经营效率较低的农村信用社逐渐转型为治理结构科学合理、产权明晰、管理有效的农村商业银行，通过股份制改革这一明确的改革方向与目标，将农村信用社改革最终定位于农村商业银行。农村信用社改革最终选择和坚持了商业性原则，淡化和摒弃了合作性原则，云南省农村信用社应尽快抓住机遇迎难而上，在良好的体制机制环境下不断开创云南省"三农"金融发展新局面。

### 2. 明确法人定位与市场定位，坚持县域法人和增强省级联社集团式的服务职能

在农信社改革中，法人定位与市场定位至为重要。农村与经济金融发展，县域是最重要、最基本的立足点与中间平台。将农信社改革管理重心放到县一级，保持其县（市）法人地位，有利于引导其真正做到贴近"三农"、立足"三农"。在市场定位上，在商业化、数字化、虚拟化的今天，立足"三农"、面向"三农"、扎根"三农"，走商业化、市场化道路已经成为农信社改革发展的必然要求与大势所趋。因此，省级联社改革要遵循因地制宜和分类指导原则，体现市场原则，淡化行政管理，增强集团式服务功能，为辖内农村信用社提供战略规划、产品研发、资金清算、信息系统建设、人力资源优化等系统性服务，这应成为其工作重点与发展方向。

### 3. 建立健全各项内控制度，不断提升资产质量

一是要确保内部控制制度合理规范，有利于执行。二是要完善信息保护机制、信息披露机制、信息查询机制、投诉受理及处理机制，切实保障金融消费者的合法权益。三是要建立内部监督和责任追究机制以及检查评估长效机制。农信社法人机构每半年应开展一次内部控制缺陷排查，对贯穿各分支机构、包括各类产品、覆盖所有业务和全部流程的内部控制缺陷和漏洞进行一次全面梳理排查，并向省级联社报告排查结果。省级联社应每年至少开展一次农信社法人机构内部控制有效性检查评估，并将其纳入年终综合考评，实现对农信社法人机构的分类管理。四是要建立并不断完善合规风险管理制度。要明确风险管理机构的定位、职责以及独立性和与其他机构部门的相互协作性。取消信贷授信业务咨询制度，实施分类限额控制，设置风险损失控制限额，强化负面清单管理。五是要强化合规教育培训工作。农信社法人机构每年至少要组织一次涵盖所有岗位、所有人员的合规知识培训，对于推出的新产品、新业务，必须自上而下开展从主要管理人员到具体操作人员的系统培训。通过多形式的培训教育，全面提高员工遵章守规意识、制度执行能力和业务操作水平。

### 4. 加大信贷投入与产品业务创新力度

为适应"三农"快速发展对信贷资金的强大需求，作为支农主力军的农村信用社必须发挥更大作用。"两个不低于"是基本考核要求，但最根本的是，作为地方政府直接主管负责的银行业金融机构，一定要围绕地方政府的经济社会发展意图与发展目标，明确"三农"发展与市场定位，千方百计，通过多种形式、多种手段、多种方法开发多种金融工具，不断创新业务品种，加大信贷投入力度，以普惠金融和"三农"发展为己任，紧跟金融科技，以尽可能低的融资成本、安全快捷高效的服务质量，竭力满足"三农"经营主体多样化的信贷需求以及更广泛、更多样的金融需求。

### 5. 实行差别监管，增强监管的针对性和容忍度

与同业比较，云南省农信社的经营管理能力和核心竞争力还需重点培育，对其涉农贷款引发的不良贷款率较高应区别对待并有一定容忍度，从而体现监管的针对性与差异性。目前，在国家强农、惠农、支农政策下，农村信用社确实获得了一系列政策优惠的支持，但对其发展一定要体现差

异和重点扶持，以促进农村金融市场有序健康发展。

### 6. 进一步优化农村信用社的经营发展环境

一是要加强政府扶持力度，对涉农贷款增量奖励、定向费用补贴、农户小额贷款税收优惠、扶贫贷款贴息、贷款风险补偿基金以及再贷款等政策措施要落到实处，切实减轻农户和中小企业的还款压力，缓解关注类贷款向次级类贷款转移的速度。二是要深入开展"信用户""信用村""信用乡（镇）"创建评比活动，建立完善农村信用的正向激励与逆向惩罚机制，依法严厉打击故意逃废债务行为，营造"守信光荣、失信可耻"的良好信用环境，切实维护农村信用社的合法权益。三是要加强信用环境、支付环境、法治环境等基础设施的改善，为其发展提供必要的基础条件。四是鼓励支持保险机构积极开办价格保险、产值保险、扶贫小额信贷保证保险、大病医疗保险、巨灾风险保险等，在农户遭遇天灾、人祸、重大疾病、其他意外事件时提供保费支持，帮助农户及建档立卡贫困户平稳度过还款困难时期，减少逾期欠款的情况。五是要加强与科技部门的合作，帮助各类"三农"经营主体上项目、会技术、懂管理、找市场，培植新型农村经济与产业增长点等。

# 第四节　云南沿边金融开放中的村镇银行发展研究

村镇银行是我国三类新型农村金融机构之一，其设立与发展对于云南沿边地区农村金融市场主体多元化、多样化和市场竞争具有重要积极作用。下面对云南省村镇银行发展问题进行专门研究，并提出发展的对策建议。

## 一　云南省大力发展村镇银行的意义

我国农村金融长期以来处于抑制状态，一直存在严重的资金供求矛盾。国有金融、正规金融处于绝对主导与垄断地位，而非国有金融、民间金融、非正规金融则受到很大程度的排挤打压。如何有效解决或缓解农村信贷供求矛盾？2006 年 12 月 20 日，《中国银行业监督管理委员会关于调整放宽农村地区银行业金融机构准入政策更好支持社会主义新农村建设的若干意见》（银监发〔2006〕90 号）出台，提出设立村镇银行、贷款公司和农村资金互助社三类新型农村金融机构，希望通过设立以村镇银行为首的三类新型农村金融机构，打破现有农村金融供给主体比较单一、金融业务垄断、缺乏必要的竞争与活力等问题，从而在根本上缓解农村资金供求矛盾，进而在总体上提升我国农村金融市场的服务水平和质量。具体来看，其重要意义主要有以下方面。

第一，有利于缓解农村金融市场资金供给不足的困境。长期以来，农村金融市场一直处于供给严重不足状况，"融资难" "融资贵" 是普遍现象，已是众所周知。

第二，有利于满足 "三农" 经营主体多样化的金融需求。目前一般农户的金融需求主要包括三个，一是银行存取款的基本需求，二是汇兑转账结算等中间业务需求，三是农业生产、生活相关的信贷需求。近些年来，随着我国脱贫攻坚和乡村振兴战略的有力实施，云南省农村经济社会发生深刻变化，建档立卡贫困户正在脱贫出列，农民收入在不断提高，农民的生产生活消费结构也在不断变化，其他如农村中小企业、专业合作社、生产大户专业户、庄园农场主等各类农村经营主体也在快速发展，这样必然产生大量的多样化的金融服务需求，如转账结算、小额贷款、投资理财、保险、担保、期货期权等，村镇银行作为最贴近 "三农" 的基层金融机构，具有其他涉农金融机构所不具备的信息优势、人脉优势等。

第三，为民间资本开辟了一条正规化、阳光化的投资渠道，使其由 "地下" 转到 "地上"，公开明确其合法身份，既不构成对国有正规金融的随时冲击，也有利于政府正确引导并加强监管。

第四，有利于形成适度竞争的农村金融市场。目前，农村信用社在广大农村地区尤其是偏远农村具有垄断地位，云南一些偏远贫困农村乡镇只有农信社一家金融机构网点，造成 "一社独大" "一农难支三农" 局面。村镇银行的设立，使农村金融市场引入了重要的民营经济和股份制，这样，民营资本参股村镇银行必然给 "死水一潭" 的农村金融市场带来冲击，迫使传统金融机构更加注重经营管理，加快改革步伐，在农村金融产品与业务及市场方面不断创新，不断提高金融服务质量与效率。

## 二 云南省村镇银行发展现状

2007 年 3 月 1 日，我国第一家村镇银行——四川仪陇惠民村镇银行在仪陇县金城镇正式挂牌成立，注册资本 200 万元人民币。2018 年末，据银保监会统计，我国共有村镇银行 1621 家，存款余额 1.18 万亿元，贷款余额 9400 亿元，资产规模约 1.51 万亿元，负债规模约 1.33 万亿元，净利润达 99.25 亿元。

关于云南村镇银行的发展，从 2008 年 6 月文山民丰村镇银行和玉溪红塔区兴和村镇银行注册成立以来，云南村镇银行数量不断扩大，2010 年云南省村镇银行只有 8 家，2015 年发展到 44 家，2016 年达 61 家，截至 2018 年 9 月，云南省有村镇银行 73 家，占全国总数的 4.6%，组织形式中 44 家为股份有限公司，17 家为有限责任公司，14 家村镇银行还设立了分支机构，最多的为昭通昭阳富滇村镇银行，设立了 6 个支行。从村镇银行主要发起人或出资人来看，富滇银行、曲靖市商业银行和云南红塔银行旗下分别有 4 家、2 家和 2 家村镇银行，投入资金 4.35 亿元。成都农村商业银行在云南设立了 8 家中成村镇银行，投资额为 4.445 亿元。重庆农商行共在云南设立了 5 家渝农商村镇银行，投入资金为 4.35 亿元。但在云南设立村镇银行数量最多的，是武汉农村商业银行，已开办了 12 家长江村镇银行，截至 2020 年 3 月底，其存款余额为 47.19 亿元，贷款余额为 40.53 亿元，涉农贷款余额为 29.05 亿元，占比达 72%。上海农村商业银行和江苏常熟农村商业银行在云南也各设立了 10 家村镇银行。其他如民生银行、华夏银行、浦发银行、浙江稠州商业银行、延边农村商业银行、北京银行等也纷纷来云南开设村镇银行。截至 2019 年底，全省村镇银行为 73 家，从业人员达 3152 人，营业网点数为 168 个。截至 2020 年末，全省村镇银行各项存款余额 321.74 亿元，各项贷款余额 279.71 亿元，分别比年初增加 17.08% 和 13.29%，也分别高于全省银行业平均增速 9.32 个百分点和 7.02 个百分点，全省村镇银行总资产为 424.29 亿元，总负债为 370.05 亿元，较年初分别增加 49.79 亿元和 47.51 亿元。全省村镇银行 2020 年实现净利润 2.31 亿元，有 55 家实现赢利，较 2019 年末增加 9 家，其余存在一定程度的亏损现象，反映出其经营发展较为严峻，不容乐观。

## 三　存在的主要问题

总的来看，云南省村镇银行是三类新型农村金融机构中发展得最快最好的，尤其是近年来，随着初期的大批量设立，业务与管理逐渐走上正轨，村镇银行已逐渐成为支持"三农"金融发展的一支重要力量，但目前也存在以下一些问题。

**1. 社会认知度低，影响业务开展**

村镇银行成立时间较短，缺乏应有的宣传与品牌口碑，故社会认知度低。而农村信用社、中国农业银行等传统大中型国有银行在农村的地位已经根深蒂固，人们更愿意把钱存到这些大中型农村金融机构中去，认为比较安全放心，许多农户与中小企业也与这些涉农金融机构发生过资金方面的往来，具有较强的依赖和信任感。面对传统大中型农村金融机构的"金字招牌"和绝对垄断地位，村镇银行由于社会认知度低加上许多是由省外银行设立的，其业务经营发展缺乏根基，难以开拓，最典型的就是吸储能力很弱，而对于银行来讲，存款决定贷款，存款规模决定着贷款数量及其赢利能力，这样就从根本上对其业务开展形成极大制约。

**2. 市场定位偏离，主发起人制度存在缺陷**

从云南各地村镇银行的设立及实际运营情况可以发现，一些村镇银行发起设立的目的主要是追求利润，无意于立足农村、面向与服务"三农"，商业动机明显，社会责任不足，市场定位与实际目标发生了一定偏离。

根据银监会发布的《村镇银行管理暂行规定》，现有的村镇银行主发起人制度设计，主要是基于两方面考虑：一是发挥商业银行的专业优势，帮助村镇银行开展经营、加强管理；二是当村镇银行出现风险时，牵头进行处置并给予流动性支持，维护金融安全。但这造成了村镇银行在经营管理上与主发起人呈现高度同质化现象，这种同质化使得村镇银行逐渐偏离了支农支小的市场定位。另外，对村镇银行的主发起人、最大股东必须是符合条件的银行业金融机构，并且单一境内银行业金融机构的持股比例不得低于20%，单一自然人的持股比例、单一其他非银行企业法人及其关联方合计持股比例不得超过10%的规定，虽然目前也做了一定调整，但还是较大程度上不利于民间资金和社会资本的有效进入，从而影响村镇银行的快速发展。

**3. 业务创新能力不足，内控制度与监管不完善**

当前云南省一些村镇银行仍拘泥于提供传统的银行产品与业务，是主发起人业务的复制，仅开办了基本的存款业务、小额信用贷款业务、质押贷款业务和票据转贴现业务，而对电子银行、转账支付、代理保险、代理发行、兑付、承销及投资、个人理财、金融咨询等中间业务的开发较少，也缺少具有地方民族特色的金融产品和服务，难以很好地满足"三农"主体多样化的金融需求。目前在实际运营中还是较大程度上存在公司治理不完善、内控机制不到位、业务操作不规范等一系列问题，在较大程度上影响了其自身的风险控制能力及其市场竞争力的提升。在金融监管上，目前缺少针对村镇银行的特色与专门监管框架，对村镇银行的监管大多采用一般商业银行的监管方式，监管法律法规不完善，监管机制也不健全，表现在监管手段、监管流程、动态监管及其退出机制等方面还需要有针对性和差异性。

**4. 政策扶持力度不足**

村镇银行作为专门服务于"三农"的小微金融机构，承担着盘活农村金融资源、增加农村信贷供给和活跃农村金融市场的期许与责任，理应得到社会各界尤其是各级政府政策上的大力支持。但就目前情况来看，政府支持力度还很不够，相关配套措施如财政贴息优惠、税收补贴、信贷政策优惠、利率政策优惠、差异化监管等还没有完全跟上，较大程度上影响了村镇银行经营管理的积极性和可持续发展能力，如果大多数村镇银行不能实现赢利和财务可持续，就会动摇其存在发展的根基。

**5. 结算渠道受限制**

由于村镇银行规模小，资金紧张，难以支持其开发设立独立的支付清算系统，一般只能由发起人申请以间接方式加入中国人民银行支付清算系统，但绝大多数村镇银行是外地商业银行，只能由发起行向其当地中国人民银行分支机构提出申请，从而增加了一定难度，降低了审批效率。另外，一些全国性的先进的支付结算系统和平台，村镇银行也难以加入，严重影响到其业务的发展。

**6. 部分机构隐性风险较高**

一些村镇银行的资本金不足，信贷资产质量较低，不良贷款率较高，个别还存在流动性不足、放贷集中度较高，以及公司治理和内控管理有效性差等问题。

**7. 村镇银行并不"村镇"**

大多数村镇银行设在州市县城一级，真正设在村镇的少之又少，加上对村镇银行设立总分行分支机构及跨区域的限制，一定程度上背离了其发展的初衷。

**8. 高素质专门人才不足，农村金融环境较差**

人才是"兴行之本"，尤其是高素质专门人才。村镇银行现有专门人才一是数量上明显不足，二是质量素质上整体较低，从而较大程度上影响了其经营管理水平。另外，云南沿边地区农村金融环境也不太理想，农户个人及小微企业等信用信息和征信系统还没有普遍有效建立起来，一些信息收集还处于相对封闭隔离的状态，信用违约以及废逃债现象发生较多，且诉讼执行困难。加上营商环境、政务环境不理想，农村经济结构转型与产业升级困难等，严重影响到农村金融生态环境，进而制约村镇银行业务的进一步发展。


## 四　对策建议

**1. 加大宣传，扩大影响力**

一是村镇银行应通过各种媒体与网络渠道如广播、电视、报纸、网络等积极主动广泛地宣传自身的服务宗旨和业务特点，同时地方政府也应利用各种机会场所积极向外界与本地各类农业经营主体推介村镇银行的相关情况，表明政府的支持态度，并鼓励他们将钱存到"农民自己的银行"，增强人们对村镇银行的信任感与紧密度。二是村镇银行要努力培育自身的企业文化，逐渐形成并突显自身的品牌效应，通过为农户、家庭农场、专业合作社和小微企业等提供更个性化、更优质的信贷产品与服务，逐渐树立起自己的口碑形象，不断提高自身的影响力与核心竞争力。三是继续加大宣传，通过招商引资、相互合作、帮扶支持等多种形式吸引省外大中型银行业金融机构来云南设立村镇银行，甚至批量式设立，如重庆农商行已在云南设立了 5 家渝农商村镇银行，武汉农商行已在云南开办了 12 家长江村镇银行，等等，这些都有利于扩大云南省村镇银行的知名度、公信力和影响力。

**2. 明确村镇银行的市场定位**

根据当前农户的实际状况，我们可以将其分为两类：第一类是已经富裕起来的农民，已经实现小康水平，具有一定的资金实力与发展能力；第二类是正在脱贫致富和已经脱贫的农民，但已经解决基本的温饱问题，是农村发展的主体。村镇银行作为营利性金融机构，常理上当然应首选第一类农户，可以理解，但是一定要把第二类农户作为重点。这对于近年来精准扶贫所针对的那些建档立卡贫困户而言就显得至为重要，这也是他们抱怨缺资金、缺技术、缺资源的真实反映，如果给他们提供必要的小额贷款，用于发展地方特色优势产业，辅之以扶贫驻村工作队员的指导协助，是不难实现脱贫致富的。这样，立足农村、面向"三农"，找准定位，支农支小，实施精准扶贫脱贫，帮助农民脱贫致富，村镇银行才能真正找到其市场定位与发展空间，才不至于出现"异化"。

**3. 扩大融资渠道，创新金融产品与业务**

目前村镇银行已进入快速发展期，大部分具备了持续发展的基本条件，政府应适时放宽对设立村镇银行发起人的限制，鼓励支持多元化资本进入，引入适度竞争机制，解决村镇银行资金来源渠道狭窄及其治理问题。面对当前国内金融竞争十分激烈的形势，村镇银行应进一步加强自身实力，不断充实资本金，不断做大做强，跨域经营，应找准自身定位，不忘初心使命，不断创新提供适合当地农村的金融产品和服务方式，以满足"三农"客户需求为核心和宗旨，稳健经营，摒弃"垒大户""赚快钱"，不急于求成，实现可持续发展。目前可重点尝试小额无担保贷款模式、多元农村资产抵押质押贷款模式、"企业+农户"的贷款模式、与发起行联合放贷的贷款模式、其他批发委托贷款模式、"贷款+保险"的模式等，鼓励发展"一次授信、随借随还、循环使用"的小额信贷模式，积极开展中间业务如电子银行、汇兑结算、代理保险、代理发行、兑付、承销及投资证券、信息咨询、个人理财等，不仅能增加村镇银行的利润来源与收入，还能起到满足农户和小微企业等多元化、多样化的金融需求和活跃农村金融市场、促进"三农"发展的重要作用。同时，针对村镇银行结算渠道不畅问题，中国人民银行应设法为其提供必要的支付清算并允许其加入，以更优质服务助力地方村镇银行业务发展能力提升。

**4. 转换经营管理机制，提高经营管理水平**

一是村镇银行要健全法人治理结构，设立科学的经营目标，采取有效的经营策略，建立激励有效、权责分明的内部管理制度，形成合规管理的良好氛围，不断降低经营风险与经营管理成本；二是村镇银行必须建立全过程、全方位、动态的风险监测体系，以风险管控为中心，贯彻实施贷、审、查三分离；三是加强操作风险管理，严格按规章制度、按程序办事，合规经营，从源头上消除金融风险隐患；四是注意发起人不能过多干预村镇银行事务，使其成为自己的"复制品"或"提款机"，此外应适当提高民间资金入股村镇银行的比例。

**5. 加大政策扶持力度**

一是在财税政策方面，对村镇银行实行必要的税费减免，适当延长财政奖补政策期限，增加对扩展基础金融服务的补贴，财政奖补资金应及时到位，切实发挥好优惠政策的作用，鼓励支持村镇银行去村镇设立分支机构网点。

二是在金融政策方面，应高度重视支农再贷款，适当延长支农再贷款的期限，适当提高支农再贷款利率的上浮空间，以提高村镇银行使用支农再贷款的积极性。

**6. 进一步加强风险管理与金融监管**

村镇银行应重点通过建立征信制度、信用评级制度等加强信用风险管理，通过对员工的教育培训，重视风险识别与控制，严格执行有关规章制度、业务流程、检查问责制加强操作风险管理，通过与其他银行及证券、基金、保险公司的合作开展金融产品与业务创新等加强行业风险管理，不断提高自身经营管理和风险管控能力。

针对村镇银行的监管，作为金融监管部门，一是应根据村镇银行分类监管原则，实施分类监管和差别监管；二是应从制度上严格监管其执行情况，既要在制度上防止漏洞，更要在做法上进行检查对照，防止制度与做法"两张皮"；三是要做到现场监管与非现场监管并重，加强非现场监管对现场检查的指导作用；四是要明确村镇银行的准入退出制度，尤其是退出的情形、方式、步骤以及具体操作办法等。

**7. 加强人才队伍建设，打造优良的农村信用环境**

在人才建设上，一是要招聘那些道德品质好、管理经验丰富、责任心强、具有"三农"情怀的中高级管理人才；二是应创建本土化、地方化的用人机制，将本地在外读书毕业的相关专业大学生吸引回来，或者将村民中诚实守信、有经营头脑、具有高中以上文化水平的人吸引到村镇银行经营管理中来；三是应对员工进行经常性培训，并加强对其企业文化、核心价值观等理念的培养，不断提高员工忠诚度与业务素质。

在农村信用环境上，一是要加大政府、农村中小企业和农户个人三大市场主体的诚信建设力度。首先，各级政府要发挥在诚信建设中的模范示范带头作用，重点要解决政策制度透明度不高、执行力不强、向社会承诺事项不兑现、行政执法随意性大执行度弱等问题，建立以依法行政、取信于民、服务社会为主要内容的政府信用系统，打造"诚信政府"形象；其次，农村企业诚信建设要以信用制度为重点，逐步建立企业信用等级身份证明和企业信用档案制度，建立企业信用评价系统、查询系统和管理系统，实施激励守信、惩戒失信的社会信用约束机制；最后，个人诚信建设，应建立农户个人信用档案、个人信用调查和报告制度，通过"信用户""信用村（镇）"建设，引导他们在经济金融活动中自觉按照市场规则办事，使其真正做到讲信用、重信用、守信用。二是要加大行业联合惩罚失信行为的力度。尽快建立同业间的联合制裁机制，建立"黑名单"管理制度，实施"黑名单"联网共享，对那些不讲诚信的企业和个人，实行联合抵制和制裁，视其情节轻重，采取降低信用等级、不再提供服务、依约处置抵押品直至诉诸法律等多种手段来化解信用风险，惩治失信行为。进而上升到社会层面，在多个方面实施制裁约束，如目前实行的对失信人或"老赖"禁止坐飞机出行及在一些场合的高消费等，使其认识到一旦失信寸步难行。三是要不断创新农村信贷抵押担保方式，通过设立多层次、多类型的农村信用担保机构，设立专门的信用担保基金等，为村镇银行提供业务支持和增信服务。

# 第五节　云南沿边金融开放中的小额贷款公司发展研究

## 一　云南省小额贷款公司发展现状

小额贷款公司又称"小贷公司"，一般由自然人、企业法人与其他社会组织投资设立，包括有限责任公司和股份有限公司两种形式，由地方政府金融监管部门负责审批与监管。三类新型农村金融机构之一的贷款公司则是根据银监会要求设立并备案监管，由大中型商业银行发起设立，不属于此类小贷公司类型。因此本书重点对由地方政府金融监管部门负责的前一类小贷公司进行深入分析。

据中国人民银行统计，截至 2018 年 12 月底，我国共有小额贷款公司 8133 家，从业人员 90839 人，贷款余额 9550.44 亿元，实收资本 8363.2 亿元，其中云南省小贷公司数量为 317 家，从业人员 3276 人，实收资本 161.21 亿元，贷款余额 154.72 亿元。[①] 2019 年末，云南省有小贷公司 316 家，实收资本 169.44 亿元，贷款余额为 142.48 亿元。据最新统计，截至 2020 年 6 月底，云南省小额贷款公司总数为 283 家，实收资本 158.55 亿元，贷款余额 129.81 亿元，其中涉农贷款余额 69.38 亿元、小企业贷款余额 32.76 亿元，支农支小占比 78.68%，累计为 1377 户受困客户提供了展期、免违约金、免罚息等支持。表 4-19 为 2010~2019 年云南省小额贷款公司发展基本情况。

---

① 小额贷款公司批准设立与正式营业之间存在时滞，因而统计口径与各地公布或统计的小额贷款公司数量可能会有一些差别。

表 4-19　2010~2019 年云南省小额贷款公司发展基本情况

| 年份 | 机构数量（家） | 从业人员数（人） | 实收资本（亿元） | 贷款余额（亿元） |
|---|---|---|---|---|
| 2010 | 127 | 1128 | 42.00 | 40.92 |
| 2011 | 213 | 1857 | 83.47 | 83.94 |
| 2012 | 276 | 2443 | 126.41 | 129.75 |
| 2013 | 370 | 3538 | 178.35 | 182.94 |
| 2014 | 409 | 3984 | 195.91 | 204.18 |
| 2015 | 390 | 4655 | 186.76 | 189.79 |
| 2016 | 338 | 3758 | 163.00 | 161.70 |
| 2017 | 272 | 2944 | 129.13 | 127.88 |
| 2018 | 317 | 3276 | 161.21 | 154.72 |
| 2019 | 316 | 3261 | 169.44 | 142.48 |

资料来源：中国人民银行昆明中心支行、云南省地方金融监管局。

2008 年 12 月，云南省第一家小额贷款公司——昆明市盘龙区茂恒小额贷款有限公司在昆明成立。从表 4-19 可以看出，2010 年至 2014 年，云南省小额贷款公司的机构数量、从业人员数、实收资本、贷款余额四个指标均逐年快速增长，2010 年只有 127 家 1128 人，2011 年快速发展，达到 213 家 1857 人，2014 年则发展到 409 家 3984 人，基本达到顶峰，其他两项指标实收资本与贷款余额也随着机构和从业人员的发展同步快速增长。但到了 2015 年，各项指标开始出现持续下降，机构数量明显减少，从 2015 年的 390 家一直下滑到 2017 年的 272 家，2018 年有所回升，达到 317 家。据云南省地方金融监管局资料，截至 2017 年 10 月 31 日，全省共有 98 家小贷公司被取消经营资格，同时有 24 家民间资本管理公司转型为小额贷款公司，截至 2018 年 12 月底，全省又有 54 家小贷公司被取消经营资格。2019 年 7 月，又有 9 家 P2P 网络借贷机构被取消试点资格，有 36 家民间融资登记服务机构被取消试点资格，截至 2020 年 6 月底，全省小贷公司降到 283 家，与 2017 年的数量相当。之所以出现这种情况，主要是近几年来我国宏观经济状况不断下行、金融风险明显增大，金融风险防控与金融监管力度加大，小贷公司违规经营等风险日益暴露，导致倒闭数量迅速增加，"跑路"现象频发，监管部门监管力度不断加强所致。但从另一方面看，面对严峻的外围经济环境与严格强化的监管要求，小额贷款公司也在加快步入规范发展的过程。目前，全省小额贷款公司运行趋于平稳，经营管理不断规范，贷款投向坚持以"三农"及小微企业为主，对云南沿边地区经济社会发展起到了一定的推动辅助作用。

## 二　存在的主要问题

### 1. 信贷风险管理目标不明，缺乏科学的风险评估方法与机制

对金融机构而言，信贷风险管理是最核心、最重要的工作，尤其是对更为"脆弱""小微"的小贷公司，在信贷风险管理方面更需要有明确的目标导向。云南省目前的小贷公司能够在近些年来大浪淘沙般的洗礼考验中幸存下来，最主要的还是得益于风险管控水平的不断提高。但尽管如此，从调研情况看，仍有部分小贷公司的风险管理意识较为淡薄，缺乏明确的风险管理目标，科学合理的风险评估程序、方法，以及有效的风险管理机制，一定程度上还处于被动和应付的状态，一些风险管理制度流于形式，存在诸多潜在的信贷风险隐患。

### 2. 公司内部治理存在缺陷

主要表现在：一是内控体系不健全，现有规章制度未涵盖整个业务经营管理活动，部门规章和岗位职责不健全、不清晰，分工不合理，内控往往存在盲目执行和随意执行的情况，更谈不上企业文化建设；二是一些制度流于形式难于执行到位，且缺乏相互制衡约束；三是从业人员专业素养与专业能力较低且参差不齐，一人说了算，管理随意性很大；等等。

### 3. 经营风险高，抵御风险能力弱

小额贷款公司不能公开吸储，这对其资金来源构成极大制约。业务主要是短期贷款，较为单一，客户群体分散与低端，具有"小、散、短、低"的显著特点与缺陷。上述不足导致经营成本较高，从而其放贷利率往往较高，近年来一般在15%左右，而"过桥贷款"则高达30%~40%，因而经营具有高风险性。另外，小贷公司客户主要是一些达不到银行贷款标准但急需资金的客户，其信息在中国人民银行征信系统中多数反映不全，甚至没有，加之部分小贷公司尚未纳入中国人民银行征信系统，也加大了

小贷公司全面了解客户信用状况的难度，从而给其放贷安全带来隐患，增加其经营风险，其防范抵御风险的能力由于内外部主客观原因的普遍存在而显得无能为力或弱小不足。

**4. 监管难度大**

按照现有政策规定，地方政府金融监管局负有对小贷公司进行监管的权力，但侧重于小贷公司的发展，缺乏对公司的治理结构、股本金变动、贷款对象、贷款用途、贷款额度、贷款利率等合规性方面的监管检查。小贷公司的各项业务运作基本处于自我约束的状态，容易导致小额贷款公司的无序发展，对金融生态环境及秩序产生负面影响。并且部分小贷公司的运作模式比较复杂，监管主体如果没有很好的监管手段技术、较强的专业水平和充足的人手保证，很难发现小贷公司运营过程中各种潜在的风险问题。故近年来，随着金融风险防控力度不断加强，云南省地方金融监管局对全省小额贷款公司、民间融资服务公司、P2P 等各种融资平台进行重点监管与深入排查，取消了不少这类性质公司的经营资格，可见对小贷公司等的监管近年来力度在加强，但难度也很大，时刻考验着金融监管部门的能力。

## 三　对策建议

**1. 强化信贷风险意识，建立科学的风险评估方法与机制**

小贷公司应树立并强化信贷风险管理意识，不断提高风险管控水平。一是在业务风险上，加强风险管理意识与对操作管理流程的学习，并建立科学系统的风险评估流程、方法与机制，确保各项风险管理制度能够真正执行落实到位，能够覆盖所有业务；二是在道德风险及操作风险上，加强对员工的道德诚信及不合规行为的教育及风险控制流程环节要点的培训。

**2. 进一步完善公司治理，加强内部管理**

一是要加强公司治理，选择合适的治理架构。小额贷款公司规模普遍较小，公司员工数量也较少，因此可采取单层结构的公司治理构架，便于提高公司治理效率。二是要明确部门职能和岗位职责，建立相互约束、相互监督的授权体系。三是要完善"三查"制度，加强贷前授信调查、贷中核查和贷后检查，减少公司的经营风险与操作风险。四是要建立员工教育培训机制，定期对员工进行合规经营、金融知识、风险管理、廉洁自律等培训，提高员工的专业水平。五是完善重大事件应急机制，对于可能引发区域性、系统性风险的情况，应及时向公司所在地中国人民银行和银保监局及其分支机构报告。

**3. 建立风险保障体系，提高风险控制能力**

一是针对小微企业缺少贷款抵押物的难题，政府应牵头成立政策性融资担保公司，鼓励支持和参与设立商业性融资担保公司，培育发展金融市场服务中介，在融资担保环节打通市场借贷双方的最后"梗阻"，为融资提供重要基础条件。二是进一步加强与同业、银行及保险公司的沟通合作，共同开展贷款业务，从而提高公司的风险控制能力，降低经营风险。

**4. 建立健全小额贷款公司监管体系**

一是应进一步加大地方政府金融监管局、银保监局与中国人民银行的联合监管力度，明确主体责任，不断提高金融监管水平与效率。尤其是地方政府金融监管局，作为小贷公司主管部门，除一如既往地鼓励支持民间资本积极参与金融市场建设外，必须从严把控小贷公司市场准入，条件成熟时应将其纳入征信系统，并为其提供资金清算便利等服务；银保监局要充分发挥其专业性，协助对小额贷款公司进行具体监督和评估，从而构建起科学完备、可行有效的监管体系。各监管部门应相互配合，合作协调，齐抓共管，充分发挥各监管部门的职能作用。

二是监管部门应进一步加强风险监管。通过先进的监管理念与技术，科学合理的监管手段与方法，以及充足的监管人员队伍，真正做到全方位监管，监管没有空白没有死角，将各种金融风险隐患尽可能在事前或事中解除，做到防患于未然。

# 第六节　云南沿边金融开放中的
# 民营银行发展研究

民营银行①是由民营资本发起设立的银行，其试点与建立打破了几十

---

① 所谓民营银行，一般是指由民营资本发起设立并控股，市场化运作，主要为民营企业、小微企业和个人等提供融资服务的银行。

年来我国国有金融的长期垄断和所有制禁区，为经济金融发展注入了活力与动力，是我国重大金融制度创新。2014 年 3 月，银监会发布第一批 5 家民营银行进行试点，但一直至今，尽管做了大量工作，云南省还没有一家民营银行得以试点设立，但是民营银行发展的趋势难以阻挡，最终必将设立。下面重点对云南省民营银行设立目前面临的主要问题进行分析，并提出具体的对策建议。

## 一　我国及云南省民营银行发展现状

### 1. 我国民营银行发展现状

2014 年 3 月 11 日，银监会发布第一批 5 家民营银行分别在天津、上海、浙江、广东开展试点，浙江获得两家试点名额，排在第一位。2014 年 7 月 25 日，3 家民营银行已批准筹建，它们分别是腾讯、百业源为主发起人的深圳前海微众银行，正泰、华峰为主发起人的温州民商银行，华北、麦购为主发起人的天津金城银行。2014 年 9 月 29 日，银监会同意在上海市筹建上海华瑞银行，上海华瑞银行由上海均瑶（集团）有限公司和上海美特斯邦威服饰股份有限公司共同发起设立。同日，银监会批准在浙江省杭州市筹建浙江网商银行。2015 年 6 月 26 日，银监会发布了《关于促进民营银行发展的指导意见》，明确指出民营银行应实施差异化发展战略，注重特色经营，填补现有银行业的真空地带，这标志着民营银行试点设立已步入规范化、常态化发展阶段，有利于民营银行的快速发展。2015 年，第一批 5 家民营银行相继开业。2016 年，银监会又相继批筹重庆富民银行、四川新网银行和湖南三湘银行等 3 家机构，民营银行达到 8 家。到 2017 年，民营银行达到了 17 家。截至 2020 年底，民营银行发展到 18 家，18 家民营银行的资本金合计达 496 亿元，总资产达到 3400 多亿元。其分布主要集中于经济较发达的四大直辖市以及长江经济带、珠三角等地区，广东、浙江各 2 家，江苏、福建、湖北、山东、安徽、湖南、四川、江西、辽宁、吉林及北京、天津、重庆、上海各 1 家。有 4 家民营银行的注册资本在 40 亿元以上，分别为深圳前海微众银行、浙江网商银行、北京中关村银行、江苏苏宁银行。有 5 家民营银行的注册资本为 30 亿元，分别为天津金城银行、上海华瑞银行、重庆富民银行、四川新网银行、湖南三湘银行。注册资本为 20 亿元的占大多数。从其运行及其业绩来看，总体发展状况良好。值得提及的是，最初试点的 5 家民营银行在开业后一年均实现了盈利。

**2. 云南省民营银行发展情况**

2013 年 10 月，云南省以省政府名义将云南省泛亚金控银行股份有限公司申报材料上报银监会。泛亚金控银行股份有限公司是云南省工商联与省民营企业家协会联合发起设立的云南省首家民营银行，具体由省工商联牵头组织云南民营企业，委托云南金控股权投资基金股份有限公司协助组成临时筹备组筹建。由云南省内 40 家民营企业作为发起人，总出资 20 亿元作为注册资本金，这 40 家企业大多是云南民营经济 100 强企业，如云南红酒业、俊发地产、柏联集团等。但很遗憾，云南最终没有被列入全国第一批民营银行试点。

虽然云南没有进入第一批民营银行试点，但云南省金融办和云南银监局仍在继续努力推进这一工作。2014 年 8 月，德宏州瑞丽边贸银行开始筹建民营银行，制定了"立足德宏本土，服务边贸实体，支持沿边经济，中缅货币兑换，跨境金融合作，面向东南亚、南亚发展"的银行发展战略目标。编制完成了瑞丽边贸银行筹建申报材料，并上报云南省政府等有关部门，成为云南重点推荐上报银监会的第二家民营银行。同时，还有几家民营银行也在筹备申报中。

2015 年 2 月，由唐青生执笔并以致公党云南省委名义提交给云南省"两会"的"关于我省大力发展民营银行的提案"，被云南省政协采纳并被评为"2015 年度十大重点督办提案"，得到省政府高度重视。2015 年 12 月 9 日，云南省人民政府办公厅转发了云南银监局《云南省推进申请设立民营银行工作实施方案》，其中专门提出对前期已做过培育和申报的瑞丽边贸银行等四家拟设民营银行，按照监管要求，要进一步抓紧培育辅导，成熟一家，受理申报一家。同时也鼓励支持其他具备条件的发起人参与发起设立民营银行。目前，云南民营银行仍在"破茧"中。

## 二 存在的主要问题

前已述及，2014 年，我国 5 家民营银行正式获得批准试点设立，2016 年又新增了 3 家达到 8 家，2017 年发展到了 17 家，2020 年达到 18 家。云南尽管一直在积极申报，但至今还没有一家试点，还没有实现民营银行"零的突破"，其存在的主要问题目前还不甚明确，但是从已经试点的民营银行的情况以及未来云南民营银行发展面临的环境和问题来看，下面一些问题必须高度重视。

**1. 反思失败原因，提高审报质量**

自从允许民营银行试点，云南银监局就积极着手推进此项工作，但每次申报都以失败告终，应该认真总结经验教训反思失败原因。总的来说，主要还是企业自身实力及竞争力不够，以及申报书的内容特色等达不到要求，其中最重要、最关键的一条是要有差异化的市场定位和特定的战略，这就提出了区别于一般传统商业银行的更高的要求，银监会明确要求民营银行找准服务切入点，差异化定位，填补其他银行业务空间，但在这些方面民营银行与传统商业银行相比，还有一定差距，难以找到特色亮点。

**2. 知名度低、公信力不够而导致吸储能力不强**

这是民营银行早期发展必然普遍遭遇的问题。尤其是近年来民营银行的诞生，恰逢我国经济发展下行，产业结构转型升级，民营企业和小微企业生存发展环境严峻之时。同时，新生的民营银行作为我国银行业的一个重要主体与组成部分，面对的是分支机构网络和人员力量等各方面都十分强大的国有商业银行，这就给知名度低、公信力也未普遍建立起来，更没有任何品牌效应的民营银行在吸储和业务经营等多方面形成巨大的竞争压力，要在短期内实现快速发展难度很大。

**3. 战略目标与业务定位可能出现不协调或执行偏差**

民营银行当初设立的战略目标与业务定位可能由于实际情况发生变化，从而出现运作不协调或执行发生偏差，进一步导致民营银行发展并非如当初设定所愿。定位过高或偏差而没能实现相应特色与差异化经营，核心竞争力难以逐渐形成，一些业务难以开展，导致业务发展缓慢，这是部分民营银行面临的主要难题，也是应该高度关注的重要问题。

**4. 外部环境更为严峻**

一是我国银行业普遍存在过度竞争和无序竞争问题，业务同质化严重，竞争"互挖墙脚"，经营"唯利是图"，缺乏应有社会责任，员工压力巨大，监管难度加大，从而引致当前整个银行业市场发展环境不理想。二是国有和大中型商业银行在资本实力、存贷款规模、专业能力水平、人力资源，还有合规经营和风险防控等方面，都处于绝对优势地位，民营银行则明显处于劣势。三是近几年来我国经济增长不断下行，发展压力越来越大，经济增速从过去的 7.5% 到 2018 年的 6.4%、2019 年的 6.1%、2020年的 2.3%，给银行信贷及其风险控制带来了严重挑战。四是民营银行的利差空间越来越小，不良贷款率不断增大，税费负担较重，使其经营成本很高，这对其自身可持续快速发展是一个很大制约。五是中国人民银行和银保监会已经公开表明并允许商业银行破产，这对民营银行发展也带来了不利影响，银行"不倒"已不再是"神话"，更何况是中小银行、民营银行，这些银行倒闭是完全可以且随时随地可能发生的，尽管我国已经实施了存款保险制度，对存款人予以一定的存款保险保障，但对于银行而言，其风险不言而喻。六是我国企业和个人征信体系还不健全，失信惩戒机制未能有效建立，导致各类市场主体尤其是民营企业、小微企业和个人失信违约现象较多且难以有效化解，社会诚信观念的普遍建立形成还有待时日。对云南来讲，国家宏观经济不利背景，加上全球新冠疫情的变化，对云南沿边开放以及边境居民安全等造成严重不利影响，目前云南经济发展与产业转型升级缓慢，经济新动能转化带动不力，以及思想观念落后、开拓创新意识不强，使得云南总体经济金融发展与省外发达地区相比还有较大差距，面临着巨大的外部环境的挑战。

**5. 人才匮乏，素质较低**

银行业经营门槛要求高、专业性强、风险大，需要一支既懂金融又懂管理的专业团队。民营银行无论是高级管理人员还是一般员工与大中型国有股份制银行或全国性股份制银行等相比，在专业人才和人员素质方面都有着较大的差距，当然民营银行对此是有办法的，应高度重视这一"短板"，只有在人才建设上不输于现有大中型商业银行机构，才能在竞争中立于不败之地。

## 三 对策建议

对于云南省民营银行如何发展，当前最急迫的就是"破冰"。但民营银行设立也不能一哄而上，更不能过于追求数量与规模，一定要按照"成熟一个，发展一个"的原则进行。下面针对云南省民营银行未来如何发展，提出对策建议。

### 1. 明确市场定位，持续积极申报

云南省银保监局与地方金融监管局应积极牵头组织相关企业，认真学习总结经验教训，持续积极申报，明确分解任务目标，抓紧深度协调与细化落实，扎实稳步推进各项申报工作。在申报中尤要注意，民营银行的市场定位一定要以民营企业、小微企业和"三农"作为主要服务对象，应立足和偏向社区银行，找准市场切入点与业务模式，以差异化、特色化的业务开展服务占有市场。

### 2. 不断完善公司治理结构

民营银行具有产权清晰、责权明确的制度优势，这是民营银行的核心竞争力所在。一是民营银行要明确内部各机构、各部门的权限，加强各自之间既相互制约又相互支持的职能，同时应充分发挥监事会的职能，以真正实现决策的民主性与科学性。二是既要防止"一股独大"现象，又要避免股权过于分散，否则易出现"内部人控制"问题，不利于民营银行发展。三是要形成科学合理的激励与约束机制。作为现代企业制度的民营银行，一定要充分发挥其治理结构完善、机制灵活等特点，既要有约束惩罚也要有激励奖励，权责利对等，并尝试引入股权激励机制，以提高管理层和员工的积极性和归属感，吸引更多的优秀人才加盟。

### 3. 实施差异化战略，大力发展互联网金融与金融科技

从试点民营银行的经验来看，它们已在差异化战略及经营方面进行了较好尝试，取得了明显效果，这从其开业一年后基本实现微利可以看出。云南省民营银行的设立和发展一定要根据自身禀赋和所处环境特点，实施

差异化发展、错位竞争策略，这无论对其成功申报还是未来经营发展都至关重要。同时要不断加强金融创新，尤其是对互联网金融、金融科技和区块链金融这一新业态、新模式应高度重视并加大投入开发力度，从近年来"互联网+"的快速发展，可以清楚地看到其未来发展潜力无限，如深圳前海金融改革的最前沿和第一批试点的民营银行——深圳前海微众银行，其开发出来的"微粒贷"业务已经成为互联网金融发展的重要方向，该业务具有方便快速、成本低廉、用户广泛等优势，已受到个人、小微企业和民营企业的青睐欢迎，由此得到了迅速发展。我们认为这也是民营银行等小微金融机构与"大块头"银行进行竞争的重要方向与突破口。还应注意的是，对于已开业的民营银行，必须做好持续跟踪检查，防止民营银行随意偏离初始差异化定位，与现有银行进行同质化恶性竞争。另外，招聘、吸纳和培训优秀的高素质金融专业及其相关专业人员应是民营银行发展的根本和重中之重，必须高度重视。

**4. 完善监管层次，构建合理监管制度**

制定适当的民营银行市场准入标准及有效的市场退出机制，加强金融监管，是确保民营银行稳健发展的重要措施和先决条件。同时，民营银行应健全财务会计制度，并确保信息披露准确及时，防止可能出现的"内部人控制"，防止股东之间相互串通，防止民营银行成为主要发起人或大股东的"复制品"和"提款机"，将大中型银行的业务模式直接复制照搬过来，缺乏自身特色竞争力，最终偏离其当初的市场定位目标。对此，金融监管部门应构建起有效的监管制度，确保监管到位，督促检查到位，将风险监管与防控放在第一位。

**5. 加大宣传，增强市场各方对民营银行的信心**

民营银行是新生事物，目前知名度和声誉度较低，公信力还不足，业务发展不可避免受到一定影响，故地方政府和民营银行自身应通过报纸杂志、广播电视、手机微信、网络媒体、产品业务推介等各种形式与活动，加大对民营银行的宣传力度，并结合对目前我国已经正式实施的存款保险制度①的宣传，促使社会大众逐步增强对民营银行等小微金融机构的信心。

---

① 2015 年 2 月 17 日，国务院正式发布《存款保险条例》，明确建立存款保险制度，自 2015 年 5 月 1 日起施行。

**6. 设立民营银行过渡保护期，加大政策支持力度**

民营银行与大中型国有银行相比，无论是注册资本金、存贷款规模、机构网点还是经营经验等都不能同日而语。对此，在初期发展中，政府应注重对民营银行的扶持和保护，可以给予一定的税收优惠和财政补贴；中国人民银行可以对其实行定向降低存款准备金或者采用差别的准备金率，以提高民营银行的贷款规模；对民营银行到中央银行办理再贷款和再贴现业务，可以适当降低其再贷款率和贴现率，以降低其融资成本；向民营银行适当开放一些国有银行限制受理但风险相对较低的业务；鼓励支持大中型国有商业银行、政策性银行、股份制商业银行或企业向民营银行提供批发贷款、委托贷款和其他金融信息服务；等等。但是，这些扶持政策均是在民营银行发展初期的重要保护措施，在其发展成熟之后有的政策应适时退出，最终使民营银行能够在市场自主生存发展。而且，银保监会应建立正向升级导向机制，让发展得比较好的部分村镇银行、小额贷款公司、农村资金互助社、融资担保公司等可以升级为民营银行。

**7. 营造良好的市场化、法治化环境**

民营银行发展离不开良好的市场化、法治化外部环境。在我国目前以国有金融为主导和绝对优势的金融体系中，要特别注意避免对民营银行的各种歧视性政策。要进一步理顺政府与银行尤其是民营银行的关系，让民营银行成为真正的市场化经营主体。政府对民营银行的支持与约束均需要通过市场化、法治化方式来进行，尽量减少不必要的行政干预，否则会影响和打击民营银行的积极性。另外，中小企业和个人征信体系的建立、诚信环境的打造、金融市场的有效监管，以及民营企业、民营企业家保护，地方经济发展与产业结构升级等多方面都对民营银行发展具有重要影响，一定要重点培育，以形成支持民营银行发展的良好的外部机制与环境。

# 第七节　云南沿边金融开放中的
# 农村资金互助社发展研究

农村资金互助社对于丰富农村金融机构，增加农村金融资源等具有十分重要的作用。下面将对云南省农村资金互助社的发展情况与问题进行分析，并提出具体的发展措施建议。

## 一　云南省发展农村资金互助社的意义

农村资金互助社作为我国农村金融市场的"新生儿"和真正属于农民自己的"草根金融"，彻底打破了长期以来农村信用社和农业银行对农村金融市场的垄断局面，引入了互助合作与竞争机制，充分调动了农民参与和互助合作的热情，利用"熟人社会""信息不对称"优势降低了交易成本，也为农村民间金融阳光化、地下金融"浮出水面"提供了重要渠道与发展平台，虽然目前无论理论还是实践都处于探索阶段，但从全国范围试点推广情况来看，农村资金互助社确实能够在一定程度上填补现有农村金融市场的服务空白，及时缓解并满足"三农"经营主体的部分生产和生活性资金需求。与我国东部和中部地区比较，云南省农村经济发展水平较为落后，农村金融市场发展更为滞后，在沿边金融开放和"三农"金融服务不断改革创新中，大力发展农村资金互助社具有十分重要的理论和现实意义。

## 二　我国及云南省农村资金互助社发展现状与问题

2007年10月，银监会宣布农村资金互助社试点省份从之前的6个省（区、市）扩大到全国31个省（区、市），农村资金互助社得以进一步发展。近年来，我国获得银保监会批准的农村资金互助社一直维持在49家左右，发展十分缓慢，有些省（区、市）甚至还没有一家，面临着被严重边缘化的威胁。

目前，从全国的实践情况来看，通过银保监会批准设立的农村资金互助社（属于三类新型农村金融机构之一）普遍存在以下主要问题：一是融资渠道有限，资金规模偏小，后续资金乏力；二是财务管理不规范，外部监管也不健全、不到位；三是运营管理成本较高；四是经营管理人员素质较低达不到要求。

截至 2021 年底，云南省由银保监会批准设立、具有"金融许可证"的农村资金互助社一家也没有，而由其他部门主管和批准设立的农村资金互助社主要有两种情况。一类是由省级财政扶贫部门批准设立的"贫困村资金互助合作社"（简称"资金互助社"），截至 2015 年 6 月末，云南省共组建了 1050 个资金互助社，成立了 8032 个互助小组，入社农户达 5.5 万户（其中贫困户 2.7 万户），互助资金总规模为 2.915 亿元，其中省级以上财政资金投入 2.696 亿元，社员缴纳互助金 1046 万元，其他资金 1148 万元。这种类型的农村资金互助社瞄准贫困对象比较准确，创新了金融扶贫机制，较好地解决了贫困农户的生产性资金需求不足。但存在的主要问题，一是资金规模较小，资金来源渠道单一有限，主要是省级财政扶贫资金，小部分是入社社员的股金。二是"三会"治理结构不完善，缺乏完整的内部管理制度。鉴于对管理能力和运作费用的考虑，几乎所有的资金互助社管理要职都由村两委成员担任，其中也不乏乡村能人和精英。管理人员也多是兼职，没有工资收入，只有象征性的极少的报酬，难以构成有效激励，仅靠管理人员的"三农"情怀是难以持续的。另外，由于制度及激励问题，管理者也容易利用职务之便以权谋私，实现对组织的内部控制。三是缺乏有效的外部监管，外部监管没有制度化、常态化，大多数监管流于形式，加大了资金运行风险。另一类是由地方农业行政部门主管设立的"农民专业合作资金互助社"（简称"农民专业合作社"），截至 2015 年 12 月底，云南省依法在工商部门登记注册由地方农业行政部门主管的农民专业合作社有 37382 个，合作社注册资金 549.96 亿元，平均每个注册资本为 147.12 万元，农民成员达 68.87 万户，共创建国家、省、州市三级农民专业合作社示范社 1810 个。在农民专业合作社快速发展的过程中，一些合作社内部开展信用合作，进一步成立了资金互助合作社（会）。截至 2015 年末，云南省开展信用合作的农民专业合作社为 408 个，累计筹资额 2.625 亿元，累计实现合作收益 1163 万元，平均每个社实现合作收益 2.85 万元。① 近

---

① 此类农村资金互助社（会）一般是在有条件的农民专业合作社或村股份经济合作社内部，由合作社社员自愿加入、为成员提供资金融通服务的自我服务组织，按照"生产合作、供销合作、信用合作"的原则要求，遵循"组织封闭、对象封锁、上限封顶"和"有效控制风险、规范管理运作"的方式运营。数据来源于云南省农业农村厅。

年来，其发展有力地促进了专业合作社的规范与壮大，拓宽了专业合作社融资渠道，创新了扶贫支农机制，增强了合作社经营发展能力，但存在的主要问题有：一是缺乏具体可操作的管理办法和内部控制制度，业务运营不规范，风险控制薄弱，金融监管也不到位；二是资金规模小，外部融资难，远不能满足社员生产发展的资金需求；三是管理人员学历较低，经营管理经验欠缺。

为何云南省获得银保监会批准设立的农村资金互助社还没有一家？为何我国此类性质的农村资金互助社发展十分缓慢？究其原因，最主要的有以下两个方面。

一是准入门槛高。首先是对经营管理人员的准入门槛过高。2007 年 1 月银监会出台的《农村资金互助社管理暂行规定》要求，"农村资金互助社理事、经理任职资格需经属地银行业监督管理机构核准。农村资金互助社理事长、经理应具备高中或中专及以上学历，上岗前应通过相应的从业资格考试"。而具备高中或中专及以上学历的，绝大部分已进城务工或经商，农村已成为"空心村"，即便有达到学历要求的，还必须懂经营管理，还要通过从业资格考试。其次是对营业场所及其安全要求较高。《农村资金互助社管理暂行规定》对农村资金互助社的营业场所规定，要"有符合要求的营业场所，安全防范设施和与业务有关的其他设施"。据此规定，农村资金互助社要开业就必须先投入较大的一笔资金到营业场所置办及安保设备、办公设施的购买等方面。以百信农村资金互助社为例，该社注册资本为 10.18 万元，但其开办费用就支出了 7.6 万元，开业后互助社自有资本的现金不到 3 万元。如此高的开办成本，如果再加上运行过程中的人员工资等，对于本来资金规模就小（村一级注册资金最低为 10 万元，乡镇一级注册资金最低为 30 万元）的农村资金互助社来说，是难以接受和维持的。所以，由于对管理人员和场所设施条件要求高且维护成本大，农民不愿向银保监部门申请成立农村资金互助社就容易理解了。

二是监管严而难。首先是农村资金互助社主要参照村镇银行等银行业的监管标准由地方银保监部门进行监管，各方面要求标准太高，对资金互助社经营管理构成较大压力；其次是地方金融监管资源供给不足，监管难度大，因而监管主体对其设立支持的积极性也就不大。目前，从云南来看，一个县的银行监管机构核定的人数一般在 3~5 人，对现有银行业的监管已经非常紧张，如果再加上在乡镇和各个村社设立的农村资金互助社，监管资源极度短缺和有效监管难的问题就显而易见。

## 三　对策建议

下面主要对银保监会批准设立的农村资金互助社，同时也结合云南现有两类性质的农村资金互助社，提出相关发展建议。

**1. 出台相关法律法规**

目前我国对农村资金互助社的管理以《农村资金互助社管理暂行规定》为基础，参照银行业监管相关规定执行，缺乏一部专门的"农村金融法"来对农村资金互助社等进行统一管理与规范。目前农村资金互助社除有银保监部门设立的还有其他部门主管审批设立的，多头审批、多头管理，导致监管难度很大。鉴于此，云南可根据自己的实际情况，出台对农村资金互助社的管理实施细则，由政府牵头并联合以上几大主管部门，对各自监管主体、监管实施部门、监管对象、监管标准、进入与退出等内容进行具体规定，强化监管主体的责任，减少设立、经营管理与监管的随意性，提高合规性。

**2. 放宽准入政策，加强政策配套**

一是适当降低经营管理人员资格要求。只要是通过民主推选出来的，通过银保监部门培训考核达到合格标准，具备一定经营管理能力，不管其是否具备高中或中专及以上学历，甚至是初中学历，都可以成为农村资金互助社的主要负责人。

二是适当降低营业场所要求。在以熟人社会为特征的我国广大农村，一些村干部或村民召集开会或商量事情，大都在村委会、学校、村干部或负责人的家里等，因此，农村资金互助社可以设立在这些地方，并不一定要新建多么豪华气派的营业场所，尽量做到安全方便即可。

**3. 拓宽农村资金互助社融资渠道**

中国人民银行、银保监会、各级地方政府和金融机构应积极协调沟通，加大支持力度，尤其是在近年来我国农村实施精准脱贫攻坚战促使贫困农户尽快脱贫致富这一宏大背景下，充分发挥金融部门的精准扶贫作用显得至关重要。因此，尽快建立传统正规金融机构、大中型商业银行等与村镇银行、农村资金互助社之间的联结机制和帮扶机制，建立健全信贷资金批发机制，鼓励和支持大中小型金融机构如中、农、工、建、交、邮储银行，全国性和地方性股份制商业银行，农信社甚至村镇银行等各类正规金融机构对农村资金互助社这一真正来自民间基层且"阳光化"的"草根金融"，给予一定额度的信贷资金批发进行帮扶，同时将中国人民银行部分支农再贷款、社会资本等资金纳入其融资渠道，不断增强其资金规模与实力。另外，通过加大宣传，接受社会各界、民间各类组织以及国外的捐助资金，进一步拓宽其资金来源渠道。真正使以农户互助合作为前提、以农业生产为基础、以资金资本为纽带的农村资金互助社（很大程度上它比村镇银行更亲民、更接地、更扎根、更便捷、更有效）发挥出应有的积极作用，决不能因后续资金枯竭"断奶"而难以持续经营最后大部分以惨淡失败告终，步20世纪90年代农村合作基金会的后尘，这既是对农村资金互助社本身的考验，也是对政府及其他金融机构的重要考验。农村资金互助社作为真正属于农民自己的金融组织，应成为当前云南省"三农"金融服务改革发展的重点和着力点，这是一步好棋，这步棋活了，"三农"发展这一盘大棋就会更有希望。由此来看，想方设法攻坚克难，不断扩大农村资金互助社的资金来源渠道与规模，增强内在实力至为重要。

**4. 规范内部信贷制度，实行奖惩问责制**

通过建立并规范农村资金互助社内部信贷规章制度，防范从业人员出现经营风险和道德风险等一系列内在风险，从而提高经营管理效益。同时，为提高管理人员的工作积极性，必须实行奖惩问责制，对持续盈利、经营良好的农村资金互助社，政府部门、财税与金融机构等应尽可能予以政策优惠支持，如税收减免优惠与补贴奖励、利率优惠、贷款优先权、批发贷款以及业务培训指导等，对违规经营或持续亏损的农村资金互助社，该清理的要清理，该整顿的要整顿，并对相关责任人进行追究问责，给予必要的惩罚。

**5. 构建分级监管体制，加强风险控制**

当前，我国农村资金互助社金融监管真空与重叠并存，其原因主要是金融监管体制与相关制度还不健全配套。要解决这一监管困境，首先，要构建分级监管体制。目前县级银保监机构自身人力十分紧张，不可能对每家农村资金互助社都进行深入调研与监管，故建立由银保监局牵头组建的以大数据"互联网+"为平台基础的省、市、县、乡四级监管体系并辅之以随机抽查应是比较有效且可行的解决办法。其次，应明确监管主体的责任，对现已取得金融许可证的农村资金互助社应全部纳入各地区中国人民银行支行监管系统，对未取得金融许可证但在其他各部门审批通过的农村资金互助社实行"谁审批谁监管"的原则，并报备给地方银保监局，一方面让相关部门能够及时了解相关信息，另一方面也是业务指导监督的需要，为维护公平，监管者不能与农村资金互助社有任何利益关系。

**6. 加大政府财政税收优惠和保险力度**

一是政府应采取奖励措施，给予新设立的农村资金互助社一定数量的启动扶持资金；二是在税费上应该全部减免，发达国家如美国和德国，发展中国家如印度和菲律宾等都是如此；三是应将那些发展较好的农村资金互助社逐渐纳入现有存款保险制度中；四是实施"保险+信贷"合作机制，并设立农村资金互助社风险基金，通过风险分担形成补偿发展机制。

**7. 构建农村资金互助社的发展升级通道**

建议对那些达到并满足一定条件的农村资金互助社，可以转型升级为村镇银行或社区银行，使其有一个更大发展空间与更高目标，以服务更多人群，扩展服务范围，也使现有村镇银行真正名副其实、扎根村社，真正成为农民"自己的银行"。

**8. 加强从业人员培训，提高经营管理水平**

建立从业与管理人员联动培训制度，主要包括日常基本业务与运营管理知识、资金管理的技术与宏观经济金融政策等经济金融知识，以及经营管理能力与素质等方面的知识。

# 第五章

# 云南沿边金融开放中的农村金融
# 服务与业务创新研究

　　农村金融服务与业务创新主要是涉农金融机构在金融产品与业务上提供的专业性服务，与农村金融组织机构范畴相比，它属于业务范畴。近年来，云南省涉农金融机构提供和开发的产品与业务不断增多，且仍在不断创新之中。本章重点选取农村普惠金融、"三权三证"抵押贷款两种既普遍又创新的金融服务与业务进行研究，并提出相关对策建议。

## 第一节　云南沿边金融开放中的
## 农村普惠金融发展研究

　　目前，我国普惠金融的含义主要侧重于服务对象，具体是指那些低收入人群甚至贫困人群，所谓"普惠"，即"普遍惠及"之意，不只是高收入阶层，低收入群体同样应享有最基本的金融服务尤其是小额信贷服务，因而其发展至为重要，是一国金融发展水平的重要标志。而农村普惠金融则是农村金融发展的根本和基础，是农村金融业务发展与服务质量的重要体现，反映了最广泛的农民的呼声，其发展对于"三农"问题的根本解决具有重大意义。

## 一　云南省大力发展农村普惠金融的意义

大力发展农村普惠金融，不断提升农村金融服务的覆盖率和可得性，应成为当前云南沿边农村金融发展的重点与主要方向。其重要意义包括以下三个方面。

第一，发展农村普惠金融是农村经济结构调整与产业转型升级的必然要求。近年来，我国经济发展进入新常态，经济长期总体向好的基本趋势没有改变，但经济增速放慢、结构调整困难，有效需求乏力和有效供给不足并存，结构性失衡与矛盾短板凸显，走出持续的经济低迷困境仍需相当长的时间，农村经济发展方式与产业结构亟待加快转型升级步伐，加上严峻且复杂多变的国际经济环境，这是我国近年来经济发展面临的基本形势，云南也是如此。通过发展农村普惠金融，主动适应"三农"发展内在需求，使农村更多人群尤其是贫困人群享有最基本的金融服务，有助于加大对"三农"最基础和最薄弱环节的金融支持力度，促进农村产业转型升级，促进农村生产与消费，提升农村居民的获得感与满意度，进而有利于"三农"问题的尽快解决。

第二，农村普惠金融是农村金融改革发展的重要抓手。云南省农村金融机构尤其是以农村信用社为主的改革，基本上实现了"花钱买机制"的政策目标，农村金融在组织、制度、产品与业务等方面进行了一系列卓有成效的改革创新，使农村融资环境和融资结构得到根本改善，为"三农"快速发展发挥了重大积极作用。但与快速发展的"三农"需求相比，金融支持还很不够。因此，应大力发展农村普惠金融，充分调动以农村信用社（包括农商行）为主力的涉农金融机构的积极性，使其向更包容、广覆盖、多元化、竞争性、可持续的方向发展，按照普惠金融的原则理念开发出一系列农村金融产品与业务，从这个意义上可以说，普惠金融是"纲"，具体的金融产品与业务是"目"，"纲"举才能"目"张，普惠金融是重要手段。

第三，发展农村普惠金融还是解除农村金融抑制、实施精准扶贫和乡村振兴战略的重要环节。农村普惠金融发展的最终目标是减轻农村经济发展中的金融抑制，因为金融抑制的直接后果是机会不均等所引起的贫富收入差距扩大，因此普惠金融与农村反贫困具有很强的内在逻辑联系，因而可以理解为是反贫困、摆脱贫困、扶贫脱贫、精准扶贫的十分重要的内容与关键所在。精准扶贫，重点在农村，难点也在农村，2018 年"中央一号文件"提出了"乡村振兴战略"，其中可以看到，大力发展农村普惠金融是重要内容之一，它对于乡村振兴战略实施具有至为重要的作用与意义。由于金融在现代经济中的重要地位与作用，以及农村普惠金融拥有的金融资源及其配置方式使其自然成为经济发展的"第一推动力"和"持续推动力"。因此，实施乡村振兴，实现农业强、农村美、农民富的目标，根本动力在于农村普惠金融的发展。2017 年末，通过精准扶贫，云南省贫困人口下降到 300 多万，2018 年末进一步减到 180 多万，脱贫成效明显，近两年来通过攻坚克难，目前已彻底实现全省贫困人口的全部脱贫，没有一个民族被落下，其中普惠金融、金融精准扶贫、小额信贷和农业保险等应该说发挥了十分重要的作用。因此，大力发展农村普惠金融（小额信贷是普惠金融的主要表现形式），有利于广大农村居民包括贫困户与农村小微企业等能够平等、便捷地享受到金融服务，进而增加农户收入，促使企业生产发展，从而加快实现"农业强、农民富、农村美"的"三农"发展目标，在"共同富裕"道路上和实现"中国梦"进程中确保云南不掉队。

## 二　云南沿边金融开放中农村普惠金融发展现状

### 1. 大中型涉农金融机构积极践行普惠金融理念

大中型涉农金融机构是农村金融发展的"定海神针"与支柱基石。21 世纪尤其是西部大开发以来，云南省大中型涉农金融机构在"三农"方面发挥了越来越重要的作用。如农业银行云南省分行高度重视农村普惠金融发展，成立了"三农"金融事业部，并根据需要设立了"三农"会计核算、考核评价、信贷管理、风险管理、人力资源管理五个中后台管理中心，努力践行、大力推进"三农"金融服务，不断加大农业银行支持"三农"发展力度，取得了明显成效；邮政储蓄银行云南省分行按照"以能力贯穿质量、效益、规模""以流程贯穿前、中、后台""以客户贯穿客户经理、产品经理、风险经理"的原则和工作思路，通过设立普惠金融事业部，不断加快邮政储蓄银行"二次转型"的步伐，转型成效明显；农业发展银行云南省分行更是充分发挥了对"三农"发展的重大支持作用，成绩可圈可点，助推普惠金融深入发展。云南省大中型涉农金融机构积极推广小额信贷和扶贫小额信贷，地方政府以县为单位设立扶贫小额信贷风险补偿金，2017 年，全省有 93 个县（市、区）设立了扶贫小额信贷风险补偿金，共发放扶贫小额信贷 103.75 亿元，覆盖建档立卡贫困户达 23.32 万户，建档立卡贫困户获贷率达 26.65%，扶贫小额信贷覆盖了全省 118 个县（市、区）的 976 个乡（镇）5239 个村，受益农户户均年增收达 2000 元，普惠金融发展不断深入。另外，据中国人民银行昆明中心支行统计，云南省各类保险公司也积极开展普惠金融、普惠保险，2016 年以来新增农险险种 18 个，现已达 50 多个，基本覆盖了云南农业经济发展中地位重要的粮食作物、经济作物、大小牲畜和经济林木。积极引导行业开展价格保险、收入保险、"保险+期货"等新型险种试点。此外，近年来在脱贫攻坚中，金融精准扶贫也成为普惠金融的重要内容，据统计，2015 年至今，云南省金融机构累计发放金融精准扶贫贷款 4817.52 亿元，有 123.45 万建档立卡贫困人口、72.48 万已脱贫人口直接获得信贷支持。截至 2019 年末，云南省金融精准扶贫贷款余额达 2975.6 亿元，位居全国前列。

作为云南农村金融市场的"主力军"，云南省农村信用社以立足"三农"、面向"三农"为宗旨，在"三农"金融业务上更是不断开拓创新，保持快速发展态势。据中国人民银行昆明中心支行统计，截至 2018 年底，云南省农信社各项贷款余额达 5743 亿元，其中涉农贷款余额达 3330 亿元，占各项贷款的 58%。截至 2019 年底，云南省农信社各项贷款余额达 6156 亿元，其中涉农贷款余额为 3356 亿元，占各项贷款的 55%，为脱贫攻坚和"三农"发展提供了有力的资金支持。云南省农信社在"三农"政策的强力驱动下，积极开展"三农"金融服务与业务创新，大力发展普惠金融，实现了"两个不低于"目标，支农积极性不断增强，贷款力度不断加大。除涉农贷款指标外，农村信用社在农村金融服务网点设置、专业、技术、网络和信息等方面也有力地支持了农村普惠金融的快速发展，使云南农村金融发生了根本的变化，有力地促进了云南沿边经济社会的快速发展。

**2. 新型农村金融机构以普惠金融为己任快速发展**

新型农村金融机构主要有村镇银行、小额贷款公司和农村资金互助社。随着这些机构的不断增加，其业务也在不断发展，为普惠金融发展带来新鲜血液与活力、动力。据云南省地方金融监管局统计，近几年来，村镇银行发展加快，2015 年末，云南省村镇银行为 44 家，覆盖了全省 16 个州市，存款余额达 178.5 亿元，贷款余额达 134.4 亿元，支农支小贷款占比在 90% 以上；2016 年末，云南省村镇银行发展到 61 家，比 2015 一年增加 17 家，注册资本达 40.38 亿元，2018 年一直到 2020 年底，村镇银行为 73 家。村镇银行机构数量的增多，为普惠金融业务开展提供了最重要的基础，对"三农"的支持作用越来越大。

云南省小额贷款公司也得到快速发展，成为普惠金融不可小觑的一支重要力量。据云南省地方金融监管局统计，2008 年小贷公司试点时只有 10家，2010 年发展到 127 家，2011 年快速发展到 213 家，从业人员达 1857人，2014 年则进一步发展到 409 家，2015 年后由于各种原因下滑为 390家，2017 年下滑到 272 家，2018 年有所回升，达到 317 家，贷款余额为154.72 亿元，截至 2020 年 6 月底，云南有小贷公司 283 家，贷款余额为129.81 亿元，机构及其业务覆盖了全省 129 个县（市、区），在支农支小方面发挥了较大作用。

**3. 农村金融基础设施和服务实现全覆盖**

2010 年 3 月，云南省委、省政府出台专门文件，决定由省级财政拿出近 1 亿元，地方政府与涉农金融机构各拿出部分资金，用于解决全省 122个乡镇的金融网点与服务空白问题。通过努力，到 2010 年底，便彻底解决了长期以来全省农村金融服务空白、乡镇金融服务缺失问题，为普惠金融发展奠定了重要基础。据统计，截至 2016 年 9 月末，云南省 14262 个行政村已有 13312 个实现了基础金融服务覆盖，覆盖率达 93.3%，绝大部分村级基本金融服务实现全覆盖，从而在根本上解决了普惠金融的服务缺失与覆盖面问题。云南省农村信用社作为普惠金融的主力军，十分重视村级惠农支付点建设，截至 2018 年 5 月，累计拓展惠农商户 13578 户，已覆盖云南省所有县（市、区），占全省惠农商户总量的 73.34%。2018 年第一季度，云南省农信社惠农支付点累计受理消费、取款、缴费和转账交易

134.71 万笔，汇总交易金额 15.68 亿元，同比增长 16.15%。2019 年，云南省农信社创新推出银行卡"五朵金花"，农信金碧卡品种由 28 个增加到 33 个。云南省农信社积极利用大数据平台和金融科技，推进金融基础设施和服务不断升级。

**4. 农村普惠金融制度、产品与服务"三位一体"创新局面初步形成**

近几年来，云南省在农村金融制度创新、产品创新和服务创新方面不断加强，落实和完善涉农贷款税收优惠、增量奖励、定向费用补贴和集体林权制度改革等具体措施，积极引导更多信贷资金投向"三农"，确保涉农贷款增量和增速高于全省平均水平。另外，各地根据实际，开辟农户贷款"绿色通道"，扩大农户小额信用贷款、联户贷款和专业合作社贷款的覆盖面。农村"三权三证"融资抵押改革试点不断推进，2012 年，云南省选择 6 个县（市、区）进行了农村"三权三证"抵押贷款试点工作，引导涉农金融机构开展林权、农民住房和宅基地使用权、土地承包经营权抵押贷款，2014 年开始在全省推广，到 2015 年末，全省以"三权三证"为主的农村产权抵押贷款余额便发展到 240.26 亿元，"三权三证"抵押贷款成为云南全面深化农村金融改革的一大亮点和破解"三农"融资难困境的重要"抓手"与"突破口"。担保是银行信贷的重要环节，也是重要的"肠梗阻"，为此，省财政于 2015 年出资 20 亿元设立了云南省信用再担保有限责任公司，2016 年又出资 10 亿元设立了云南省农业融资担保有限公司，2 家政策性担保机构都在 9 个州市设立了分支机构，为"三农"发展提供融资担保服务。截至 2020 年末，云南省融资担保机构为"三农"主体提供融资担保在保余额 216.28 亿元，同比增长 37.22%，云南省农业信贷担保有限公司在全省 16 个州市设立 20 个办事处，业务已拓展到全省 129 个县（市、区）。目前，全省 129 个县（市、区）均开办"三农"保险，全省农业保险已发展到 22 个品种，农业保险基本覆盖了云南农业经济发展中地位重要的粮食作物、经济作物、牲畜和经济林木，政策性森林火灾保险、烟叶保险率先实现全省覆盖。积极引导行业开展价格保险、收入保险、"保险+期货"等新型险种试点。截至 2017 年 12 月底，累计支持 117 家小微企业，通过保证保险试点项目融资 2.6 亿元。2015 年全国第一个政策性农房地震保险项目在大理州试点，在三年试点期间共计提供农房直接损失风险保障 4.2 亿元，3 次地震共支付赔款 6353.76 亿元，并于 2018 年成功续保，目前正在协同相关部门争取扩大地震保险试点范围，推动天气指数保险试点工作。通过创新农村信贷、保险、直接融资、担保和信托租赁的各类金融产品与服务等，不断加大对农业产业化经营、特色农林产业、水利基础设施建设和扩大农村消费等方面的金融支持力度，对云南农村普惠金融的深入发展起到了重要推进作用。

**5. 加强宣传培训与平台建设，为普惠金融发展提供良好环境**

近几年来，云南省通过实施普惠金融体系建设及"小微企业融资便利化"和"支农支小"工程，使普惠金融理念与做法不断深入政府、金融机构、企业及农户等各类经营主体，这为普惠金融快速发展提供了较好的环境氛围。云南省地方金融监管局、中国人民银行昆明中心支行与相关金融机构部门等积极开展"小微企业融资超市日""金融州市行""征信知识""诚信文化""反洗钱""人民币反假""非法集资""投资者保护"等宣传活动，举办了各种专题培训班、研修班，以及各类论坛、峰会、产融对接会、招商会等，通过宣传、招商引资和相关培训、研讨活动，有力地推动了农村普惠金融的快速发展，农村居民的金融素养不断提高。

## 三　存在的主要问题

尽管近些年来云南沿边地区农村普惠金融取得了较快发展，但是目前也存在一些问题甚至深层次的障碍，归纳起来如下。

**1. 融资渠道仍然较为单一，融资体系还不完善**

目前，云南农村金融市场"融资难""融资贵"问题仍普遍存在，融资渠道仍集中于正规的大中型涉农金融机构如农村信用社、农业银行、邮政储蓄银行和农业发展银行等所提供的银行信贷，其他如股权、债券、基金、保险、典当租赁及小微金融等融资渠道、融资方式与融资平台严重不足，虽然有的已得到一些发展，但运用还很有限也很不充分。融资渠道狭窄单一，融资体系还不完善，融资区域发展布局不平衡，在很大程度上影响到融资数量与规模，是农村普惠金融发展面临的首要难题。

**2. 农村金融产品创新和融资增信平台作用发挥不够**

尽管近年来云南省涉农金融机构各显神通进行了较大力度的产品业务创新，如基于"三表三品"（水表、电表、税表，人品、押品、产品）的信贷产品和基于还款方式创新的部分贷款产品等，但这些金融产品创新还需要相关部门和金融机构不断进行探索与深入推进，并不断开发出更贴近小微企业和农户特点及其需求的各类信贷产品。从 2013 年以来在云南全省迅速推广的"三农"金融服务改革试验中的"三权三证"抵押贷款试点来看，虽然开始时推进速度很快，但近些年来由于法律法规、配套措施、部门协同配合，以及国内外经济金融形势、金融风险监管和具体操作层面等多重因素的影响，其发展速度明显放慢，其他的金融产品与业务创新也在此环境下受到一定程度的影响。

在融资增信平台上，尽管设立了云南省信用再担保有限责任公司和云南省农业信贷担保有限公司两家政策性担保机构，两家机构在部分州市也设立了分支机构，但资金实力不足，作用影响不大。总的来看，目前云南各地投融资担保公司或信用担保公司发展普遍存在少小散乱问题，即数量少、规模小、分散以及管理混乱，资本实力不足，且鱼目混珠良莠不齐，导致经营困境重重，增信担保能力较弱，再担保机制作用也不明显，这严重制约了云南农村普惠金融、"三农"金融的发展。

**3. 涉农金融机构支持"三农"普惠金融发展力度还不够**

尽管近年来在国家政策的大力推动下，云南省涉农金融机构普惠金融业务得到较快增长，但总体上看，农村信贷供需仍存在较大缺口，尤其针对广大农户、小微企业、农民专业合作社等支农、支小的信贷供给难以满足需求，还需要进一步加大信贷支持力度。受农村产权融资相关法规政策体系和产权管理服务体系不完善，风险补偿机制和激励机制不健全，以及"三农"产权融资保证保险及担保机构、抵押物处置机制和农村资产评估体系尚未有效建立等多方面的影响，目前云南省以"三权三证"为代表的农村产权抵押融资的基础仍然薄弱不稳，难评估、难流转、难处置等问题普遍存在，潜在金融风险较大，很大程度上制约了涉农金融机构开展农村产权抵押贷款的积极性。同时，众所周知的"三农"高风险性特质也使涉农金融机构长期以来不愿意更多对其发放贷款，如果没有国家强力的政策支持优惠是难以使这部分资金进入"三农"领域的。因而从这一角度看，国家对涉农金融机构的支持如减税降费等财税政策、差别准备金率与定向降准及再贷款等金融政策也应进一步加强倾斜，以激发涉农金融机构的积极性，调动更多的信贷资源助力"三农"普惠金融的发展。

**4. 涉农金融机构资产质量不容乐观，影响了资金进一步投放**

以云南省农村信用社为例，经过前些年的改革转制，其逐渐实现了农村商业银行的发展定位，但近年来其经营管理效益开始止步不前，包括改制而来的农村商业银行在内，不良资产开始增加，据估算现有的农信社包括改制而来的农村商业银行不良贷款率可能在5%以上，官方公布的数据大致在3%以下，经营利润逐渐下降，潜在金融风险开始显现，可持续发展受到严重挑战。云南省农业银行、农业发展银行与邮政储蓄银行的资产质量及其潜在的金融风险近年来受经济下行走势的影响也不容忽视，尤其是涉农贷款这一块更是会受到较大影响。而村镇银行、小贷公司等由于内外部主客观原因的影响，其经营管理也存在各种问题与困境，这些势必影响其资产质量与资金进一步投放，对普惠金融发展形成制约。

**5. 农村征信体系不健全，金融法制建设落后**

云南沿边地区农村征信体系建设比较落后，社会信用服务市场化程度较低，中介服务发展不足也不规范。同时，农户与小微企业等经济主体的金融意识较弱、信用意识较差，逃、废金融债务现象时有发生，有的地方甚至较为普遍。由于农户个人及小微企业的征信体系未能全面系统建立，金融机构对贷款对象所蕴含的风险难以进行评估与实时有效监测。另外，农村金融专门人才严重不足，农村金融法制建设也不健全，如"农村金融法"也一直未能出台，这对于"三农"金融发展不能不说是一个重大缺憾。

**6. 农村普惠金融运行环境较差**

经济决定金融，农业是弱势产业，农业的规模化、产业化、集约化和科技含量低，决定了"三农"金融必然具有交易成本高、风险大和回报率低等特点。近些年来，在脱贫攻坚和乡村振兴战略背景下，虽然国家采取了一系列支农、惠农、强农政策，一定程度上促进了"三农"的快速发展，如村容村貌的巨大变化，但是云南省农村经济社会发展基础仍然较为薄弱，农村经济结构与产业结构转型升级难度大，农业发展较为缓慢，三产融合发展难度大，农产品价格波动幅度较大，农民收入增长不确定，脱贫返贫及脱贫可持续性问题依然是重大难题和风险所在，这些外部环境基础因素会极大地影响云南农村普惠金融健康快速发展。据了解，目前部分在县域设立的银行、保险分支机构为了追求高利润回报，欲将其视角从农村转到城镇，从小额贷款转到中大项目贷款，从农业转到工业旅游业，一定要注意和防止这种离农脱农、不利于"三农"发展的信贷倾向。由于外部环境差，农村资金"虹吸"外溢较多，给农村普惠金融运行带来严重损害，没有较为充分的资金作保障的农村金融生态环境是不可能支撑农村经济的正常发展的，因而是不可持续的，"三农"问题的解决也必然化为泡影。

## 四 对策建议

### 1. 涉农金融机构应深入研究"三农"金融需求与特点

作为涉农金融机构，一定要深入调研和掌握农户与小微企业等"三农"经营主体所面临的问题，如是否面临贷款难和信贷约束，贷款难的原因何在，他们究竟需要什么样的金融服务、金融产品与金融机构，贷款对象拥有及能够提供什么样的抵押担保品，抵押担保是否增大借贷成本，借款人能否承受以及贷款偿还时间等，目的是随时发掘和找到农村金融体制建设和机制创新的动力和来源，发现"三农"经营主体实质性难点与真实性金融需求，在提供并满足"三农"金融服务需求上找到着力点与利润来源。因此，涉农金融机构首先要深入调查研究，根据不同"三农"经营主体季节性、周转性和临时性等的资金困难及其他金融需求，及时发现新问题并研究讨论，有效解决，真正设身处地为"三农"着想，为他们排忧解难，深知只有"三农"发展了，扶持起来了，收入增长了，立足"三农"、面向"三农"、依靠"三农"的涉农金融机构也才会最终从中获益。因此，涉农金融机构与"三农"经营主体之间完全是一种互益共生、共存共赢的关系，谁都不能离开对方，谁都离不开对方。

**2. 进一步加强农村普惠金融组织与产品业务创新**

首先，努力构建和完善云南沿边农村普惠金融服务组织体系。加快构建多层次、多类型、广覆盖的农村普惠金融组织体系，包括农村正规金融机构和非正规金融机构。除了农业银行、农业发展银行、邮政储蓄银行、农村信用社和农村商业银行等大中型银行金融机构积极开展普惠金融业务外，还要充分发挥农村小微金融组织机构在"三农"金融服务中的重要作用，适度放宽市场准入，积极引导社会资本、民间资本和国内外资本发起设立适应"三农"需要的各类新型农村金融组织，实施农信社组织创新使其快速成功转型为农村商业银行，加快发展村镇银行、小额贷款公司、民营银行、农村资金互助社等新型农村金融机构。鼓励支持资本管理公司、投资管理公司、民间融资登记服务公司、融资租赁公司、融资担保公司、股权投资基金、保险公司、金融科技公司等各类小微金融机构在规范与监管前提下积极开展组织、产品与业务创新。在组织创新的同时，一定要注重各金融组织的分工与协作机制，其分工与协作不仅要做到宏观总体战略与功能上的互补，还要在具体的产品和服务上体现创新与差异，重点应在不同类型金融组织如政策性、商业性、合作性和民间性金融等提供的产品和服务上，各自的针对性与适应性协调配合要进一步加强。不同类型金融组织要立足于农村经济与农村金融市场的需求环境及其变化，制定新产品、新业务的设计目标、基本原则与一般程序，不断开发出适合"三农"发展需要的金融产品与业务。要从边疆民族地区的实际出发，在政府引导、市场主导以及政府与市场关系协调配合下，探索创新各类金融组织的动力机制、管理机制、约束激励机制、考核评估机制和监管调控机制等，其根本目的是以组织创新带动组织再造，以人为本，充分调动和发挥人才的积极作用，从而进一步在产品和业务发展上提供坚强的组织保障。

其次，积极拓展多形式的融资渠道，不断加大金融产品和业务创新力度。多元化和多样化的资金来源是农村金融发展的基础和保证。一般来看，涉农金融机构可以利用的融资渠道与形式主要有国际金融组织贷款、国外企业和个人资金、中央财政拨款、财政扶贫资金、社会捐赠资金、NGO 资金、发行债券与股票、发行基金、正规金融机构及小额信贷组织贷款、农村集体与农户自有资金、各种委托贷款和各种批发资金等，但是一定要注意让多元化、多样化的资金来源成为农村金融发展源源不断的保障。一定要打破所有制界限，只要合理合法，就应不管国内外资金还是民间资金，都应为我所用，充分吸收，因为对银行来说最重要的始终是存款，而存款决定着贷款，否则普惠金融进而"三农"问题的解决就会成为无源之水、无本之木。同时，要加大金融产品和业务的创新力度，要针对各地"三农"的不同特点与贷款对象的差异，及时、科学合理地开发设计出不同的金融产品与业务，以满足"三农"经营主体尤其是不同小微企业和不同收入水平农户的差异化、多样化金融需求，防止产品的同质化、标准化与老化，因为金融产品与业务创新是金融机构发展的关键，没有产品业务创新，金融机构将在根本上难以立足和发展，更谈不上竞争力。我们认为，当前云南应继续深入推进以"三权三证"抵押贷款为突破口的"三农"金融服务创新，大力发展普惠金融，在加强金融监管和风险控制条件下，系统总结经验教训，积极创造实施条件，防风险更要防惰性慵懒不作为，要勇于创新，迎难而上，攻坚克难，以此快速打开云南省当前"三农"金融与普惠金融发展新局面，破除农村经济要素不能交易流动的"短板"制约，以全面推进云南普惠金融、"三农"金融的持续深入发展。

最后，云南农村普惠金融发展应实现开放性、市场性、地方性和民族性的有机结合，形成"四位一体"模式，通过模式创新实现体制、机制、组织、产品、市场等一系列创新，促使普惠金融发展找到着力点、兴奋点。这里所讲的"四性"，其中开放性是指云南普惠金融发展首先要对国内外开放，并进一步加大开放力度，尤其是对云南沿边国家开放，要通过拥有的得天独厚的区位优势，不断加大沿边金融、跨境金融的开放探索，形成经验与示范，这对于完成中央和国务院赋予云南的重要使命（《总体方案》），以及当前我国为应对美国挑起的贸易战而宣布实施的包括金融在内的一系列扩大开放政策具有极为重要的意义；市场性是改革发展的内在要求和基本导向，普惠金融发展必须体现和反映市场改革这一主线要求，在处理市场与政府关系时要尽可能地发挥市场的主导和决定性作用；地方性是金融改革必须符合云南各地实际情况并充分调动发挥地方政府的积极主动性，金融改革既要有全国统一性，又要有地方特殊性，在此，地方政府确实发挥着十分重要的作用，肩负着地方金融发展的重要职责，必须强调并引起高度重视；民族性则是云南作为民族地区而言地方金融发展的进一步延伸，是逐渐形成或培育而成的带有民族传统文化生活习惯等因素的金融行为，其必然具有民族的烙印，可以在金融组织、体制机制、产品业务等方面进行尝试与创新。

### 3. 进一步强化完善普惠金融财税政策支持体系

财税政策支持体系作为农村普惠金融、反贫困和精准扶贫的重要和必不可少的内容，应当被充分利用并发挥其财税政策作用，以实现其特定目标与任务。当前云南农村普惠金融发展，需进一步强化财税政策支持体系，发挥其合力，打好"组合拳"。具体建议：一是要进一步加大中央及云南地方政府对涉农金融机构尤其是小微金融机构及其涉农贷款的财税支持力度。二是继续加大财政对"三农"发展的战略性、基础性资金投入，如道路交通、水电通信、教育卫生、农业灌溉、环境整治等。三是积极争取中央财政支持，系统梳理并用好现有各级财税优惠政策，尤其是对小微企业、民营企业的减税降费应落到实处，在当前经济发展不断下行、社会资金十分短缺的条件下，重点选择和鼓励支持那些急需发展的产业、产品、领域和龙头企业、小微企业、民营企业等就显得至为重要。2017年1月6日，云南省人民政府印发《云南省产业发展规划（2016—2025年）》，提出了未来十年云南要着力发展打造八大重点产业，即生物医药和大健康产业、旅游文化产业、信息产业、现代物流产业、高原特色现代农业产业、新材料产业、先进装备制造业、食品与消费品制造业，以形成经济增长新动力。针对八大重点产业，应在财税政策、资金、人才上确保其得到优先保证、重点发展。四是对涉农金融机构应给予较大幅度的税收减免、财政贴息和定向费用补贴，对涉农贷款增量实施奖励并加大奖励力度，对涉农金融机构建立"敢贷、愿贷、能贷"的考核激励机制，尤其是对主要负责人或探索创新者实行激励机制和"容错纠错"机制，使其打消不敢担风险的"畏贷"和守旧情绪，以提高涉农金融机构支持"三农"发展的信贷积极性和能动性。

### 4. 完善农村普惠金融法律体系

建议尽快出台"农村金融法"，使农村金融活动有法可依，有法必依。尤其对于近些年来快速发展的新型农村金融机构，虽然对其组织设立发展进行了一定的规范，但按照法律效力层级来看，这些新型农村金融机构的指导意见或暂行规定的位阶都较低，许多规定基本没有法律效力。在农村金融和普惠金融立法中，一定要赋予民营金融资本的合法地位并保护其所有人的合法财产不受侵犯，注重其进入门槛适度、贴近大众、扎根农村的特点，使其阳光化、正规化和合法化，通过建立存款保护制度、消费者权益保护制度、财税减免优惠制度、风险监测防控制度等，使其得以正常稳定健康发展。

**5. 不断加大和完善农村普惠金融基础设施建设**

农村普惠金融基础设施建设包括软、硬两个方面，一般由征信体系、担保体系和支付体系三方面构成，金融基础设施建设对于农村普惠金融发展具有重大推动和提升作用，能够反映一个地区农村金融发展的质量与水平。

首先，抓好征信体系建设，做好基础信息收集与处理。征信体系建设可以降低涉农金融机构服务农户、小微企业的交易成本，解决借贷双方的信息不对称进而降低或减少可能存在的道德风险和逆向选择，减少信用风险并控制金融风险，最终提高金融机构与市场的竞争力与稳定性，中国人民银行应积极牵头抓好此项工作，并不断加大投入开发力度。涉农金融机构应积极主动与中国人民银行等进行互联共享信息服务，建立多层次的农户与农村小微企业信用档案平台，包括建档立卡贫困户的信息，从中筛选出具有产业基础和劳动能力的贫困户进行精准识别、精准扶持与精准考核，提供及时安全、快捷高效的普惠金融服务。同时还应培育发展从事农民与农村小微企业信用信息服务的市场化、独立化的征信机构，利用大数据、"互联网+"与金融科技手段不断降低农村普惠金融服务的征信成本。另外，征信体系也是信用体系建设的根本和当代法制社会的体现，随着社会不断发展，除了社会伦理道德约束这个软约束之外，制度约束这一硬约束的征信体系的全面有效建立，也是维持信用市场发展的重要保证力量。

其次，抓好担保体系建设，重点解决农村土地等要素资本化、市场化，实现农村资产与金融的有机结合。担保体系建设可以减少金融机构的经营风险，提高金融机构为农户和小微企业发放贷款的积极性，从而提高其信贷供给。大多数农户缺乏金融机构所需要的抵押担保物，所以积极推进与农民直接相关的资产如土地、宅基地、住房、林地、草地等农村要素资本化、市场化，实现其与金融的有机结合便成为农村经济与金融改革的内在要求。当前对云南来讲，一是要继续推进农村"三权三证"抵押贷款制度，总结经验，控制风险，积极创造有利条件，将工作做细做实。二是建立高效的农村土地流转和交易市场，鼓励农业用地通过入股、联营、转让、出租等多种方式实现农民对土地的财产权益。三是建立农村股权交易和产品要素交易市场，包括企业股权拍卖交易、发明专利等知识产权交易、劳动力市场和农业特色产品交易市场，其交易方式可采取现货与期货两种。这些具有现代市场经济特征的农村市场的建立与发展，将成为当今我国现代农业、美丽农村和职业农民转型发展的一个重要内容方向。四是努力构建省、州市、县多层次担保体系，其性质可以是政策性和商业性的，应重点体现政府搭台、企业主导、市场运作原则，同时应尽力降低担保费率，从而降低借款人借款成本，促使市场各方能够积极参与进来，最终打通银行信贷资金供求的"肠梗阻"。

再次，抓好支付体系建设。支付体系主要由支付工具、支付系统、支付服务组织和支付体系监管等要素构成，其建设的核心目标是安全与效率，中国人民银行肩负重要职责与使命。为"三农"经济主体提供优良的存取款、结算及支付工具等最基本的金融基础设施服务，是农村普惠金融的重要内容。当然，不仅要提供基本的、必要的以上金融基础设施与服务，还要做到设施先进、服务高效、安全便捷，这就首先要求对现有涉农金融机构老旧、落后设施进一步改造升级。目前总体来看，云南沿边地区农村现有的以存取款、结算及支付体系为主的农村金融基础设施建设尽管比以前有很大进步，但是与城市、省外发达地区和现实需求相比还有较大差距，还不能满足涉农金融机构向广大农户和小微企业等农村经济主体提供优质服务和业务创新的要求，还不能较好地支持现代农村金融组织转型改革、沿边金融进一步开放和金融产品服务与流程创新，因此，全面升级改造现有落后金融基础设施、打造金融科技迫在眉睫。下一步的重点可以从以下几个方面强力推进：一是中国人民银行牵头负责组织协同各金融机构与相关企业做好总体规划设计，尤其要注意支付系统与证券结算系统、金融机构内部系统、网上支付系统等其他系统之间的协调，增强各系统之间的兼容性、关联性和应变性，并根据相关标准加强对支付体系的监管；二是改进偏远贫困地区落后的通信设施和网络设施，对老旧落后设施升级换代，以现代金融科技的不断创新发展，保障基础性新型存取款、结算及支付工具与服务等在这些地区的推广应用，使其真正惠及农村所有人群；三是继续加大"村级农信惠农支付点等助农服务终端+POS机+网上银行+手机支付"等金融服务创新，不断推进"电商服务点+惠农支付点+农户+专业合作社（或小微企业）"等多种服务模式，实现产融、供销、生产与消费、教育与医疗等所有领域与金融的全面对接、深度融合，真正实现以强大的金融科技服务"三农"发展的能力与水平；四是不断普及和加大金融知识的宣传与培训力度，提升金融素质，尤其是老人、妇女，由于受教育程度较低、与外界联系较少和接受新事物相对较慢，需要经常性、有针对性地开展金融知识的宣传与相关金融产品业务以及支付操作的培训，如普及互联网、网上银行、手机上网、电子商务、POS机、微信与支付宝等方面的知识，学习掌握以上方式基本的存取款、结算及支付操作技能。涉农金融机构及其监管部门应根据"三农"特点与需求，学习云南旅游部门近年来推出的"一部手机游云南"的做法，不断创新金融产品业务，简化业务流程，在安全高效条件下，研发出适合"三农"尤其是以上人群的互联网支付产品等新型金融工具，以普惠金融和无现金社会理念，实现广大农村用户金融交易水平的全面提升。

最后，高度重视与加快农村金融人才培养，为普惠金融发展提供高素质金融管理人才。人才永远是农村普惠金融发展中最重要、最核心的金融基础设施，属于软件，处于最核心、最重要的地位，发挥最关键、最重要的作用，无论如何拔高都不为过。因此，高度重视和加强农村金融人才的培养与建设，通过高等院校、职业院校、函授、单位培训等多形式、多渠道，共同培养农村金融发展所需要的经济金融人才至为重要。同时，还可广泛利用电视广播、报纸杂志、数字媒体、网络手机、"互联网+"、现场宣讲、操作示范等多种形式与活动，加强农村金融知识普及宣传和金融产品业务实操训练活动，使之进村入户，不断提高农民金融知识水平、金融意识与基本金融业务实际操作能力。

### 6. 进一步加强农村普惠金融风险防范与监管

风险防控是金融业发展永恒的主题与首要问题。云南省农村普惠金融发展，如何正确处理好提供普惠金融服务和保证金融安全的关系是当前需要积极探索和不断完善的。随着农村经济金融的快速发展，农村金融制度、产品业务等不断创新，由此带来了各种新情况、新问题，应认真深入调研并及时解决，以维护、保障市场参与者的合法权益，防范金融风险发生与扩散，一旦发生金融风险，要有危机应对处置机制。同时，加强金融监管，既是一个地区金融市场规范和良性发展的需要，也是引入适度竞争、提高普惠金融效率的基本前提。为此，我们当前要做好以下工作。一是完善农村普惠金融监管体系，加强监管协调，保证监管的一致性和协同性。其基本框架分为政府部门监管（中国人民银行领导下的银保监会、证监会）、行业协会自律、金融机构内部监管和市场纪律四个层次，各部门机构应各司其职、协调配合，从严全面监管无死角。二是针对贫困地区实现对涉农金融机构如农业银行、农业发展银行、邮政储蓄银行、农村信用社、农村商业银行等大中型传统金融机构和村镇银行、小额贷款公司、农村资金互助社等新型农村金融机构的分类监管和差别化监管，主要根据各自涉农贷款数量及其占比，给予一定的财政金融政策倾斜优惠，支持其面向"三农"、立足"三农"、扎根"三农"，实现可持续发展。三是与时俱进改进金融监管手段、方法与技术，通过运用互联网技术，建立各类数据信息监管平台，做到事前预测、事中监测和事后处置的一体化全方位及时有效监管，形成有力的信息共享与政策协调机制，严防出现系统性金融风险，对出现的问题要及时处置、实施隔离并发布预警，系统全面分析，防止风险扩散，并做好舆情管控。

### 7. 打造良好的农村普惠金融外部环境

首先，政府应转变思维观念，高度重视农村普惠金融发展。可以说，普惠金融是农村金融发展的根本，抓住了普惠金融这个"牛鼻子"，农村金融问题便抓到了实处与要害，这也是近年来国内外普惠金融无论理论研究还是实践都得以快速发展的原因所在。而农村普惠金融发展，除了涉农金融机构身体力行，还离不开政府的大力宣传、推动与政策支持，对于云南而言，当前农村普惠金融发展必须遵循前已述及的开放性、市场性、地方性和民族性"四位一体"模式与原则要求，但政府的理念转变、积极推动与强力支持是至关重要的。

其次，必须大力发展农村经济，努力打造云南特有的高原特色农业，不断提高农民收入，使农村普惠金融与农村经济互相促进，形成良性发展。从两者关系上看，经济发展决定着金融发展，经济发展是金融发展的前提和基础，而金融发展则是经济发展的保障和引领。持续发展的农村经济与良好的产业结构以及农民收入的持续稳定提高，有利于普惠金融的深度发育与优良金融生态环境的形成。

再次，农村要素市场如云南农村要素市场交易所、农产品期货交易中心、农村产权交易市场等的设立，能够盘活农村闲置资产资源，赋予农民应有的一定财产承包权、支配权和使用权，使之具有应有价值并合理流动，能较好地润滑供给与需求，满足市场需要，也能减少农产品价格波动，从而防范和降低各种风险，也能在跨境农产品贸易上掌握价格主动权，无论对农户还是企业都是十分有益的。农村要素市场交易所等的设立，不仅能全面提升云南农村普惠金融的发展水平，也十分有利于云南农村经济发展和沿边经济的整体全面开发开放，提升了其市场化程度，促其上水平、上档次，也是经济治理和社会治理能力的重要表现，这一重要机制与制度安排可以说是云南省农村普惠金融和农村经济深度发展的重要保障。

最后，要使金融机构进得来、留得住，必须在政策上做好文章，使其在经营上能够顺利展开，在财务上能够可持续，做到保本微利经营，实现可持续发展。因此，建议对涉农金融机构在利率浮动、存款准备金率、贷款贴息、信贷规模控制、财政税收以及人才方面等采取一系列鼓励、支持与优惠措施。

# 第二节　云南沿边金融开放中的农村"三权三证"
## 抵押贷款问题研究

本节主要对近些年来云南省开展的农村"三权三证"抵押贷款业务试

点发展情况与问题进行深入分析，提出进一步发展的措施建议。本节研究旨在，使农村"三权三证"抵押贷款这一重大农村金融产品业务创新，能够真正成为云南沿边农村金融发展的重要"突破口"和"抓手"，将云南省"三农"金融服务改革创新推向纵深发展。

## 一　基本背景

所谓农村"三权三证"，是指农户房屋与宅基地使用权、土地承包经营权、林权及其权证。在我国，由于多种原因，以上这些资产长期处于"沉睡"状态。如何盘活这些资产，使其运转起来并发挥其潜在的应有的价值作用，是"三农"金融改革创新试验面临的重要问题。

近些年来，党中央、国务院针对农村"三权三证"抵押融资问题做出了一系列重要指示和要求。2013 年 11 月，中共十八届三中全会提出要赋予农民更多财产权利，土地承包经营权、农户宅基地与房屋所有权等可以抵押担保。2013 年 7 月，国务院办公厅发布《关于金融支持经济结构调整和转型升级的指导意见》，明确提出"鼓励银行业金融机构扩大林权抵押贷款，探索开展大中型农机具、农村土地承包经营权和宅基地使用权抵押贷款试点"。2013 年，中国银监会、国家林业局发布《关于林权抵押贷款的实施意见》（银监发〔2013〕32 号），指出可以接受借款人以其本人或第三人合法拥有的林权作抵押担保发放贷款。2014 年，中央一号文件提出"允许承包土地的经营权向金融机构抵押融资"。2014 年 5 月，国务院下发了《开展农村土地承包经营权抵押贷款试点的通知》。2014 年 11 月，中共中央办公厅、国务院办公厅又印发了《关于引导农村土地经营权有序流转发展农业适度规模经营的意见》。2015 年，中央一号文件再次强调要"做好承包土地的经营权和农民住房财产权抵押担保贷款试点工作"。2015 年 8 月，国务院印发了《关于开展农村承包土地的经营权和农民住房财产权抵押贷款试点的指导意见》（国发〔2015〕45 号），正式启动全国"两权"抵押贷款试点工作，明确要求由中国人民银行牵头成立工作指导小组，指导地方政府开展试点，并做好专项统计、跟踪指导、评估总结等相关工作。全国人大常委会于 2015 年 12 月 27 日通过决定，授权国务院在部分试点县（市、区）行政区域分别暂时调整实施有关法律规定，并于 2017 年 12 月 27 日延长授权至 2018 年 12 月 31 日（共计三年试点时间），为开展"两权"抵押贷款试点提供了重要法律支持。全国共选取了 232 个县（市、区）试点农村承包土地经营权抵押贷款、59 个县（市、区）试点农民住房财产权抵押贷款。云南进入"两权"抵押贷款试点的有 9 个县市，其中开远市、砚山县、剑川县、鲁甸县、景谷县和富民县试点农村承包土地的经营权抵押贷款，大理市、丘北县及武定县试点农民住房财产权抵押贷款。中国人民银行昆明中心支行牵头并成立了省级"两权"抵押贷款试点工作小组，制定工作规则，起草并报请省政府办公厅印发了《云南省开展农村承包土地的经营权和农民住房财产权抵押贷款试点实施方案》（云政办发〔2016〕41 号），部署落实相关工作安排。2016 年 3 月，中国人民银行、银监会、保监会、财政部及农业部五部门联合印发《农村承包土地的经营权抵押贷款试点暂行办法》和《农民住房财产权抵押贷款试点暂行办法》。两个"办法"从贷款对象、贷款管理、风险补偿、配套支持措施、试点监测评估等方面，对金融机构、试点地区和相关部门推进落实"两权"抵押贷款试点明确了政策要求。

而云南，早在 2010 年便开始了农村"三权三证"抵押融资试点，沿边"金改"则将这一重大农村金融创新不断推向高潮。2016 年初，云南 9 个县市的全国性"两权"抵押贷款试点工作正式启动。因此，在沿边金融开放背景下，重点研究云南农村"三权三证"抵押贷款（包括"两权"抵押贷款）试点开展的情况与问题，并提出相应的对策建议，对于云南沿边农村金融的快速发展有着极为重要的理论与现实意义。

## 二 云南省农村"三权三证"抵押贷款试点情况与成效

### 1. 试点范围广，发展速度从高速转向滞缓

2010 年 9 月，昆明市率先启动了以农村"三权三证"抵押贷款为重点的"三农"金融服务改革创新试点，2012 年云南省选择了开远、富宁、隆阳、富源、晋宁、东川 6 个县（市、区）深化试点，2013 年扩大到 44 个县（市、区），2014 年在全省范围全面实施，从而掀起了全省"三权三

证"抵押贷款试点的高潮。

确权、颁证是"三权三证"抵押贷款的基础。据云南省金融监管局资料，到 2015 年末，云南全省 129 个县（市、区）已有 80 个县（市、区）开展了农村土地承包经营权确权、颁证试点工作，有 53.49% 的县进行了整县土地承包经营权的确权、颁证，剩下的 46.51% 的县开展了至少一个乡、镇的确权、颁证试点工作。2016 年云南省对 60 个县进行全面的农村"三权"颁证，确权颁证工作要求到 2017 年底全部完成，并建立起承包土地等数据库和信息化管理系统，实现从中央到县四级系统模式。据云南省农业厅统计，农业部已于 2016 年初批准云南省进入全国土地确权"整省推进"试点，至 2016 年 6 月底，云南省已有 119 个县（市、区）652 个乡镇 5612 个村开展了工作试点，已调查农户 261 万户，确认家庭承包耕地 1782 万亩，占家庭承包耕地面积的 42%。同时，全省家庭承包耕地流转总面积达 789.8 万亩，比 2015 年同期增加 7.8%，流转率为 18.8%，2010 年至 2015 年，全省家庭承包耕地流转率分别为 9.2%、10.9%、12.6%、14.9%、17%、17.8%（王淑娟，2016）。截至 2018 年底，云南省所有县（市、区）都已经开展农村土地确权登记颁证工作，共颁发承包土地经营权证书 650 余万本，已颁发数占调查农户的比例达 70%。截至 2019 年底，云南省累计确权面积达 1.09 亿亩，占应确权面积的 98.6%，确权农户 877.36 万户，承包耕地流转面积 893.2 万亩，土地经营权抵押融资贷款余额 5.83 亿元。

2016 年 3 月，云南省开远市、砚山县、剑川县、鲁甸县、景谷县及富民县 6 个县市被正式确定为全国农村承包土地经营权抵押贷款试点，大理市、丘北县及武定县 3 个县市被正式确定为全国农民住房财产权抵押贷款试点，更将云南省农村"三权三证"抵押贷款试点推向深入发展新阶段。

据中国人民银行昆明中心支行统计，截至 2015 年末，云南省以农村"三权三证"为主的农村产权抵押贷款余额为 240.26 亿元，比 2010 年增长 395.39%，其中林权抵押贷款余额 162.87 亿元，农民住房财产权抵押贷款余额 56.80 亿元，农村承包土地经营权抵押贷款余额 5.40 亿元，农民专业合作社贷款余额 12.64 亿元，观赏苗木权抵押贷款余额 2.08 亿元等。林权抵押贷款在"三权三证"抵押贷款中遥遥领先，连续多年位居全国前列。从表 5-1 可以看出，2015 年至 2019 年，云南省"三权三证"抵押贷款余额分别为 225.07 亿元、200.94 亿元、168.80 亿元、149.43 亿元、133.62 亿元，2015 年为最高，然后逐年开始下降，可见，云南省"三权三证"抵押贷款经过前期的快速发展，近几年来处于明显的滞缓下降阶段。

表 5-1　2015~2019 年云南省"三权三证"抵押贷款发展情况

单位：亿元

| 年份 | "三权三证"抵押贷款余额 | 林权抵押贷款余额 | 农民住房财产权抵押贷款余额 | 农村承包土地经营权抵押贷款余额 |
|---|---|---|---|---|
| 2015 | 225.07 | 162.87 | 56.80 | 5.40 |
| 2016 | 200.94 | 145.52 | 50.48 | 4.94 |
| 2017 | 168.80 | 124.03 | 38.00 | 6.77 |
| 2018 | 149.43 | 112.74 | 29.49 | 7.20 |
| 2019 | 133.62 | 103.57 | 25.69 | 4.36 |

资料来源：中国人民银行昆明中心支行。

目前云南林权信息管理系统和林权交易平台已实现全省 16 个州市 129 个县（市、区）全覆盖，建立三级林权管理服务机构 141 个。2016 年 2 月，中国首个林业大数据中心和林权交易（收储）中心在昆明揭牌，建成后林业创新资源有望实现全国乃至全球共享。为保障此项改革顺利推进，全省开设新的农业保险险种达 20 多个。

**2. 政策措施逐步配套**

一是制定出台了一系列制度文件。为确保农村"三权三证"抵押贷款试点工作快速推进，自 2010 年以来，云南省政府逐步出台了《推进"三农"金融服务改革创新试点工作方案》《关于推进农村土地承包经营权流转的实施意见》《关于推进农村居民房屋所有权及宅基地使用权流转的实施意见》《关于完善林木林地流转管理的实施意见》，以及《农村土地承包经营权抵（质）押贷款暂行办法》《农村房屋抵押贷款暂行办法》《林权抵（质）押贷款暂行办法》《开展农村承包土地的经营权和农民住房财产权抵押贷款试点实施方案》等一系列制度文件。各州市政府也有针对性地出台了配套政策，为"三权三证"抵押贷款积极创造有利条件。如试点最早的昆明市在 2011 年便出台了《关于"三农"金融服务综合配套改革先行试点系列文件的通知》（昆政发〔2011〕32 号）、《关于农村产权制度改革系列文件的通知》（昆政发〔2011〕73 号）、《推进"三农"金融服务改革创新试点实施方案》（昆金办〔2014〕59 号）、《关于开展农村土地承包经营权确权登记颁证实施意见》（昆发〔2015〕9 号）、《关于昆明市开展农村承包土地的经营权和农民住房财产权抵押贷款试点实施方案的通知》（云政办发〔2016〕41 号）等一系列文件；文山州充分利用自治州自治权利开展立法探索，出台了《云南省文山壮族苗族自治州农村产权抵押贷款条例》，于 2014 年 7 月 1 日正式实施，规定了农村产权抵押条件、抵押物登记、抵押权实现、政府服务等，解决了农村土地经营权、农村房屋所有权及宅基地使用权等农村产权用于抵押贷款缺乏法律保护的难题。

二是多措并举，协力推进"三权三证"抵押贷款工作。第一，按照政府推动与市场运作相结合的模式，组建了农村综合产权交易平台和抵押融资综合服务平台；建立权属清晰、主体到位、权责明确、保障严格、流程规范、监管有效的流转管理机制；建立规范的交易制度和规则；培育市场化、竞争性的中介服务机构，在农村地区贷款抵押物的价值评估、登记、资信证明等方面发挥衔接作用，为农村产权流转变现提供高效便捷服务。第二，建立"三权三证"抵押融资风险补偿机制。通过整合资金等方式，建立"三权三证"抵押融资风险补偿专项资金，提高了金融机构参与"三权三证"抵押融资的积极性。第三，建立健全农业巨灾风险分散机制。积极争取国家、省财政资金支持，扩大政策性农业保险险种覆盖面，不断提升农业保险的渗透度。第四，加大监督检查力度。加大对"三权三证"办理及融资抵押的督查力度，抽调相关工作人员组成督查组，分别对涉及该项工作的单位开展工作的情况进行督查，发现问题及时研究解决，确保各项工作有序推进。

**3. 农信社主动作为，发挥主力军作用**

云南省农村信用社是涉农金融机构中开展"三权三证"抵押贷款业务的主力军，业务规模一直稳居全省第一位。云南省农信社根据我国《物权法》《担保法》《银监会、林业局关于林权抵押贷款的实施意见》等，结合云南实际情况制定了《云南省农村信用社农村房屋抵押贷款管理办法》《云南省农村信用社信贷管理基本制度》《云南省农村信用社林权抵押贷款管理办法》等规章制度。农村信用社各县（市）联社通过试点摸索经验，也陆续出台了指导本级工作的实施细则，对贷款对象、条件、用途、额度、期限、利率、程序、管理等做出全面规定。一系列办法的出台为其开展"三权三证"抵押业务提供了必要的制度条件和操作依据。据统计，云南省农村信用社所开展的"三权三证"抵押贷款业务量占比至少为 60%，农村承包土地经营权和农民住房财产权抵押贷款占比在 70%以上。

**4. 创新服务方式，提高贷款效率**

一是"直通车"模式。如广南县大胆实践，探索开发了依托政府部门行政审批电子监察系统增设"三权三证"抵押贷款功能模块的做法，并将其命名为"三权三证抵押贷款直通车"。在"直通车"模式下，有借款需求的农户、农民专业合作社或农业龙头企业，可直接在各村委会（社区）为民服务站或乡镇为民服务中心提交借款需求申请，同时将用于抵押的林权、土地承包经营权、农房所有权及宅基地使用权等权证扫描上传各乡（镇），各乡（镇）提出意见后将借款需求信息上传给各金融机构，各金融机构根据电子平台提交的借款申请资料开展实地调查，并及时做出受理或不受理的答复。实现"三权三证"抵押融资村中办，节约了农户、企业的时间及成本。

二是简化中间环节提高办贷效率。如墨江县借款人在办理房地产和土地使用权抵押登记管理时，由贷款金融机构与借款人双方认定抵押物价值后，即可向国土和住建登记部门提交办理抵押登记相关手续。此项措施因抵押物不再通过第三方中介机构进行评估，一方面使得借款人不需再支付高额评估费用，切实降低了借款人融资成本，另一方面简化了中间环节，节省了时间，提高了办贷效率。

三是优化登记流程。如针对农户林权抵押贷款对象的特征，玉溪市承办金融机构与林业部门商定，在承办金融机构提供贷款相关要件的基础上，持抵押人（借款人）出具的书面授权委托书即可办理抵押，免除抵押人（借款人）亲自到场，减少农户往返时间，优化了登记流程，提高了办事效率。同时，辖区农村信用社将 30 万元以下的林权抵押贷款审批权限下放基层信用社，缩短了贷款审批时间，减少了贷款申办手续。总之，各地根据实际情况而进行的一些创新，使这一金融创新业务得以较好开展，也提高了贷款效率和贷款对象的满意度，从而更进一步使"三权三证"抵押贷款业务在"三农"金融服务中发挥重要作用并产生深远影响。

## 三　云南省农村"三权三证"抵押贷款存在的主要问题

当前，云南省农村"三权三证"抵押贷款试点中存在的问题归纳起来主要有以下几个方面。

### 1. 相关法律法规缺失

虽然中央对土地承包经营权、农户宅基地与房屋所有权及林权等农民财产所有权可以用于抵押担保有文件政策上的允许支持，以及2016年3月列入全国性"两权"抵押贷款试点地区在相关法律方面也有支持保障，但是绝大部分其他试点地区一定程度上存在相关法律与实际操作冲突，进而不敢突破法律红线的问题。一是我国《物权法》《担保法》等明确规定耕地、宅基地等集体所有的土地使用权禁止抵押。二是我国《担保法》规定，承包荒山、荒沟、荒丘、荒滩等荒地的土地使用权可以进行抵押，但是办理农村"三权三证"抵押融资业务之后，没有经过法律程序不得改变农村"三权"集体所有制性质，也不得擅自更改其原有用途。这项规定使得从事"三权三证"抵押贷款的涉农金融机构在处置抵押资产时存在困难。由于抵押物处置无有效法律支撑，贷款产生的风险及出现问题难以得到法律的有效支持，金融机构的债权无保障，维权困难，必然面临较大的风险。如蒙自市农村信用合作联社2013年就曾发生过因土地承包经营权抵押产生的不良贷款在诉讼中未得到司法支持的情况。法律制度的缺失导致金融机构对农村产权抵押融资心存疑虑，一些金融机构仍处于谨慎观望之中。尽管2016年3月中国人民银行会同相关部门联合下发"两权"暂行办法，允许在试点地区可以突破相关法律限制，但对于云南绝大多数地区而言，"三权三证"抵押融资要快速深入推进，法律规定仍是个重要禁区与限制。

**2. 确权颁证推进较为缓慢**

确权颁证是农村"三权三证"抵押贷款中最基础的工作，目前推进还比较缓慢，尤其是农村承包土地经营权和农民住房所有权。以西双版纳州为例，据统计，全州应完成农村宅基地和住房所有权确权登记 153057 宗，实际完成地籍调查 74997 宗，登记发证 28400 宗，登记颁证率约为 19%；全州农房总计 147584 户，需确权登记发证 146044 户，但仅办理确权登记颁证 45 宗，办理转移登记 1 宗。在调研中，我们发现，在宅基地和农房确权过程中，存在一户多宅、超标准占地、权属不清晰等，对此中央层面也缺乏统一规定；部分农户的产权证不齐全，即使补证，受规范资料不完整、记录不详细甚至存在纠纷等因素影响，也难以最终确权；还有就是农户的产权意识淡漠，也影响了确权颁证的进度，有的农民认为农村产权历来是属于自己的，没有什么争议，颁证与否不重要，对能否确权颁证、能否流转或抵押贷款存在着无所谓的态度；另外，在确权过程中，由于农民外出务工较多，整户外出的情况也较为普遍，留守老人及小孩不清楚基本情况，有时候也很难联系到外出户，有的外出农户回乡也不太配合确权工作，造成无人签字，从而无法完成入户实地测量及权属调查。目前，从全省及沿边州市看，"三权三证"确权颁证与预期目标还有较大差距，开展较好的地方如丘北县，其试点的宅基地使用权颁证率为 92.14%、农房所有权颁证率为 81.50%。整县试点的龙陵县土地承包经营权确权、颁证率达到 100%。总体来看，全省林权的确权、颁证情况相对较好，一些地方达到了 90%，但是有的地方还不到一半，离最终目标还有较大差距。尤其是近年来，随着我国经济不断下行和系统性金融风险防范成为主要任务，"三权三证"的确权颁证便随之停滞不前，有的地方甚至基本停止推进这一工作，由于确权颁证进展缓慢，给下一步银行抵押贷款发放造成了严重制约。

**3. 评估缺乏科学合理标准，随意性较大，抵押登记不规范、不统一**

科学的专业的评估是确权颁证的核心和关键，目前云南省及州市县面临的评估问题主要是具备专业评估资质的机构少，懂业务的人员少，评估费用较高，评估缺乏统一、规范的标准，融资评估体系尚未建立。由于没有公允的行业评价标准，没有一定的专业的价值评估人员，没有市场认可的中介机构等，借贷双方就难以对产权价值做出比较准确的判断。另外，评估机构大都在城市，距农村较远，无疑也增加了评估成本，从而最终增加了借款人负担。即使是砚山、丘北两个全国试点县，目前也均未建立起科学完善的农村产权评估体系。同时，长期以来农村土地不能在集体以外进行有效的流转，缺乏可参考的"市场价格"，其公允价值难以真正体现。以土地经营权价值评估为例，目前云南省尚无此类专门评估机构，也没有具备专业资质的评估人员，缺乏评估流转土地承包经营权价值的相应标准和操作程序，没有相对独立的评估价值作参照，土地价值难以准确界定，实际价值评估存在一定难度，造成金融机构难以确定贷款额度，因人而异随意性较大，金融机构为防范信贷风险，往往给出较低的抵押率，这在一定程度上影响了农户申请"三权三证"抵押贷款的积极性。同时，对金融机构而言，也带来了较大的操作风险、流动性风险和经营风险。

同时，一些地方抵押登记也不规范、不统一。据调查，在保山市，仅龙陵县成立了专门的评估登记中心，即龙陵县农村土地承包经营权评估中心和乡镇农村综合产权交易服务中心，专门负责"三权三证"抵押登记工作，隆阳区农村土地承包经营权抵押登记在区农业局办理，农村房屋抵押登记在区建设局办理，昌宁县农村房屋抵押登记在昌宁县房管局进行，农村土地承包经营权抵押登记未指定登记机构，施甸县和腾冲市农村土地承包经营权和农村房屋抵押登记未指定登记机构，保山市至今还未建成统一的抵押登记机构，在缺乏有效抵押登记机构的情况下，抵押登记无法完成，必然影响"三权三证"抵押贷款的深入推进。

**4. 流转处置变现难**

农村"三权三证"作为一项可抵押担保的资产，必须是便于流通转让和变现的，这也是"三权三证"抵押贷款得以正常开展的保障。目前云南省多地州市无法对农村"三权三证"进行挂牌交易，已建立的制度上还不完善、运作上也欠规范，尤其是在处置上十分困难，缺乏顺畅有效的"出口"。没有建立起较为规范和完善的农村产权（包括"三权三证"等）交易平台与处置中心，必然会影响实际运行效果，给参与各方带来很大风险。而一旦"三权三证"抵押贷款形成不良，资产如何处置变现将面临一系列难题。具体问题主要有：一是农户受传统观念影响较大。如在处置农村房屋时即便借款人自愿卖房也难以找到买主，且相关法规规定买主仅限本村内的人（房屋所在地农村集体经济组织成员），本村以外的人或城镇居民不能购买，因而处置抵押物变得十分困难。若借款人干预诉讼执行，更是使房屋抵押难以处置。二是"三权三证"流转市场未能有效建立和不规范运转，缺少系统性和针对性的指导办法及引导、规范各类产权和交易主体进入交易中心交易的激励机制，导致农村产权流转交易不规范和私下进行场外交易的现象突出。在保山市，目前除龙陵县外，其他县区均未成立农村土地承包经营权和农村房屋交易流转机构，不能进行正常流转。三是农民的房屋、土地和林地等财产是其赖以生存的物质基础，国家也一直重视对"三农"权益的保护，一旦"三权三证"抵押贷款出现问题需要处置，将导致农户"失地、失业、失房"，从而影响到农民基本生产与生活，传统的农民对此也是非常担心。并且，目前云南农村在各种惠农贷款政策下，他们可以更便捷的手续、更低的贷款成本获得其他惠农贷款，如农民安居贷款、妇联农村专项贷款、返乡农民工创业贷款、党员带头致富专项贷款以及其他小额信用贷款等，从而使得农户对"三权三证"抵押贷款的积极性并不太高。四是林木采伐指标少、控制严，导致林权抵押及其交易不活跃，贷款抵押物变现处置非常困难，有的在处置时权属不清，导致争执而处置困难。五是中介组织及交易市场发展缓慢。一旦借款人出现违约，由于缺乏较为权威可信的中介组织对抵押物进行评估、交易与拍卖，处置抵押物的难度就会很大，即使法院支持，执行成本也很高。因此，金融机构选择抵押物时非常谨慎，通常都会选择权属清晰、无权利瑕疵、无他项权利、无法定优先受偿款，以及变现能力较强的资产。如果"三权三证"抵押物天然就有瑕疵，有瑕疵的抵押物就可能导致抵押权人无法正常行使抵押权，或导致抵押权人无法通过处置抵押物受偿贷款余额从而带来一系列的风险。六是其他相关问题，如一些农村地区交通、水电、卫生等基础设施相对落后，土地不成片集中，房屋居住环境、建筑质量差别大，以及农村熟人社会、小农经济、宗族观念、血缘关系、民族关系及排外思想等，都在一定程度上影响着"三权三证"的流转与处置。

**5. 发展速度下降，不良贷款增加**

数据显示，云南省"三权三证"抵押贷款余额自 2016 年来逐渐减少，总的规模也较小，与涉农金融机构直接相关的原因如下。

一是金融机构相关专业人员数量少，经验不足。由于"三权三证"抵押融资业务是一项创新性探索业务，专业性强，现有银行信贷管理人员在数量和质量上都难以满足该业务发展要求。二是信贷管理难度大。由于森林资产分布在广阔林区，虽然有林业部门、护林员或农户等管理，但是偷伐、盗伐、私下交易等破坏或违规侵占林权现象难以控制，相应加大了贷后管理难度。据调查，有的借款人在得到此贷款后通过各种方式再转贷出去，金融机构及信贷人员难以有效跟踪掌控，导致信贷风险防控与管理难度大。三是"三权三证"抵押贷款违约率和不良贷款近年来明显增加，有的地方甚至高达 20%~30%，远高于其他贷款，从而严重影响涉农金融机构发放"三权三证"抵押贷款的积极性。据中国人民银行昆明中心支行统计，全省农村承包土地经营权抵押不良贷款率 2016 年为 3.61%，2017 年为 5.59%，2018 年达 4.12%；农民住房财产权抵押不良贷款率 2016 年为 5.40%，2017 年为 7.34%，2018 年达 8.66%。不良贷款率在不断提高。而银行信贷管理实行严格的不良贷款终生责任制，"三权三证"贷后管理和偿还特别是不良贷款均由各经办银行及其主要责任人负责，包括政策沟通、协调偿还、追债、起诉、拍卖处置抵押物等，压力大，困难重重，必然抑制涉农金融机构参与的积极性，从而对"三权三证"抵押贷款更显审慎。据云南省保山市银监局资料，2015 年末，保山市涉农银行业金融机构不良贷款余额达 11.77 亿元，占全市银行业机构当期不良贷款总额的 89%，其中开展"三权三证"抵押贷款业务的农业银行、农村信用社不良贷款率分别高于全市平均水平 2.63 个百分点和 1.24 个百分点（张宇雁等，2019）。由于农村信用社发放的"三权三证"抵押贷款最多，由此带来的不良贷款更多。仍以保山市为例，据资料，截至 2016 年 4 月末，保山市农信社累计发放林权抵押贷款 202 笔，金额 32608 万元，其中，自然人贷款 188 笔，金额 14843 万元，法人贷款 14 笔，金额 17765 万元；不良贷款余额达 6808 万元，不良率达 20.88%；全市农信社农村房屋抵押贷款 104 笔，余额 1062 万元，全部为农户贷款，不良贷款余额 310 万元，不良率高达

29.19%；农村土地承包经营权抵押贷款存量 10 笔，贷款余额 170.7 万元。其中，施甸联社存量贷款 1 笔，金额 70 万元；龙陵联社存量贷款 9 笔，贷款余额 100.7 万元。林权抵押贷款和农村房屋抵押贷款的不良贷款率均超过 20%。

### 6. 融资担保和风险补偿分担机制尚未有效建立

目前，云南不少地方还没有建立有效的融资担保和风险补偿分担机制，如文山的丘北和砚山两个"两权"试点县还未建立融资担保机制，也未开展贷款保证保险，丘北尚未设立风险补偿基金，保山也未建立"三权三证"不良贷款补偿机制和风险分担机制。有的地方也只是象征性的，数额规模还很小。在"两权"抵押贷款业务的风险补偿和缓释机制还不完善的情况下，银行信贷资金安全难以保障，承贷主体出于谨慎心理发放贷款积极性不高。由于没有设立风险补偿基金，贷款一旦出现风险损失，金融机构又缺乏有效的转移风险渠道和机制，贷款损失将不能得到及时补偿，从而加大金融风险。

### 7. 其他方面

除以上诸多问题外，还有一些问题也是必须正视的，如云南省级及各州市农村产权交易中心体系建设还不完善到位，产权交易流转平台建设、交易信息网络平台建设也较缓慢，以及农村信用环境、征信体系、财税支持、专业人才等都是制约农村"三权三证"抵押贷款发展的重要因素和不得不面临的问题，以上各种影响因素和问题的交织，使其解决难度很大。

## 四 云南省农村"三权三证"抵押贷款需要进一步思考的几个问题

### 1. 为什么商业性金融机构开展此项业务非常谨慎

在调研中可以察觉到，部分商业性金融机构对开展农村"三权三证"抵押贷款业务并不是很积极主动。如果其没有积极性和主动性，推一下走一步，或者说是象征性地做一点，被动应付性地而不是自愿主动地开展此项业务，是不可能做好也远远达不到预期目的的。

　　对此，不能一味指责商业性金融机构，他们的行为没有错。作为商业性金融机构，他们在开展业务时首先要考虑其"三性"经营原则，即安全性、流动性和效益性，安全性或风险性是其首要考虑的问题。而当我们面对"三农"金融时，更多的是风险比较高、流动性比较小及收益较低，甚至赔本亏损的情况。可见，商业性金融与"三农"金融、农地金融并不完全在一条道上。

　　除了风险，还是风险。"三权三证"抵押贷款从表面上看能解决两个方面的问题：一是对农户借款人而言，有了抵押物，借到款的可能性增大；二是对银行等放贷机构来说，有了抵押物，贷款还不了可以通过处置抵押物来弥补以减少贷款损失。事实上，在一定程度上，借款人有了抵押物未必能得到贷款，放贷机构通过处置抵押物未必能弥补或减少贷款损失。实质上，放贷机构看重的并不是抵押物，他们更看重的是借款人的信用能力及资金所用于的产业或项目。抵押物是用来弥补或减少出险后带来的风险损失的，只是一个手段而已，如果抵押物本身有问题，不易或不能处置，或是经济连续下行时找不到合适的接手人，对银行来说无疑是个负担或将带来更多损失，从而影响到银行的正常经营活动。调研中，在与银行和农信社员工谈到抵押物时，他们甚至会问抵押能解决什么问题？抵押能解决风险吗？在实际贷款中，银行第一看重的就是借款人的信用与经营能力，第二看重的是产业或项目。只要借款人有信用，有一定的经营能力，同时有合适的产业或是项目，即便没有"三权三证"抵押也会放款，何况还有其他担保。当然，这也是银行方面的一面之词，很多时候，对借款人而言，最为苦恼的问题还是有效抵押物不足。在现代信贷制度下，成功获得一笔贷款三个方面不可或缺，即借款人自身的信用（能力）、合适的产业（项目）以及有效的抵押物。如果这三个方面缺少一个，贷款成功的可能性将大大降低。这也是当前政策赋予"三权三证"抵押功能的重要考量。但是即便有了"三权三证"作为抵押，风险问题依然是放贷机构考虑的最主要问题，也就是说，即便有了抵押物，放贷机构还是要重点看借款人的信用、能力及资金使用的产业或项目，否则即使有抵押物也不会轻易放贷。在调研中我们还了解到，有的借款人用"三权三证"作抵押获得贷款后，部分用于消费，有的还把贷款高息转借出去，其风险与后果是显而易见的。

近年来，我国经济整体处于下行阶段，金融机构尤其是涉农金融机构不良贷款也在不断增加，其中又以"三权三证"抵押贷款不良率最高，前已提及的保山市就是典型，由于这项业务创新存在以上诸多问题，无疑给试点中的"三权三证"抵押贷款发展带来了严重不利影响。由于"三权三证"抵押物的特殊性，其天然就具有风险，而现实中风险事件频发，如近些年来云南省发生的"孟连事件""泛亚有色金融交易所事件""临沧林权骗贷事件"等，以及目前"三权三证"抵押贷款中过高的不良贷款率，给云南涉农金融机构及其监管部门蒙上了一层阴影，自然对风险的警觉性更高，对风险更敏感、更谨慎。

**2. 商业性金融机构谨慎开展"三权三证"抵押贷款的深层原因**

如上所述，银行基于"三性"要求，每发放一笔贷款都要整体考量评估，在风险与收益之间进行平衡。在大多数情况下，商业性金融机构面对利益时的冲动是存在的，但当风险较大时理性与谨慎在更多的时候占上风。面对"三权三证"抵押贷款，商业性金融机构主要考虑的是风险问题。"三权三证"抵押贷款中面临着一系列的风险，如法律风险、政策风险、经营风险、市场风险、信用风险、操作风险、抵押物瑕疵风险及抵押物处置风险等。在这些风险中，我们认为，政府行为所带来的风险是最大的风险。目前，商业性金融机构对"三权三证"抵押贷款积极性不高甚至被动应付，实质上与对政府诚信及能力（实力）不信任有直接关系。因为"三权三证"抵押贷款试点是在政府的直接推动下开展起来的，并不是商业性金融机构的主动自愿选择与内在需求。当然这也与相关法律的限制有关，而有法可依、有法必依是商业性金融机构开展业务必须要遵循的，也是其风险控制的前提和根本。当前，尽管我国相关法律还没有进行修改，但目前在"两权"试点地区全国人大已授权禁止实施相关法律，而且还有政府政策的大力支持。但即便如此，一些商业性金融机构对此项业务依然很谨慎，这就在更深层次上使我们不得不思考这样一个问题，这显然是对政府的诚信及政府能力的不信任，即一旦出现问题，政府极有可能违信失约，最后是涉农金融机构不得不承担所有风险与损失。

**3. 农地金融为什么不能纯粹是市场行为也不能完全是政府行为**

农地金融①如果是纯粹的市场行为是行不通的，因为涉农金融机构是企业，企业自然要考虑经济效益，而农地金融风险大已成为共识，所以对风险大的农地金融，金融企业一般是敬而远之的，让金融企业兜底其风险显然是不可能的。但农地金融如果是纯粹的政府行为也是行不通的，因为农村金融市场广大，政府受财力影响承担风险的能力非常有限。如果把农村金融的风险分为无限风险和有限风险，前者政府显然承担不了，后者虽然是有限风险，但还要看各地政府的财力，财力较强的政府会采取贴息及设立风险补偿基金等方式对风险进行补偿；而财力不济的，设立不了风险补偿基金，金融机构的风险补偿不了，农地金融则很难发展起来。其实，发展农地金融是有条件的。一是各级政府机构要有财力，金融机构可以得到风险补偿；二是农户要有退路，生存要有保障，还要有居住的基本保障。

当前，我国农地金融改革主要是在政府极力推动下进行的，政府从政策和资金等多方面进行了大力支持，这样做是必要的、在试点地区也是可行的，因为试点的范围比较小，贷款出了风险，银行可通过风险补偿基金等在一定程度上弥补其贷款损失。如果推而广之，大范围地推行农地抵押贷款，风险必然增大，由此带来的风险损失必然增加。而政府设立的风险补偿基金规模有限，一些县级政府本身财力就有限，设立风险补偿基金的能力就比较弱小，这样势必影响放贷金融机构的积极性，增大其信贷风险。

**4. "三权三证"抵押贷款是一项重大工程，有力推进了农村产权制度等各项改革**

毫无疑问，"三权三证"抵押贷款最直接的作用是缓解了农户"融资难"问题，可以说这是这项改革的初衷也是目的。在这项业务创新实施的整个过程中，可以说是"牵一发而动全身"，其是一项重大的农村金融工程，涉及面很广，对农村产权制度改革是一个重大推动。在"三权三证"

---

① 农地金融是农村土地金融的简称，是指农业土地经营者以所承包土地的经营权或使用权作为抵押向涉农金融机构融资的资金融通形式，农村"三权三证"抵押贷款构成了农地金融的主要内容。

抵押贷款中，首先是要确权，其次是评估，再次是颁证，最后是流转交易包括风险处置等，而银行介入的则是在颁证后权证的抵押及其流转交易方面。在这个过程中可以看到，"三权三证"抵押贷款确实是一个复杂的系统工程，是一个完整制度，需要有一个完整的链条与之匹配。而要真正做到有一个好的完整的链条，就必须继续深化农地制度改革、农村产权制度改革和农地金融制度改革以及其他配套的农村改革如户籍制度、社会保障制度改革等，在观念上、政策上、制度上和具体措施上协调配合形成合力，唯有如此才能使"三权三证"抵押贷款顺利推进。从某种意义上看，"三权三证"抵押贷款是在倒逼现有农地制度改革、农村产权制度改革及农地金融制度改革，试想一下，三十多年前实行的以土地为核心的农村家庭承包责任制不改革，与土地直接打交道的农民如果连土地的支配使用权和住房财产所有权等都不能拥有，这么庞大的农村资产还一直处于"沉睡"状态，那么农村域内将会留不住人才、技术、资金等要素资源，导致"贫穷的更贫穷，富有的更富有"的"马太效应"，农村将在根本上失去活力，农业也必将出现危机，农民仍将处于贫穷之中。20世纪90年代中后期我国各地农村普遍出现资金"虹吸现象"，大量的农村资金外流进入大城市和经济发达地区，此后"三农"问题的提出以及中央高层的采纳与重视及2004年之后每年中央的"一号文件"，使得"三农"问题逐渐成为各级政府必须面对和重点解决的头等大事。邓小平同志早已指出，"金融是现代经济的核心"，自然地，农村金融是现代农村经济的核心。农村经济发展及"三农"问题，其核心和根本是资金和资本，因为它们才是经济发展的"动力"和"引擎"。作为我国重大的农村金融创新，农村"三权三证"抵押贷款无疑是改革开放以来我国农村金融改革的重大制度与业务创新，搞好了将会使"三农"发展迈上一个重要新台阶，云南在2012年便将此作为"三农"金融服务的重要"突破口"和"牛鼻子"，通过其试点发展带动农地制度、农村产权制度及农地金融制度等多项改革，彻底盘活那些"死寂的""沉睡的"农村经济资源，让其"苏醒"过来、流动起来并产生价值，从而吸引外部资金或资本流入农村。即便"三权三证"抵押贷款试点不能达到预期目标，但是在其倒逼下，也会在一定程度上促进我国农地制度、农村产权制度以及农地金融制度等相关改革，对于"三农"

问题的根本解决起到至为重要的推进作用。

## 五 云南省农村"三权三证"抵押贷款发展思路

通过对云南"三权三证"抵押贷款试点中存在的诸多问题的分析,我们发现,它已不仅仅是一个农村金融问题,还是一个经济社会问题,它不仅仅是农户和涉农金融机构之间的问题,还涉及政府、中介机构、保险公司及市场参与者等各类市场经济主体的共同支持与协调配合问题。我们认为,当前云南省农村"三权三证"抵押贷款试点存在的上述诸多问题中最主要的问题是风险防控问题,直接影响到"三权三证"抵押贷款的全面深入推进。党的十八届三中全会强调,必须更加注重改革的系统性、整体性和协同性,农村"三权三证"抵押贷款试点改革也是如此,我们必须树立系统性思维方式,把发展的目标、实现目标的手段,以及影响目标实现的各种因素作为这个"系统"的组成部分来全面考虑,整体协调推进,绝不能"头痛医头、脚痛医脚"。对此,我们认为,云南省农村"三权三证"抵押贷款发展思路也应该从系统性、整体性和协同性三个方面综合考虑,这三方面的出发点和最终目标都体现了风险防控这一主线。

### 1. 系统性

"三权三证"抵押贷款是一个复杂的系统工程,涉及面很广,仅解决一两个方面的问题不行,相关问题都要考虑周到才能整体顺利推进。以土地承包经营权抵押贷款为例,土地承包经营权的抵押,仅修改法律还不够,因为抵押物的处置等也会带来新的问题,如农民失地或失去住房而带来的经济社会问题。但是,如果因这些问题而放弃土地承包经营权抵押贷款这一改革举措,农村土地的撂荒、土地的有效利用、土地的规模经营、农业的现代化与产业化及农村城镇化等一系列问题又会带来新的问题,从而影响甚至阻碍其他方面的改革发展。因此,"三权三证"抵押贷款的推进,需要政策、法规的支持,需要政府、银行、保险、中介机构、企业及农户等积极参与配合,需要相关基础工作的有力保障。从政策到法规到实施细则再到具体操作,从各个参与主体到具体营运监管环节,只要一个方面出现问题,就会影响到其他方面甚至全局,从而产生较大风险。因此,只有做好顶层设计，系统性地全面地考虑问题才能有效应对并解决所存在的各种问题。

### 2. 整体性

抵押是一个完整的制度。抵押制度包括抵押物权能的设定、抵押物权属的明晰、抵押物的有效评估、抵押物的流转交易、抵押率的设定及抵押物处置等问题，当中任何一个问题解决不好，都会影响"三权三证"抵押贷款的顺利推进，还会带来较大风险。对涉农金融机构而言，如果风险问题不能有效控制，势必影响其开展业务的积极性。如果涉农金融机构不愿意开展此项业务，不仅农村产权抵押融资受到影响，与其相关的土地的有效利用及农业的规模经营、农业产业化、农业产业升级等问题也难以真正实现。因此，推进"三权三证"抵押贷款的发展，还必须有整体推进而非单兵深入的思维。

### 3. 协同性

"三权三证"抵押贷款不只是涉农金融机构的事，需要各类参与主体包括政府、企业、涉农金融机构、农户、保险机构、担保公司、评估中介等多方共同协调配合，其中涉农金融机构信贷全流程风险管理是关键，政府风险补偿必不可少，保险风险保障不可或缺，资产评估是前提基础，以及政府各相关部门应相互配合支持。只有相互协同才能形成合力，才能从根本上推动"三权三证"抵押贷款深入快速发展。

## 六  对策建议

### 1. 修订完善相关法律法规

建议对《物权法》《担保法》《农村土地承包法》①《贷款通则》等相关法律法规进行修改或者出台相应司法解释，赋予农村产权与城市产权同样的抵押担保功能，探索林权、土地承包经营权与住房财产所有权在所有

---

① 2018 年 12 月 29 日，第十三届全国人民代表大会常委会第七次会议正式通过了修改的《农村土地承包法》，2019 年 1 月 1 日起执行。2021 年 1 月 1 日，我国《民法典》正式颁发实施，《婚姻法》《继承法》《民法通则》《收养法》《担保法》《合同法》《物权法》《侵权责任法》《民法总则》同时被废止，有利于"三权三证"抵押贷款的深入发展。

权、资格权和使用权方面"三权分置"，使"三权三证"等农村产权抵押纳入法制轨道。同时制定云南省统一的管理办法，在各地试点基础上出台统一的管理办法来规范农村"三权三证"抵押贷款工作，打消涉农金融机构及其他各类参与者的顾忌，保护农村金融消费者合法权益，从法律、政策和观念上真正推动产权处置的城乡一体化与市场化。这对于维护农村金融市场秩序和防范金融风险具有重大意义。

**2. 各部门联手协同积极推进各阶段工作**

"三权三证"抵押贷款是一个庞大的系统工程，必须在政府的牵头组织领导下及有关部门的共同参与配合下才能顺利实现。政府一定要明确具体相关部门如自然资源厅以及住建、农业农村、林业、金融、财政等部门的责任，各司其职，才能形成合力并达成效果。从前述可知，农村"三权三证"抵押融资可分为前、中、后三个阶段，银行抵押贷款处于中间阶段，而前后两个阶段都是为中间阶段提供基础与服务的，如果前后阶段甚或哪一环节做不好不到位，都会对此项改革进而整个农村产权改革形成阻滞带来不利。一是政府及其有关部门在思想上应进一步提高认识、转变观念，勇于开拓创新。二是涉农金融机构与农村各类企业尤其是大中型国有、民营企业，也要有责任意识、政治意识、帮扶意识、共富意识，做好引领、扶助和支持工作，最终形成各种金融资源稳步流入"三农"的长效机制。三是各部门应形成会商机制，提供"一站式"便利化服务，尽可能简化工作流程，提高办事效率，使农户不觉得过于烦琐复杂。四是加快做好前后两阶段最重要的基础性服务与保障工作，为金融机构提供高质量贷前和贷后服务。目前，云南应继续在确权颁证、登记、评估、流转交易等方面加大力度，确保全省两年内"三权三证"的确权颁证率达95%以上。五是建立完善的农村"三权三证"抵押贷款管理制度、农村"三权三证"评估登记制度、农村"三权三证"流转处置制度等一系列制度及其实施细则，加快建立全省统一的"省、州市、乡镇、村四级网格化"农村"三权三证"抵押贷款信息化系统，以及建立全省农村"三权三证"动态资产监管系统，进行动态数字化信息管理，及时了解相关信息，并提供专业指导与服务。

**3. 建立有效的评估登记机构和产权流转交易平台**

这是确保"三权三证"抵押贷款顺利运行的基础性服务工作。目前，云南省政府及有关部门如自然资源厅以及住建、农业农村、林业等部门应积极协调并加快对"三权三证"的确权登记和颁证工作，绝不能因为这一改革风险高、难度大而畏惧，停滞不前，一定要树立克服困难的勇气与信心，尤其在当前国内外不利经济背景环境下，更是要在加强金融监管与风险防控基础上，通过适度金融创新来带动和促进金融经济深入快速发展，尽快走出经济发展"低谷"。应参照国外成熟农业产权评估体系和国内其他试点地区的先进做法，充分听取吸纳市场各方意见建议，制定具有前瞻可行性、科学合理的农村产权评估、流转交易等制度办法。政府应牵头成立专门的"三权三证"公益性评估机构，尽快出台全省统一的"三权三证"抵押登记管理制度与实施细则，使其具有可复制性、可操作性。建议30万元以下的小额贷款"三权三证"抵押物价值认定不需要专业评估机构，可由借贷双方协商认定，超过30万元的"三权三证"抵押贷款评估由具备相应评估资质的专业评估机构或政府成立的公益性评估机构评估。成立"三权三证"公益性抵押登记机构，建议对30万元以下"三权三证"抵押贷款仅到乡镇相关部门登记即生效，超过30万元的"三权三证"抵押贷款由县（市、区）级政府相关部门登记。也可开放"三权三证"公益性抵押机构"一站式"登记窗口，为农户提供便捷的登记服务。另外，政府应牵头组织尽快建立起多层次、立体的农村产权流转交易市场或中心，搭建好以"三公"（公开、公平和公正）为原则的交易平台，防止流转交易及处置中的暗箱和私下操作行为，以解除涉农金融机构、企业和农户等市场参与主体各方的后顾之忧，保护其相关权益。为更好防控"三权三证"抵押贷款风险，政府可设立"农村资产收储平台或中心"，协助涉农金融机构在发生贷款违约时农村资产流转的处置，从而提高抵押物的变现能力。

**4. 在加快推进中切实做好"三权三证"贷款风险防控**

贷款风险防控已成为当前涉农金融机构工作的重中之重，也是其业务开展的首要任务，尤其是"三权三证"抵押贷款作为一项涉及面十分广泛复杂的系统工程，实施中存在诸多难点与问题，因此需要切实认真做好风险防控。为此，相关金融机构：一是要严格农户准入，降低贷前风险。涉农金融机构应把那些经营能力好、种养经验丰富、信誉好的农户作为首选，从源头降低风险。做到权属清晰、权证相符、自愿参与、合法公开。二是要健全增信机制，分散贷中风险。政府应通过设立涉农担保公司、建立风险补偿基金以及提供财政贴息等建立增信机制，以分散"三权三证"抵押贷款业务中的贷中风险。三是要完善农业保险和风险分担机制，防范贷后风险。涉农金融机构应与保险公司协商，开发出新的保险品种，并扩大农业保险覆盖面，使参与各方成为农业保险的受益人，进一步防范贷后风险。同时要建立"三权三证"风险监测与流转处置平台，实时监控动态管理，以解除金融机构的后顾之忧，提高其贷款积极性。在这里，由政府出面组织协调市场各方，构建风险监测机制、风险转移和分担机制以及资产流转交易机制尤为重要，对于贷款风险防控能起到重要保障作用。

**5. 进一步加大财税金融支持力度**

"三权三证"抵押贷款离不开政府的大力支持，因而政府自始至终应在其中发挥重大作用。在财税政策方面，政府应进一步加大支持力度，一是建立贷款风险补偿机制，由财政出资设立一定规模的风险补偿基金，并适度提高"三权三证"抵押贷款损失补偿比例，金融机构可根据风险补偿基金放大一定倍数投放贷款；二是完善现有农业政策保险、社会救助、农村新型合作医疗制度等社会保障体系，保障农民的基本生活权利，使之逐步弱化对土地所有权的依附关系，为土地流转高效利用奠定基础①；三是对"三权三证"抵押贷款实行一定的贴息和担保费补助政策，以降低农户贷款成本，提高农户参与的积极性；四是探索农业政策性保险与银行贷款的合作模式，以降低农村资产抵押贷款风险，解除涉农金融机构的后顾之忧；五是中国人民银行要鼓励支持金融机构积极稳妥参与推进工作，对符合条件的农村金融机构应加大支农再贷款力度，给予优惠的存款准备金率

---

① 中共中央办公厅、国务院办公厅于 2016 年 10 月 30 日印发了《关于完善农村土地所有权承包权经营权分置办法的意见》，明确提出"将土地承包经营权分为承包权和经营权，实行所有权、承包权、经营权分置并行"，要"完善'三权分置'办法，不断探索农村土地集体所有制的有效实现形式，落实集体所有权，稳定农户承包权，放活土地经营权，充分发挥'三权'的各自功能和整体效用"，这对于农户进行土地承包权有偿退出、土地经营权抵押贷款、土地经营权入股农业产业化经营等有较好作用，也使农民对土地的关系并没有完全割舍，仍以其他形式存在关系，让农民吃了一颗"定心丸"。

和定向降准，银保监机构要研究差异化监管政策与扶持措施等。

**6. 做好宣传工作，加强市场诚信环境与金融生态环境建设**

一是政府及其相关部门、涉农金融机构要加大宣传力度，大力宣传"三权三证"抵押贷款政策与基本做法，让广大农民了解"三权三证"抵押贷款的重要作用，严防利用"三权三证"抵押贷款政策骗取银行信贷和逃废银行债务行为。二是政府应充分发挥其在"三权三证"抵押贷款中的前期基础阶段（主要包括资产的确权、登记、评估、颁证等工作）和后期流转处置阶段（主要包括资产的流转、交易和风险处置等工作）的重要作用，这前后两个阶段对于"三权三证"抵押贷款的全面有效开展起着至关重要的基础性保障作用，前后两方面是相互支持、相互促进的关系，其中哪一方面或环节出了问题，都会影响或制约到其他环节的有效开展，并对"三权三证"抵押贷款实施带来重大影响。三是政府应在确权登记等方面提供便捷有效的服务，提高农户参与积极性，可以通过当前精准脱贫和乡村振兴战略将"三权三证"工作有机楔入，作为重要工作内容快速推进。四是应加快农村征信体系建设，当前主要是要进一步完善农户、小微企业等农业经营主体的信用档案体系，提高其信用意识，分阶段、按步骤实现农户和小微企业信用评级和目标客户建档全覆盖。按照"先建档、后评级、再授信"原则，建立健全目标客户信用档案数据库，在此基础上，完成农户和小微企业等信用等级评定工作。建设统一的征信数据平台，增加从事征信的专业力量，将征信体系与信用奖惩制度挂钩。推进"信用工程"建设，加强银政合作，继续实施信用户、信用村、信用乡（镇）评选工作。高度重视农村诚信惩戒制度，法德兼治，共同打造良好的诚信市场环境。这也是"三权三证"抵押贷款得以开展和快速发展的基础。五是要加强地方金融生态环境建设，打造良好的绿色金融环境。在政府的努力倡导和培育下，涉农金融机构应进一步优化支付环境，完善机构网点，推广应用非现金支付工具，广泛推行借记卡、惠农卡、信用卡和手机银行以及微信支付等，鼓励创新和应用新兴电子支付业务，提高农村支付结算便利度，大力发展金融科技。构建以信用信息服务、信用等级评定、信用风险处置等为内容的基础服务平台，不断改善地方金融生态环境，促进普惠金融、绿色金融、数字金融快速发展。

# 第六章

# 云南沿边金融开放中的
# 农村金融市场发展研究

农村金融市场是各类经济主体对农村金融产品与工具等进行交易所形成的市场,与前两章分别研究的机构范畴与业务范畴相比,属于市场范畴。本章选取两个方面,从农村金融视角对云南省农村要素市场进行研究,提出构建云南农村要素市场交易所的基本设想。这个问题关乎云南沿边金融开放中的农村金融发展深度与质量,因为从国内外看,农村产权或要素市场交易所是农村经济金融快速发展的重要支撑和"助推器",是连接资源与资本、生产与消费、供给与需求的重要载体与平台,反映着一个国家或地区农村经济金融发展的水平。同时,将对云南沿边地区农村金融市场资源配置效率进行实证分析,得出研究结论,并提出进一步发展的对策建议。

## 第一节 云南沿边金融开放中的农村要素
## 市场交易所构建发展研究

### 一 背景

国内外实践证明,农村要素市场交易所①作为农村产权、要素或产品

---

① 本部分研究的农村要素市场交易所,主要包括各类农村产权交易所、农村要素或商品交易所,以及农村产权流转交易市场(中心或平台)、农村要素交易服务市场(中心或平台)等,具有广义和综合性,在以上中交易所是最高的组织形式。

交易运行的重要载体，通过有效组织、充分调动并激活有限的农村经济与金融资源，促进了农村有限经济金融资源的高效配置，也促进了资源的流动化、价值化和资本化，较好地满足了供需双方的交易与投融资需求，从而增强了"三农"发展活力。因此，近些年来，我国一些地区如上海、四川、重庆等纷纷设立了相关农村要素市场交易所。

近几年来，云南沿边地区农村经济发展较快，尤其是云南省大力倡导和打造的高原特色现代农业，作为"三农"的支柱和优势产业正在全省形成燎原之势。围绕高原特色农业及农村产业结构的转型升级，云南省金融办在 2011 年便启动了以农村"三权三证"抵押贷款作为突破口的"三农"金融服务改革，力图从根本上解决"三农""融资难"问题，重点选择昆明和 4 个州县进行了试点，2014 年开始在全省范围内大面积推广实施，取得了较大成效。2013 年 11 月，《总体方案》获批，更使云南沿边金融、跨境金融和地方金融改革不断深入。但是，云南农村金融资源匮乏不足、资源配置效率较低、农村产权市场发展落后、农村资本市场建设缓慢、农村要素市场交易所建设严重滞后等，很大程度上制约了云南沿边金融改革步伐，影响了"三农"工作的快速发展。因此，尽快建立和发展与当前农村经济相匹配、相适应的农村要素市场交易所对于云南农村经济金融发展具有十分重要的理论和现实意义。

## 二 云南农村要素市场交易所发展现状与主要问题

### 1. 基本现状

据云南省地方金融监管局统计，截至 2016 年底，云南农村要素市场有 19 个，包括林权、矿权，以及花卉、咖啡、普洱茶等系列农产品，做得比较好的是林权。下面以云南省林权交易中心为例进行论述。2011 年 11 月 28 日，云南省林权交易中心挂牌成立，并于 12 月 30 日正式运行，交易首单成交额 58.1 万元，涉及林地林权 1426 亩，拉开了云南省林权交易的序幕。中心采用"公司化"的营运方式，中心大厅设在昆明，在各州市均有服务网点。各州市通过线上发布信息，线下进行实体交易。截至 2016 年 7 月，云南省林权确权颁证已经完成 80%，有 113 个县（市、区）552 个乡

（镇）4257 个村开展了农村土地承包经营权确权登记颁证工作试点，已调查农户 234 万户，确权家庭承包耕地面积 1757 万亩，占家庭承包耕地面积的 42%。农户承包土地经营权、林权、农村集体经营性资产、农业生产设施设备等 8 类产权品种可入市进行流转交易。① 据云南农业农村厅资料，全省各地因地制宜，采取多种形式积极推进农村产权流转交易市场建设，目前共建立农村交易市场 255 个，其中，州（市）级 2 个、县（市、区）级 45 个、乡（镇）级 208 个，覆盖面较大。

**2. 主要问题**

归纳起来，问题主要有以下几个方面。

其一，云南省各类农村要素市场交易所总体来看数量不少，但级别低、标准低、规模小。如设立的大多是交易中心，而有一定交易规模、有较多参与者且有较大影响的很少，这些交易中心等与交易所的标准还相差较远。另外，州市、县、乡各级的多层次交易市场体系也未能有效建立。

其二，交易品种有限，难以满足农村生产要素的多品种多种类商品交易和"三农"主体融资需求。目前发展较成熟的主要有林权交易、花卉交易，土地承包经营权、农户住房及宅基地使用权、农村小微企业产权交易，以及具有云南高原特色的农产品如咖啡、普洱茶、马铃薯、三七、天麻等其他品种交易还未跟上。

其三，相关配套政策制度滞后，难以突破一些法规政策的束缚。近年来，国家对各类要素市场交易所的清理整顿和监管控制较严，加上各类交易所或交易中心各具特点，制度设计不足，专业人才储备不够，对其发展和业务开展造成了较大制约。

其四，以"三权三证"抵押贷款试点为突破口的云南农村金融改革虽然在全省推广实施，但由于确权颁证工作进展缓慢，推进难度较大，一定程度上影响了农村产权交易的顺利进行。

其五，农村金融改革发展必须以风险控制为前提，否则将欲速则不达。早在 2011 年 11 月，国务院发布了《关于清理整顿各类交易场所切实防范金融风险的决定》（国发〔2011〕38 号），由证监会牵头协调有关部

---

① 资料来源：云南网。

门和地方政府对各类交易场所进行清理整顿，到 2014 年全部完成，云南省农村要素交易所由此也得到规范发展。近年来，在我国经济下行压力越来越大、实体经济普遍遭遇"严冬"、金融"脱实向虚"、高杠杆和潜在金融风险不断增大等不利情况下，各类农村要素交易所的设立与规范发展确实是对地方政府进一步改革，以及胆识和能力的重要考验。

## 三 国内其他省份发展农村要素市场交易所的经验与启示

目前，农村要素市场交易所已在国内部分省份建立，但发展良莠不齐。下面重点介绍成都、上海、重庆、武汉设立的农村产权交易所，它们在交易范围、技术融合与法规建设等方面各有特色，具有值得借鉴的积极意义。通过对上述四家产权交易所产生发展、业务范围、管理模式与存在的主要问题的分析，最后得出一些经验启示。

### 1. 国内第一家农村要素市场交易所——成都农村产权交易所

2008 年 10 月 13 日，成都农村产权交易所成立并揭牌，标志着我国首个综合性农村产权交易市场正式建立。规定农村的土地承包经营权、林权、集体建设用地使用权等都可以通过市场原则在交易所内实现有序交易转让。农户作为转让方，不需缴纳服务费用，受让企业也只收交易服务费。业务范围主要包括：农村土地承包经营权、林权、农村房屋所有权、集体建设用地使用权、农村集体经济组织股权、农业类知识产权等农村产权的交易；农村土地综合整治腾出的集体建设用地的交易；农村部分资产处置等相关业务。据统计，截至 2015 年底，四川省农村家庭承包土地流转总面积已达 1482.3 万亩，占全部农地面积的 25.4%，比 2014 年提高 2.1 个百分点，农户土地流转 10 亩以上面积的占流转总面积的 56.1%，流转 50~99 亩的比例为 23.1%。随着流转速度的加快，农地经营规模细碎化、分散化的传统既有模式被逐渐打破，农业适度规模经营日趋凸显并得以加速发展。①

成都农村产权交易所是按照现代企业管理模式运营的综合性产权交易

---

① 资料来源：中国民生网。

所，自成立以来，完成了交易制度规则、交易硬件设施、信息系统等系列建设工作，成为一个连接各区（市）县农村产权交易分所，旨在搭建市、县（市、区）、乡三级农村产权流转信息发布和组织交易的综合型平台。成都市三级农村产权交易机构实施"六统一"管理模式，即统一交易规则、统一交易鉴证、统一服务标准、统一交易监管、统一信息平台、统一诚信建设，形成了税费一致、统一规范、信息共享的产权交易体系。其设立与运作，政府在其中发挥了重要作用，政府通过确权等一系列措施保障了农村要素产权在交易所中能够顺利实现交易转让，这实际上是依靠政府来做质押担保对象，并与银行合作，共同承担农村抵押物在交易中的成本和损失。

成都农村产权交易所发展中存在的主要问题。

其一，农村部分产权界定、确权颁证需较长时间，有的甚至难度很大。

其二，在质押贷款比例和损失问题上，政府承担损失风险较大，在以往的情况下，可以高达80%。前期在支持交易所建立时可以采用，但随着其建立和发展，政府的角色应逐渐弱化。"三农"发展的特殊性和弱质性使得地方政府在前期建设中应较多进行扶持，但后期随着农村经济及其产权交易的发展政府应逐渐退出相应领域和减少损失负担。

其三，在业务范围上还不太宽，如农民的专利等知识产权和特色农产品等交易存在困难。初创业务范围较窄，因此需要逐步拓宽农村产权的交易范围。

**2. 信息化与专业化结合的典范——上海农村产权交易所**

上海农村产权交易所成立于2009年9月18日，通过运用现代化手段，采用网络与实体相结合的运作方式，如今已经发展成为集信息发布、产权交易、资产评估、抵押融资、法律咨询等功能于一体的综合服务性机构。其业务范围除农村各类产权交易外，涵盖法律允许范围内各类市场主体的产权、实物资产交易、科技创新成果转让以及其他创新形式的产权交易，为农村各类市场主体提供生产力提升方案设计、市场推广策划、增资扩股、投行服务等个性化增值服务，其业务范围、服务流程与组织架构具体见表 6-1、图 6-1、图 6-2。①

表 6-1　上海农村产权交易所业务范围

| 农村产权交易平台 | 产权交易综合服务 | 专业定制服务 |
|---|---|---|
| 为各类农村产权提供信息发布、产权交易、法律咨询、资产评估、融资租赁等综合服务。<br>交易品种主要包括：农户承包土地经营权、林权、"四荒地"使用权、农村集体经营性资产、农业生产设备、小型水利设施使用权、农业类知识产权等 | 为各类市场主体的事务资产、股权、债权、知识产权等权益交易提供信息发布、交易组织、交易结算等产权交易服务。<br>与相关专业机构在交易的各个环节提供方案设计、审计评估、法律咨询等规范、细致的综合配套服务 | 为各类产权交易提供专业、高效的产权经纪服务。<br>根据各类市场主体的需求提供企业改制、增资、扩股、并购重组、资产处置、投融资、流程再造等个性化专业定制服务 |

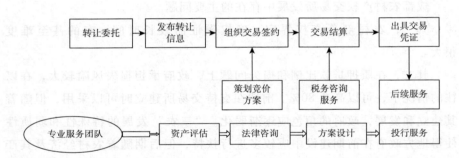

图 6-1　上海农村产权交易所服务流程

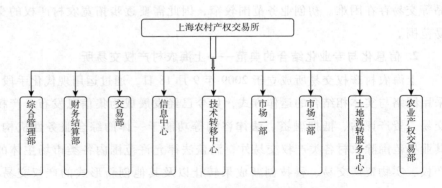

图 6-2　上海农村产权交易所组织架构

---

① 资料来源：上海农村产权交易所官网。

上海农村产权交易所按照有转让需求的企业或农户的不同类别在交易所中发布需求信息，再提供相关签约等服务，并进行交易结算，最后进行交易凭证的交换。交易前期有专业服务团队依据相关企业和农户的资质信息和要素资源评估制定相应的交易凭证，从而有利于后期产权交易。

上海农村产权交易所自建立到现在，从首批推出的 140 宗挂牌项目，包括农村企业产权转让、农村土地承包经营权流转、农业技术转让、农业设施租赁权转让等，共涉及金额 3.54 亿元，呈现起点高、范围广、发展快的特点。从 2015 年 8 月到 2016 年 3 月 7 个月共成交 117 桩合同。除了传统的交易品种外，上海农村产权交易所交易的品种还包括农业科技成果，2015 年 12 月首个挂牌的哈密瓜新品种 "华蜜 0526" 以 90.6 万元的交易价正式转让品种权。①

上海农村产权交易所存在的主要问题如下。

其一，农村产权界定、确权颁证工作推进发展速度较慢。

其二，相关产权市场体系没有完全构建起来，产权交易范围有限，流动性不足。

其三，中介服务发展不足。

其四，市场交易标的物等产品设计开发还不够，影响了其业务的快速发展。

**3. 地票交易的国内首创——重庆农村土地交易所**

2008 年 12 月 4 日，重庆农村土地交易所挂牌成立。重庆农村土地交易所采用法人治理机构框架，主要内容包括建立农村土地信息库、发布交易信息、提供交易场所以及办理交易事务等，从不同方面为农用地承包经营权、农村集体建设用地使用权及农村未利用地使用权交易提供服务，为农村土地流转提供信息咨询服务，以及其他农村土地流转服务等业务。重庆地票改革试点不仅是重庆也是我国城镇化、工业化和农业现代化的重大实践探索。其基本思想是以耕地保护和实现农民土地财产价值为目标，建立市场化复垦激励机制，引导农民自愿将闲置、废弃的农村建设用地复垦为耕地，形成的指标在保障农村自身发展后，以地票方式在市场和交易所

---

① 资料来源：上海农村产权交易所官网。

内公开交易。

从实效看，地票已成为支持和配合相关改革的重要政策工具。截至2016年5月上旬，重庆农村土地交易所累计交易地票17.7万亩，金额达353.4亿元，亩均成交价为19.97万元。重庆农村户均宅基地为0.7亩，通过地票交易，农户能一次性获得大约10万元的收益。农民通过地票交易明显增加了财产性收入，地票收入成为部分贫困农户实施生态移民搬迁的重要资金来源。截至2015年末，重庆办理农村集体建设用地复垦项目收益权质押贷款达144.23亿元，农房抵押融资达166.9亿元，地票质押贷款达12.23亿元。[①]

主要做法：一是确权颁证，夯实基础；二是扎实开展农村建设用地复垦，提供有保障的地票来源；三是建章立制，依规推进；四是公开交易，保障权益；五是创新管理技术和监管方式，保障操作阳光规范；六是多方协调，联动改革。[②]

重庆农村土地交易所存在的主要问题如下。

其一，交易规模较小。与重庆联合产权交易所相比，重庆农村土地交易所交易规模还较小，且难以在短时期内形成规模优势。

其二，交易市场扩张难。由于国家政策所限，农村土地交易所及地票改革只是在重庆市域范围内封闭运行，与外省（区、市）合作尚停留在人员互访、经验交流等较低层次上，土地、林权等跨区域交易等深层次合作也未能开展起来。

其三，信息化建设滞后。重庆农村土地交易所仍采取由交易主体到农村土地交易所公开竞购的传统交易方式，交易成本较高，信息化建设存在一定的不足。

其四，组织管理模式面临挑战。随着更多农村产权交易品种进入所内交易，市场交易规模将逐步扩大，这对其提出了更高的要求，也给专业管理队伍带来严峻挑战。

---

① 《新型城镇化建设系列报道之一：重庆地票改革试验情况》，中国政府网，2016年5月18日，http://www.gov.cn/zhengce/2016-05/18/content_5074350.htm。
② 《新型城镇化建设系列报道之一：重庆地票改革试验情况》，中国政府网，2016年5月18日，http://www.gov.cn/zhengce/2016-05/18/content_5074350.htm。

**4. 政策法规的强力支持——武汉农村产权交易所**

武汉农村产权交易所成立于 2009 年 4 月 30 日，是全国继成都的第二家、中东部地区第一家综合性农村产权交易机构。它在实行"六统一"的管理模式基础上，形成了"交易—鉴证—抵押"的"武汉模式"。其最大亮点是凭借产权交易鉴证书可以进行抵押贷款，拓展了农村产权融资抵押业务，助力规模化、集约化农业生产。它主要通过产权交易鉴证职能，提供信息咨询、交易策划、产权经纪、培训辅导、委托管理、投融资等一系列配套服务，同时依托政府力量建立市、区、街三级交易平台，引导和约束本市辖区农村产权，规定本市农村产权的出租、转让、入股、抵押等必须在交易所中进行，同时鼓励支持农民个人产权进场流转交易。截至 2016 年 10 月，交易所已累计组织农村产权交易 2422 宗，交易金额 147.5 亿元，涉及土地面积 118.87 万亩，办理抵押登记实现融资 24.92 亿元，核定了有资质、有实力、讲诚信的中介组织 17 家。从 2015 年起全市开始征收土地流转风险保证金，2015 年共征收 1236 万元。武汉农村产权交易所在全国试点的"三权分置"抵押贷款，已为农村小微企业、专业合作社、种养大户、农户等发放产权抵押贷款 22.56 亿元，其中单笔最高金额达到 2 亿元。①

武汉农村产权交易所按照"群众自愿、土地入股、集约经营、收益分红、利益保障"的原则，引导村集体和农户以土地入股，组建土地股份合作社，目前已有 300 多家，其中示范性土地股份合作社 42 家，入股形式主要有"单一承包耕地入股""承包耕地+生产资料入股""承包耕地+集体闲置土地入股"等。土地股份合作社社员收入来源于公司对农产品的定向收购，扣除成本和公益金、公积金后按股分红。

武汉农村产权交易所存在的主要问题如下。

其一，农村产权交易所抵押担保方面存在诸多法律限制难以突破，参与主体尤其是金融机构顾虑较多。

其二，统一规范运作难度大。由于缺乏统一的成熟的管理政策、行业标准、操作办法等，交易机构的权威性、集体资产进场交易的强制性、交

---

① 资料来源：武汉农村产权交易所官网。

易程序的规范性、产权评估的科学性等都需要进一步探索，很容易引发风险问题。

其三，合作会员较少，使得要素流动效率下降。

其四，农民参与积极性还不高。主要受传统观念影响，以及推进过程中部分土地流转未能依法律程序办理，权属不清，以致产生较多矛盾纠纷，影响了交易及其处置。同时，土地分散也导致集中连片流转难度大，一定程度上也影响了承租方农业企业参与流转的积极性。

**5. 对云南的几点启示**

以上主要对成都、上海、重庆、武汉四地农村产权交易所发展的基本情况与问题做了一些介绍，总体来看，上述四地农村产权交易所各具特点，其做法经验与存在的主要问题对云南农村要素交易所的建立发展具有以下一些启示。

其一，必须事先做好顶层设计，制定并完善相关规章管理制度，坚持"公开、公平、公正"原则，做好流程监控，将风险控制放在第一位，只有这样才能维护交易的正常运转，确保参与者和投资者的权益。

其二，必须做好农村产权界定评估登记等基础性工作，只有产权界定清晰、权属清楚、权证相符，才允许在交易所上市交易，这样，一旦发生问题处置起来也不会发生多少矛盾与争执，不会导致最后处置变现执行困难，参与各方都不满意，进而影响市场出清和市场效率。

其三，必须充分利用科技手段，保证信息充分流通，不断扩大市场参与者，建立交易所良好的公信力，提高市场各方的参与积极性。

其四，必须加强农村基础设施建设和农村经济结构调整、农业产业转型升级，打造良好的农村信用与经济社会发展环境，为交易所建立发展提供重要基础与保障。

其五，必须积极探索充分发挥农业保险在农村要素市场交易所的重要作用。

## 四　云南农村要素交易所构建发展的对策建议

鉴于上述国内相关产权交易所的经验做法，以及云南省前期建立的林权、花卉、咖啡等部分交易场所的发展情况及其存在的主要问题，下面我们对云南农村要素交易所的构建及如何进一步发展提出一些不成熟的看法。

第一，政府应转变观念，创新思维，以长远眼光和担当精神积极牵头规划，认真做好顶层设计可行性研究和报备工作。在当前金融风险防控已成为我国最主要的目标与形势下，必须高度重视深入研究农村要素市场交易所的顶层制度设计，为其建立运行提供全面系统的法规政策制度支持，紧密结合地方实际，充分做好可行性研究，使其既能降低运行成本又能稳定高效运行，还能有效控制风险。

第二，政府应实施财金联动，创新资本合作共赢机制。首先，坚持"政府引导、企业主体、市场运作"基本原则，厘清政府与市场边界，充分发挥市场在资源配置中的决定性作用，以及财政资金的引导和杠杆作用；其次，财政与银行应紧密合作，以财政资金为先导，银行信贷积极配合支持，广泛吸纳各类社会资本和国内外资本参与设立。地方政府应充分意识到，只有农村要素市场交易所建立发展起来，产权等要素流转交易，资金回流农村用于农业和农村产业发展，农民的收入才能有很大提高，"三农"才会有根本改观，农村市场化的基础才能夯实。

第三，交易所治理结构上可与大多数国内交易所一样采取会员制形式，只要符合条件就可以成为会员，接受交易所和行业协会的双重管理。为此，我们学习借鉴国内主要产权交易中心等基本做法，设计了云南农村要素交易所的基本架构和交易简易流程，具体见图6-3和图6-4。

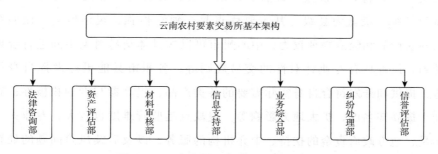

**图 6-3　云南农村要素交易所基本架构**

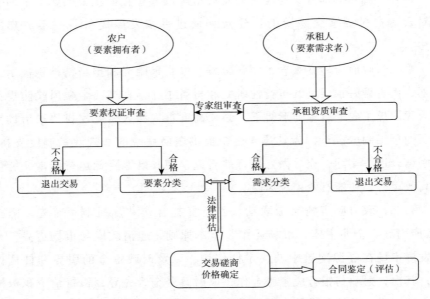

**图 6-4　云南农村要素交易所交易简易流程**

第四，交易所组织模式有两种设计方案可以考虑。方案一：实行省级（总所）、州市级（分所）、县级（代理所）和乡镇级（基层所）四级总分支机构，即从上到下的总分支机构。这种层级结构的主要优点是：全省统一，便于指导管理；运行规范，交易效率较高；平台层级较高，分支网络覆盖广，参与者较多。但缺点是监管难度较大，需要更多的人力与资金维护，组织机构的灵活性不足。方案二：省、州市、县农村要素交易所并行独立设置。即省、州市、县各交易所单独设立与运行，设立为三级，最低为县级。其主要优点是：独立性强，灵活度高，比如在某些农产品和经济物种较为集中的州市可以按具体交易对象不同进行合理规划，设置具有专业针对性的交易规则等；各州市县能更好发挥自身优势，提供和开发符合自身实际需要的各类产品，提高参与者的积极性；有利于提高知名度，扩大地方影响等。但缺点是监管难度也较大，专业人才不足，地方政府资金的扶持、中介机构的服务，以及后续风险问题的处置等也有所欠缺。

第五，交易所的交易形式，可采取现货和期货交易两种，目前应以现货交易为主。同时，交易所可以是专业性的，也可以是综合性的。交易产品与对象应根据本地实际情况和发展阶段逐步实现多样化，主要包括农村各类要素如产权、专利、财产权证、主要农产品及农村市场供求信息发布等。目前可以农村产权、权证交易（如"三权三证"）为重点和突破口，然后再发展各类主要特色农产品等，以现货为主以期货为辅，逐步发展。

第六，努力做好农村要素产权改革的各项基础性工作。农村各类产权交易中心和要素市场交易所由于设立的标准要求高，在当前潜在金融风险较高环境下，应体现少而精的原则，成熟一个申报一个设立一个，或者是创造有利条件设立，不宜大面积大范围推进。目前应以农村产权交易为突破口，带动其他要素市场的全面跟进，通过各类农村要素交易所的设立与规范有效运作，从而激发云南农村资源资产化、资产资本化、商品市场化，逐步打造和最终形成在西部、在全国、在南亚和东南亚有一定规模和影响的要素交易市场。鉴于农村"三权三证"抵押融资试点在云南开展推广较早且发展较好，可将此作为农村要素市场交易所初期业务发展的重点。为此，当前还应重点做好以下工作。

一是加快"三权三证"确权颁证登记工作，提高颁证率。准确核实产权归属，做到产权明晰、权属清楚，对有争执和矛盾的权证不抵押、不挂牌、不交易。

二是完善加强交易所发展所需要的软、硬件基础设施建设，通过外引内联、多渠道多形式宣传，政府搭台、企业唱戏，制定科学合理的制度规则，引导各类市场主体参与，并为其交易提供良好有效服务，尽可能满足供需者和投资者的需求。

三是做好专业人才引进、培养和培训工作，员工素质是交易所有效运作的根本保证。

四是建立风险处置中心，对违规交易和爽约等问题进行及时快捷高效的处置，以维护市场安全稳定运行，保护市场参与者和投资者的合法权益。

# 第二节　云南沿边金融开放中的
# 农村金融资源配置效率实证研究

农村金融资源配置效率是农村金融市场的核心，也是其发展程度的重要衡量指标，如何高效利用有限的农村金融资源对于农村金融发展具有至关重要的意义。本节通过对云南沿边地区农村金融资源配置效率进行实证分析，得出研究结论，并提出进一步提高效率的对策建议。

## 一　引言

长期以来，农村资金供求缺口大、农村金融资源匮乏不足及其配置效率低下，在很大程度上影响和制约了云南沿边农村金融的发展步伐。随着云南沿边农村经济的快速发展，满足不断增长的农村金融需求不仅应体现在数量规模上，还应体现在效率质量上，并尽可能地通过效率质量的提高弥补规模不足的短板，使有限农村金融资源得到更充分高效的利用，而云南沿边地区[①]农村金融资源的稀缺性要求我们更应注重其效率问题，因而研究农村金融资源配置效率对于云南农村金融市场发展具有重要意义。

## 二　数据选取与模型设定

本研究从农村金融资源的投入产出角度出发，通过投入产出之间的关系来研究云南沿边农村金融资源配置效率问题。

### 1. 投入指标的选取

农村金融资源投入一般包括资金（货币和信用）、组织机构、制度、人力等资源的投入。因此，在农村金融资源投入方面，本研究重点选取了

---

① 本部分所研究的云南沿边地区主要包括云南沿边 8 个州市和昆明市即 "8+1"，同时也将云南全省放进去比较研究。

人均外商直接投资①、人均涉农贷款②、人均财政支农、农村金融机构密度③和保险密度五个指标。

**2. 产出指标的选取**

农村金融资源的产出指标，本研究重点选取了人均农业 GDP、人均纯收入、农村市场消费水平、改水改厕率④和城镇化率⑤五个指标（见表6-2）。

表6-2　云南沿边金融开放中农村金融资源配置效率指标评价体系

| 一级子系统 | 二级子系统 | 指标层 |
| --- | --- | --- |
| 投入指标 | 引进国外资金 | 人均外商直接投资（元） |
| | 政府资金投入 | 人均涉农贷款（元） |
| | | 人均财政支农（元） |
| | 组织机构 | 农村金融机构密度（个） |
| | | 保险密度（元） |
| 产出指标 | 经济发展 | 人均农业 GDP（元） |
| | 居民生活 | 人均纯收入（元） |
| | | 农村市场消费水平（%） |
| | 社会发展 | 改水改厕率（%） |
| | | 城镇化率（%） |

**3. 数据说明与参数校准**

数据说明：主要选取云南沿边八个州市、昆明市和云南省总体指标为样本，运用上述指标评价体系对农村金融资源配置效率进行分析。由于最新数据局限，本书数据来源于 2016 年的《云南统计年鉴》《云南金融年

---

① 选取这一指标主要是考虑沿边地区开放情况所引入的外资程度。
② 此处涉农贷款数据主要包括云南省农村信用社和农业发展银行两大涉农金融机构。
③ 农村金融机构密度＝农村金融机构数/农村人口（万人）。
④ 选择该指标用来反映农村居民生活条件改善状况，数值越大说明农村居民生活水平改善的程度越高。
⑤ 选择该指标用于说明沿边地区农村社会发展的基本状况，该比率越高，说明社会越发展越进步。

鉴》《区域金融运行报告》，以及国家统计局、云南省统计局等网站。

参数校准：由于各指标量纲不同，实证分析过程中须对表 6-2 中的数据指标归一化处理。

$$Y_{ij} = \frac{X_{ij} - X_{\min(i)}}{X_{\max(i)} - X_{\min(i)}} \tag{6.1}$$

其中，$X_{ij}$ 表示 $i$ 地区的第 $j$ 个指标值，$X_{\max(i)} = \max(x_{i1}, x_{i2}, \cdots, x_{in})$，$X_{\min(i)} = \min(x_{i1}, x_{i2}, x_{i3}, \cdots, x_{im})$。运用式（6.1）对表 6-2 中的数据进行标准化处理。

**4. 投入产出模型建立**

本研究依据指标体系法建立农村金融资源配置效率的模型，即将特定的农村金融资源作为投入。农村金融资源投入模型：

$$U_i = \sum_{j=1}^{m} \delta_j U_{ij} \tag{6.2}$$

其中，$U_i$ 为 $i$ 地区农村金融资源投入综合指标；$U_{ij}$ 为 $i$ 地区农村金融资源的第 $j$ 种投入指标；$\delta_j$ 表示第 $j$ 种投入指标对综合投入效果影响的权重；$m$ 表示投入指标的个数总和（在这里 $m=5$）。农村金融资源产出模型：

$$W_i = \sum_{j=1}^{n} \lambda_j W_{ij} \tag{6.3}$$

其中，$W_i$ 为 $i$ 地区农村金融资源产出综合指标；$W_{ij}$ 为 $i$ 地区农村金融资源的第 $j$ 种产出指标；$\lambda_j$ 表示第 $j$ 种产出指标对产出综合效果影响的重要程度，也即权重；$n$ 表示产出指标的个数总和（在这里 $n=5$）。通过上述模型（6.2）与模型（6.3）的计算，可分别计算出云南沿边农村金融资源投入综合指标和产出综合指标，再计算农村金融资源投入产出比，即农村金融资源配置效率模型。

农村金融资源配置效率模型：

$$E_i = \frac{W_i}{U_i} \tag{6.4}$$

根据 $E_i$ 值的大小可比较得出云南各地区农村金融资源配置效率的差异，$E_i$ 值越大，表明相比其他地区，该地区农村金融资源配置效果越好（见表6-3）。

表 6-3    标准化农村金融资源投入、产出指标矩阵

| 地区 | $U_1$ | $U_2$ | $U_3$ | $U_4$ | $U_5$ | $W_1$ | $W_2$ | $W_3$ | $W_4$ | $W_5$ |
|---|---|---|---|---|---|---|---|---|---|---|
| 云南省 | 0.42 | 0.11 | 0.05 | 0.05 | 0.10 | 0.36 | 0.27 | 0.22 | 0.73 | 0.47 |
| 昆明市 | 0.69 | 1.00 | 1.00 | 1.00 | 1.00 | 0.30 | 1.00 | 1.00 | 0.91 | 1.00 |
| 保山市 | 0.10 | 0.06 | 0.08 | 0.07 | 0.08 | 0.32 | 0.14 | 0.09 | 0.78 | 0.55 |
| 普洱市 | 0.16 | 0.05 | 0.06 | 0.00 | 0.06 | 0.37 | 0.50 | 0.25 | 0.64 | 0.46 |
| 临沧市 | 0.02 | 0.03 | 0.03 | 0.03 | 0.02 | 0.42 | 0.14 | 0.20 | 1.00 | 0.48 |
| 红河州 | 0.00 | 0.12 | 0.02 | 0.00 | 0.14 | 0.23 | 0.48 | 0.35 | 0.80 | 0.57 |
| 文山州 | 0.65 | 0.00 | 0.00 | 0.09 | 0.02 | 0.10 | 0.05 | 0.21 | 0.84 | 0.45 |
| 西双版纳州 | 0.80 | 0.30 | 0.02 | 0.06 | 0.30 | 1.00 | 0.32 | 0.36 | 0.85 | 0.80 |
| 德宏州 | 0.62 | 0.25 | 0.17 | 0.22 | 0.22 | 0.45 | 0.44 | 0.31 | 0.95 | 0.47 |
| 怒江州 | 1.00 | 0.08 | 0.00 | 0.03 | 0.00 | 0.00 | 0.20 | 0.00 | 0.00 | 0.00 |

注：指标说明：$U_1$ 指人均财政支农；$U_2$ 指人均涉农贷款；$U_3$ 指人均外商直接投资；$U_4$ 指农村金融机构密度；$U_5$ 指保险密度；$W_1$ 指人均农业 GDP；$W_2$ 指农村市场消费水平；$W_3$ 指城镇化率；$W_4$ 指改水改厕率；$W_5$ 是指人均纯收入。其中，$W$、$U$、数值均为标准化后的数据。

## 三    实证分析

### 1. 运用主成分分析法确定投入产出指标的权重

在建立多元回归模型时，由于模型中存在较多相关解释变量，而变量之间多重共线性的存在会使数据提供的信息发生重叠。为更准确地反映事物特征，本书采用降维——主成分分析法的思想，将所有指标信息通过相关少数几个指标来反映，在低维空间将信息分解为互不相关部分以获得更有意义的解释。

在多因素分析中，权重的选取是难点。本书借鉴经典研究文献中的方法，采用客观评分的方法——主成分分析法来确定各指标的权重。利用软件 Eviews 9.0 中 Principal Components 处理标准化后的数据，计算其特征值和特征向量、方差贡献率等，最终确定各指标权重。

（1）投入指标的构建

运用标准化后的数据，计算农村金融资源投入指标的特征值、贡献率和累积贡献率，见表6-4。

表 6-4　各投入指标的特征值、贡献率和累积贡献率

| | | 第1主成分 | 第2主成分 | 第3主成分 | 第4主成分 | 第5主成分 |
|---|---|---|---|---|---|---|
| 特征向量 | 人均财政支农（$U_1$） | 0.18637 | 0.976711 | 0.070252 | 0.035124 | 0.071642 |
| | 人均涉农贷款（$U_2$） | 0.494625 | -0.018781 | -0.474975 | 0.245085 | -0.685073 |
| | 人均外商直接投资（$U_3$） | 0.488124 | -0.17044 | 0.425395 | 0.677483 | 0.304535 |
| | 农村金融机构密度（$U_4$） | 0.490399 | -0.093253 | 0.557457 | -0.614565 | -0.249731 |
| | 保险密度（$U_5$） | 0.491788 | -0.08909 | -0.527015 | -0.319417 | 0.608634 |
| 特征值 | | 4.00757 | 0.90191 | 0.079169 | 0.009711 | 0.00164 |
| 贡献率 | | 0.8015 | 0.1804 | 0.0158 | 0.0019 | 0.0003 |
| 累积贡献率 | | 0.8015 | 0.9819 | 0.9977 | 0.9997 | 1 |

经因子旋转分析计算得到各投入指标的权重（见表6-5）。

表 6-5　各投入指标的权重

| | $U_1$ | $U_2$ | $U_3$ | $U_4$ | $U_5$ |
|---|---|---|---|---|---|
| 权重 δ | 0.20009 | 0.20792 | 0.19617 | 0.19990 | 0.19593 |

注：在实证研究中我们发现保险机构的贡献率较低，这可能与当前云南省农村经济发展处于初级阶段有关，云南农村经济发展的不平衡性造成云南沿边农村保险机构功能发挥不足。

（2）产出指标的构建

经类似的方法得到各产出指标的权重（见表6-6）。

表 6-6　各产出指标的权重

| 产出指标 | $W_1$ | $W_2$ | $W_3$ | $W_4$ | $W_5$ |
|---|---|---|---|---|---|
| 权重 λ | 0.28644 | 0.10107 | 0.15121 | 0.25454 | 0.20673 |

### 2. 云南各地区农村金融资源配置效率的计算

运用农村金融资源投入模型、产出模型和投入产出模型，可以分别计算出各地区的投入综合指标 $U_i$、产出综合指标 $W_i$ 和效率指标 $E_i$，具体结果见表6-7。

表6-7 主成分分析法模拟云南各地区农村金融资源配置效率及其排名

| 地区 | 投入综合指标 $U_i$ | 产出综合指标 $W_i$ | 效率指标 $E_i$ | 配置效率排名 |
|---|---|---|---|---|
| 文山州 | 0.089515915 | 0.869313060 | 9.711268243 | 1 |
| 昆明市 | 0.133635157 | 0.829286213 | 6.205599140 | 2 |
| 云南省 | 0.222334139 | 1.059095858 | 4.763532324 | 3 |
| 临沧市 | 0.164080531 | 0.771392902 | 4.701306725 | 4 |
| 西双版纳州 | 0.196389241 | 0.835757474 | 4.255617421 | 5 |
| 红河州 | 0.252513898 | 0.762379579 | 3.019158883 | 6 |
| 普洱市 | 0.474316842 | 0.811726306 | 1.711358810 | 7 |
| 怒江州 | 0.983758501 | 0.726708214 | 0.738705905 | 8 |
| 保山市 | 1.967517002 | 1.419677614 | 0.721557990 | 9 |
| 德宏州 | 0.055259306 | 0.029647447 | 0.536515018 | 10 |

### 3. 基本结论与启示

从实证分析的基本结果来看，云南沿边地区农村金融资源配置效率总体水平较低，且地区差异较大。云南省的平均水平为4.7，在3以上的州市有文山州、昆明市、临沧市、西双版纳州和红河州，其中文山州最高，达9.7，昆明市排在第二位，达6.2，在1以下的有德宏州、保山市、怒江州，与文山州和昆明市相比相差很大。相对而言，滇南地区比滇西地区的农村金融资源配置效率整体高一些。

几点启示：第一，云南省沿边地区农村金融机构及其涉农贷款等对云南农村经济的影响不太明显，这与当前云南沿边农村经济对于农村金融资源的内需不足有很大关系。故进一步拓宽贷款资金渠道，增加信贷投入具有重要意义。第二，政府财政支农资金在云南沿边农村金融资源配置中的作用占有很大比重，仍应进一步加大力度。第三，外商直接投资具有重要作用，需积极争取和利用国外的资金投入。第四，保险机构的贡献度较低，应大力发展"三农"保险。

需要说明的是，上述实证中配置效率及排序名次仅反映农村金融资源配置效率的相对效果，并不具有绝对数值比较及地区农村经济发达与否的实际现实意义，其值越大仅反映农村金融资源配置效率相对于其他地方较好。

## 四　提升云南省农村金融资源配置效率的对策建议

为促进云南沿边地区农村金融资源配置效率的进一步提升，我们提出"五个进一步"的对策建议。

一是金融机构应进一步加大信贷支持力度。研究发现涉农贷款所占权重较大，而农村金融机构的贡献率却并不高，表明现阶段云南沿边金融开放和农村金融发展更需要重视和研究农村金融机构的贷款力度不足及贷款效率低下问题。为此，涉农金融机构需要不断拓展资金来源渠道，加大信贷投入力度，创新金融产品与服务，努力培育和增强农村金融资源的内需动力，以更多的涉农贷款满足快速发展的"三农"发展需求。

二是政府应进一步加大财政支农力度。研究发现，财政支农是影响云南沿边地区农村金融资源配置效率的重要因素。因此，云南财政支农渠道应多元化、分层次，形成中央、省、州市和县四级联动机制；应做到精准支农、定点支农，做到有重点、有项目、有效益；应借助脱贫攻坚和乡村振兴战略，积极争取中央各项政策优惠和财税优惠，并积极利用和落实好优惠政策，打好"民族牌""生态牌""三农牌""发展牌"；建立合理的财政资金拨付与评价管理制度，建立以财政引导资金为基础和导向的产业投资基金、扶贫开发基金、生态补偿基金、"三权三证"抵押贷款风险基金，支持各类资产评估公司和融资担保公司等中介服务发展，通过 PPP 模式等多种形式的合作在基础设施建设上进一步改善农村农业基础设施；加大对农村教育的投入和技术人才的培训，为"三农"发展提供人才和人力资源保障。

三是应进一步利用并发挥外资在"三农"发展中的重要作用。外资具有资金、技术、人才和管理等优势，应充分利用和发挥外资在云南农村经济金融中的重要作用，尤其应针对老挝、缅甸、越南等沿边国家的不同资金进入设定不同的市场投资准则，加强资金、技术、人员、商品、信息等双向自由流动，合理引导其资金投向并为外资进入提供全方位的服务，同时加强对跨境资金流动的有效监管，不断提升云南沿边地区对外资的吸引力。

四是应进一步发展"三农"保险市场。研究表明保险机构的贡献度较低，因此需要大力发展地方保险、跨境保险，创新农村保险产品与服务，推动保险参与货币市场、信贷市场、资本市场、外汇市场等金融市场发展，支持企业"走出去、引进来"，在人流、物流、资金流、技术流、信息流等各方面充分发挥保险的支持作用，这对云南沿边地区"三农"发展具有重要的助力保障作用。

五是应进一步改善农村金融生态环境。良好的农村金融生态环境是农村金融资源高效配置的基础条件，必须高度重视，不断打造并逐渐形成有利于农村金融发展的内外部环境，诸如征信与信用体系建设、支付体系建设、担保体系建设，以及农村经济结构调整与产业转型升级、基础设施建设，以及社会治理、行政司法执法环境和营商环境等，以促进云南沿边农村普惠金融、绿色金融、数字金融的快速发展。

# 第七章

# 云南沿边金融开放中的
# 跨境金融合作发展研究

　　跨境金融合作是云南沿边金融开放的重要内容，也与农村金融发展息息相关，属于农村金融发展的国际金融范畴。由于云南沿边地区绝大部分是农村地区、民族地区、贫困山区，经济社会发展较为缓慢，沿边跨境金融发展的好坏一定程度上影响着农村金融的深入发展。本章将对当前云南跨境金融合作存在的主要问题进行分析，并提出发展建议。

## 第一节　云南省发展跨境金融
## 合作的意义

　　近年来，我国明确提出要进一步加快金融业对外开放。因此，如何将沿边金融、跨境金融合作推向更开放、更深入、更持久既是我国也是云南金融进一步开放面临的重要任务。

　　云南与越南、老挝、缅甸接壤，是中国—东盟自由贸易区、大湄公河次区域经济合作（GMS）、南亚次区域经济合作、泛珠三角区域合作、孟中印缅经济走廊和"一带一路"—"长江经济带"的交会点和接合部，在中国—东盟自由贸易区建设、中国与南亚东南亚等各国的合作中有着十分重要的地位。云南作为我国面向南亚和东南亚的重要沿边开放门户和辐射中心，是中国与南亚、东南亚和东盟进行区域经济金融合作的重要伙伴。云南省大力发展沿边跨境金融的重要意义，可具体归纳为以下五个方面。

一是有利于加快昆明区域性国际金融中心建设和云南面向南亚东南亚辐射中心建设进程。

二是能有力地支持云南沿边开放经济带、边境经济合作区、跨境经济合作区、"长江经济带"、亚太自由贸易区、孟中印缅经济走廊等一系列国家重大战略的建设与实施，从而对我国和云南省经济金融长期稳定发展起到重要保障和支持作用。

三是有助于云南进一步扩大对外贸易与投资规模。据云南省统计局资料，以贸易进出口为例，2012 年为 210.05 亿美元、2013 年为 258.29 亿美元、2014 年为 296.22 亿美元、2015 年为 245.27 亿美元、2016 年为 200 亿美元、2017 年为 234 亿美元、2018 年为 298 亿美元，2019 年为 336.92 亿美元、2020 年为 388.81 亿美元，2020 年为历史最高，可以看出近些年来云南进出口总额总体上平稳发展，几乎每年都有一定增长，虽 2015 年至 2017 年有所回落，但 2018~2020 年增速发展明显。

四是有利于推动人民币进一步周边区域化与国际化。近些年来，我国已先后与周边国家开展跨境金融合作，签署了边境贸易本币协定。但是多年实践，一些地域或方向的边境贸易人民币结算成效并不显著，由此"人民币向南"战略应运而生。长期以来的不断发展，使得云南与周边国家的跨境金融合作逐渐形成了自身特色模式与经验，有利于人民币国际化的深入推进。

五是有利于云南全方位金融市场的形成，进而全面促进云南金融高质量发展。云南倡导支持金融机构"走出去、引进来"，并使现有金融市场从货币市场、信贷市场不断扩展到资本市场、基金市场、保险市场、外汇市场、期货市场等其他市场，初步形成了全方位、多层次的现代金融市场。加强沿边跨境金融合作，有利于从根本上提高云南金融的规模与水平，将云南打造成为我国沿边金融改革开放的"新高地"和"示范区"，最终实现云南经济"跨越发展"、社会"和谐稳定"、边疆"繁荣稳定"、民族"团结进步"、人民"安居乐业"的经济社会发展目标。

## 第二节　云南省跨境金融合作发展现状

　　云南作为我国最早开展跨境金融合作的省份，其跨境金融合作历来尤以边境贸易人民币结算为核心和重点，边境贸易中以人民币结算的比例长期保持在90%以上。目前，人民币在云南周边国家已形成较大的流通规模与市场，"地摊银行"就是在两国边境地区进行的人民币与周边国家小币种的结算兑换，且其保有的人民币规模也不少，这都为云南有效开展跨境金融合作奠定了一定基础。

　　关于云南跨境金融合作近年来取得的主要成效在前面第三章已做了一些介绍。由于目前跨境金融合作以跨境人民币结算为主，下面重点以人民币跨境结算为例再进行分析。2004年10月，我国在云南试行边境贸易出口人民币结算退税政策，使得云南跨境金融合作取得重大突破。2010年，云南省被列为全国第二批"跨境贸易人民币结算试点"，人民币结算范围从边境贸易扩大到一般贸易，从原来的对缅甸、老挝、越南、泰国四国扩大到东盟十国甚至更多国家和地区，此后人民币跨境结算取得了快速发展。据中国人民银行昆明中心支行统计，云南省跨境人民币结算业务自2010年7月启动试点以来至2020年底，已累计结算5885.72亿元，平均每年达到580亿元，2014年达到最高点780亿元，此后逐年下降，直至2017年，2020年为662亿元。2004~2020年云南省跨境人民币结算情况具体见表7-1。

表7-1　2004~2020年云南省跨境贸易人民币结算情况

单位：亿元，%

| 年份 | 人民币结算额 | 比上一年增长率 |
|------|------|------|
| 2004 | 7.39 | — |
| 2005 | 27.00 | 265.36 |
| 2006 | 34.17 | 26.56 |
| 2007 | 38.69 | 13.23 |
| 2008 | 36.96 | -4.47 |

续表

| 年份 | 人民币结算额 | 比上一年增长率 |
|---|---|---|
| 2009 | 44.60 | 20.67 |
| 2010 | 83.12 | 86.37 |
| 2011 | 250.00 | 200.77 |
| 2012 | 461.00 | 84.40 |
| 2013 | 591.00 | 28.20 |
| 2014 | 780.00 | 31.98 |
| 2015 | 753.00 | -3.46 |
| 2016 | 658.00 | -12.62 |
| 2017 | 516.00 | -21.58 |
| 2018 | 570.00 | 10.47 |
| 2019 | 627.00 | 10.00 |
| 2020 | 662.00 | 5.58 |

资料来源：中国人民银行昆明中心支行。

在跨境金融合作工作机制上，云南近年来取得了较好成果。2014 年 1 月 29 日，经国家外汇管理局批准，瑞丽市成为全国首个允许个人本外币兑换特许机构办理全部经常项目项下缅币与人民币兑换业务的试点地区，获得放宽客户范围、业务范围和兑换额度限制等三个放宽政策。2014 年 3 月 5 日，德宏州首次在瑞丽举办了中国瑞丽—缅甸木姐银行机构交流座谈会，双方就深化金融交流与合作形成多项共识，初步达成了定期会晤机制。2014 年 10 月 19 日，中国德宏—缅甸木姐双边银行行长交流座谈会在芒市举行，双方对多个方面问题进行了深入交流探讨（罗本祥，2015）。2015 年 5 月 25 日至 27 日，老挝央行代表团访问了中国人民银行昆明中心支行，并参加了"滇老双边本币结算会谈"，这是两国央行合作史上的第一次正式对话。2015 年 9 月，中国人民银行昆明中心支行首次独立组团出访了泰国银行北部分行，并参加双边本币结算会谈，举办了跨境人民币业务主题宣传活动。2014 年 6 月 9 日，举办泛亚金融开放合作暨 BCIM 要素市场经济峰会，邀请了泰国、缅甸、孟加拉国、斯里兰卡等国证券业机构参会，就国际融资、要素市场发展等问题开展了交流讨论。此外，每年举办的南博会、GMS 金融合作论坛等，这些活动进一步加强了我国与周边国家金融管理部门和金融企业之间的交流与合作。

据中国人民银行昆明中心支行统计，截至 2016 年 6 月末，云南省已打通与 708 家境外银行机构的跨境清算、结算渠道，境外银行机构在云南省银行开立人民币同业往来账户 67 户，境外机构和居民在云南省银行开立非居民人民币账户 1480 户。2014 年，云南省跨境保费收入为 3701.96 万元，为 2013 年跨境保费收入的 15 倍，其中跨境机动车辆保费收入为 267.9 万元，境外工程保险、出入境货物运输险、短期出口信用保险、境外企财险、跨境旅游保险、出入境人员意外保险等保费收入为 3434.06 万元。从区域看，保费收入前三名为昆明市、红河州与西双版纳州，昆明市则占全省的 86%。从险种看，保费收入前三位的险种是跨境工程险、出入境货物运输险、出入境车辆险。2019 年，全省边境贸易人民币结算 151.9 亿元，境外项目人民币贷款余额为 52 亿元，人民币在周边国家使用逐渐增加，影响力也不断提升。

# 第三节　存在的主要问题

虽然云南在跨境金融合作中取得了一定成效与经验，但仍然存在较多的制约跨境金融合作发展的因素与问题。

**1. 缺乏国家层面和相关部门的联动机制**

目前我国与越南、缅甸、老挝国家高层尚未建立跨境金融合作关系，尚未签署金融合作协议、货币互换协议、清算协议等，尚未建立高层会晤商谈机制，由此必然影响到两国之间在跨境结算、人民币"走出去"、现金回流方面以及两国金融业的深度合作与发展。由于缺乏国家最高层面的制度文件与工作支持，云南省地方政府及沿边州市要推进难度很大，甚至一些方面无法开展工作。另外，中央与地方政府、银保监会、证监会、中国人民银行、各类金融机构、海关、公安等缺乏较好的联系沟通合作机制，由此存在着各自为政的局面，沟通合作与协调难度较大，部分业务无法正常与快速推进。另外，跨境保险合作不足，业务与产品较为单一，创新力度不够。以上这些在某种程度上是我国和云南与周边国家的政府及金融机构之间的合作机制缺失或不完善所造成的。

**2. 完全自由兑换受限制，货币结算体系缺失**

云南与周边国家跨境金融合作中，最主要问题是目前人民币还无法与国际主要货币进行自由兑换，还没有实现资本项目下可自由兑换，人民币在国际金融市场中的地位虽在逐步提高，但实际认可度、自由兑换度还不够，从云南周边国家来看，主要是与云南接壤边境地区的边境贸易使用较多，深入对方国家内地的影响还不够大，也就是说当地人对人民币的使用度和接受度还较低，兑换需求较低，因而人民币云南周边化、区域化进而国际化还需要较长时间的努力。人民币"南下"是人民币国际化的重要战略与必然选择，需要我国金融业进一步加快对外开放的进度与力度，不断推进人民币国际化进程，为跨境人民币结算提供重要发展条件。目前人民币现钞跨境调运业务受边防、海关等有关政策限制影响较大，也尚没有常态化、稳定化，人民币现钞供给与回收渠道受多方影响且在一定程度上供给不足，对人民币现钞跨境流动的监控与管理难度也较大。目前实行的人民币特许业务在业务范围、便利程度、汇率等方面的限制较多，使得多数进出口贸易企业更倾向选择民间兑换点或"地摊银行"，这在一定程度上与货币结算体系缺失有很大关系。

**3. 贸易投资成本较高**

一是运输成本较高，云南与周边国家的贸易运输主要依靠公路和内河水运，铁路网络还未形成，交通等基础设施建设滞后，物流成本较高。二是中国—东盟自由贸易区建成后，大部分一般贸易关税取消，原来依靠边贸优惠政策受到明显削弱。另外，通关手续环节很多、办理缓慢也形成较大制约。三是沿边跨境金融机构少力量不足服务不到位，以及金融基础设施建设较为落后，导致经营成本高，也加大了中小企业与商家的成本负担。

**4. 周边国家经济金融发展程度较低阻碍合作的深入推进**

越南、缅甸、老挝等周边接壤国家金融发展程度低，金融基础设施较为陈旧落后，加上各方在经济、社会、政治、文化等多方面的差异影响，跨境金融合作不断推进难度较大。金融方面，如缅甸、老挝国内尚没有统一的货币清算体系，货币币值不太稳定，资本市场、保险市场等发展滞后，缅甸国内各银行之间仍然主要使用现钞进行清算，电子化、信息化程度很低，金融的软硬件建设都很不够。因此，我国要与周边国家进行全方位对等化跨境金融合作存在一定难度。

**5. 云南自身经济实力与专业人才不足**

据统计，云南边境80%的进口货物销往省外，80%的出口货物也来自云南省外，属于典型的"过境贸易"，① 境内外多边和双边贸易没有体现出云南潜在的经济优势、产业优势和资源优势，云南本地商品、投资与服务的进出口与吸收消化能力明显不足，目前来看，云南跨境经济合作根本上还是缺乏产业尤其是制造业的强力支撑。同时，国际金融及相关专业人才匮乏也是重要制约因素。

# 第四节　对策建议

针对以上主要问题，我们认为，当前云南省跨境金融合作的基本思路应该是：以"一带一路"倡议以及"长江经济带"、亚太自由贸易区、区域全面经济伙伴关系协定（RCEP）、中国—东盟自由贸易区、大湄公河次区域经济合作、孟中印缅经济走廊、跨境经济合作区、云南沿边金改和自贸区建设等国家重大发展战略为依托，以昆明区域性国际金融中心建设为中心，在包容、互信、共赢、共享原则下，在国家与云南省级层面进一步加强与周边国家及其有关部门合作，加快推进人民币区域化国际化，加快完善人民币结算体系，大幅提升边境贸易投资自由度、贸易投资便利化和金融服务便利化等金融合作，努力争取国家层面的有力支持，转变观念，积极探索，在加强金融风险防控监管下，使云南跨境金融合作不断取得新成果、新突破。

**1. 建立国家层面不同部门联动机制，使合作有高度、有深度、有密度**

从国家层面看，应站在国家发展战略高度，认真研究和加强国家间及

---

① 资料来源：根据云南省商务厅资料整理。

其不同部门之间的联动机制，尤其是要建立国家高层及其相关部门的互信、互访联席制度，这对于我国及云南跨境金融合作发展具有重大决定性意义。具体来看，主要有：一是要协调推动我国与周边国家政府与央行战略合作关系，建立定期的稳定的双边会晤协商工作机制，确立人民币在这些国家的合法地位；二是要进一步加强双边、多边经济金融合作，并签订有关合作协议如双边货币合作协议、清算协议、互换协议等，以保证相关工作能够顺利实施；三是建立双边及多边跨境保险合作机制和银行间打击洗钱犯罪等交流合作机制；四是在"一带一路"倡议以及孟中印缅经济走廊等一系列国家重大发展战略方面，对于与周边国家合作的重大基础设施、能源等投融资项目，应尽可能充分地发挥人民币作为结算货币的关键作用，以促进跨境人民币业务的快速发展；五是在加强监管条件下，实施差异化的金融监管体制改革，降低外资金融机构准入门槛，积极支持周边国家及南亚、东南亚国家和地区等来云南设立金融机构，即所谓"引进来"，以及沿边金融机构"走出去"，不断增强人民币的竞争力、影响力和辐射力；六是加快跨境金融基础设施建设合作和信息共享，并加大国家层面对周边国家这方面的援助支持，为金融合作创造有利条件，为人民币周边化、区域化和国际化奠定坚实基础。中央以及所属的"一行两会"和海关、公安等，以及云南省政府与地方金融监管部门、金融机构及其他有关部门，要统一协调，加强联系交流，不断推动跨境金融合作上规模、上水平。

云南应在已完成沿边金改试点基础上，继续努力推进现有改革成果，原有的统筹协调领导机构"云南省建设沿边金融综合改革试验区领导小组"，可以继续以"云南省沿边金融深化改革领导小组"存在，主要领导及主要成员不变，目标任务不变，持续推进各项改革。当前有两点要高度注意，一是要继续争取国家相关政策的支持，并坚决落实好、执行好、消化好现有的国家及中央各部委对云南的各项优惠政策措施。二是对面临的新情况、新问题要及时向上级反映，以争取国家对云南沿边金融、跨境金融、边疆金融和民族金融更多更好的政策支持与理解认同，使云南沿边金融深化改革取得进一步成效，为我国进一步加快金融业对外开放提供重要经验。

**2. 进一步建立和完善云南与周边国家的双边和多边合作机制**

一是进一步建立和完善云南与周边国家的多种合作机制，持续推进贸易投资便利化、金融服务便利化；二是建立定期合作会晤机制，及时沟通信息、交流情况、增进互信，协商解决跨境金融合作中出现的各种新问题与新矛盾；三是加强与周边国家央行、商业银行、企业等的信息与人员交流合作，探索建立各种交流平台，拓展跨境金融全面深度合作；四是加快建立人民币跨境电子转账平台、银行卡跨境交易结算平台、人民币兑换周边国家货币挂牌交易平台、电子商务跨境集中结算平台、金融信息跨境交换平台等平台建设，以及跨境资本市场合作、跨境保险市场合作、跨境外汇市场合作、跨境清算体系合作、跨境反洗钱合作、跨境反假币合作、跨境征信交流合作等多方面金融合作体系及其机制；五是尽快设立人民币与小币种交易所或者非主要储备货币交易中心，促使人民币与周边国家货币在交易所（中心）挂牌交易，地点可设在昆明金融产业园区；六是通过多形式、多渠道如南博会、各种会展、文化交流、官方与民间企业和人员往来等，不断加强双方在经济、社会、文化等各方面的往来关系。

**3. 建立完善与周边国家跨境金融合作的货币结算体系**

目前要加快推动我方银行到周边国家开立结算账户，实现由"单边"向"双边"的跨越。进一步放宽对边境地区人民币的出入境限制，使将个人人民币现钞携带限额从过去5万元人民币提高至20万元人民币的改革举措能够真正落实执行，金融机构和企业可按照实际需要实行携带证管理。积极开展人民币跨境调运，不断探索人民币投放与回流机制。进一步完善中国人民银行、海关、边防武警等部门对人民币跨境流动管理的协作机制。建立完善的人民币与周边国家小币种兑换结算体系或交易所。同时，加强双边金融机构多层次、全方位合作，放宽政策限制，鼓励支持互设银行或合资金融机构，尤其是云南地方性金融机构如富滇银行、农村信用社、诚泰保险公司、太平洋证券公司等应主动"走出去"，与周边国家金融机构合作，在这些国家设立合资金融机构，同时使更多的国内金融机构通过云南"走出去"和"引进来"入驻云南，为双方企业和个人经贸投资活动提供便利化的结算、融资、保险、理财等全方位金融服务。不断提高境外人民币兑换流通便利程度，不断降低境外人民币使用成本，吸纳境外沉淀的人民币正常回流。设立和发展人民币国际（海外）投贷基金，支持人民币境外直接投资和海外贷款业务，使国内企业"走出去"战略得以有力实施。同时要引导规范"地摊银行"等民间金融，促使其转型规范发展，在"阳光下交易"，坚决打击洗钱等跨境金融犯罪，对跨境金融合作也是非常重要的。

**4. 降低跨境金融合作的贸易投资成本**

一是要加大道路交通基础设施建设和金融基础设施建设的跨境合作，以降低运输物流成本，提高金融服务质量与效率。二是建立既与国际惯例接轨又有云南沿边金融开放特色的政策制度及其支持体系，重点解决各类企业在退税、融资担保、投资、贷款、结算、保险，以及人民币、人员和物资出入境、金融风险防范及安全保障等方面问题。尤其对云南沿边跨境经济合作区或边境经济合作区内进行跨境经济金融合作的企业与商户，要尽可能地在贷款、财税、土地、工商管理、出入境管理等多方面实行更为灵活高效有力的政策。三是建立专用通道，实行签证互免、互认免检、司法合作等高效边检管理体系，赋予沿边州市及其边境口岸更大限度的行政审批权和行政管理权等，使其权责明确、权责对称。

**5. 大力推动跨境保险市场发展**

一是建立双边及多边保险合作交流平台，探索云南与周边国家在跨境保险方面共同利益的契合点，构建区域保险交流合作平台，实行跨境保险信息共享；二是大力发展出口信用保险业务，支持企业"走出去"；三是开发适宜双边经贸发展的保险品种，降低保险费率，降低涉外企业的出口成本，不断提高出口产品的国际竞争力；四是创新发展"互联网+保险"模式、"政府+银行+保险"模式等，进一步扩大保险服务范围与能力；五是积极推动保险资金参与沿边地区跨境货币市场、信贷市场、资本市场、外汇市场等金融市场建设和各种金融工具与产品的创新，大力支持保险资金参与沿边跨境的重点项目、重点工程、重点企业建设，为企业发展提供风险保障。

**6. 大力引进培养高层次金融人才**

人才是一切工作的"生命线"，云南沿边跨境金融发展从根本上也取决于对高层次、高素质金融人才的吸纳、集聚与应用。近年来，云南省借助沿边金融开放，努力将昆明打造成为区域性国际金融中心，将金融业作为全省主导产业和战略性产业，形成金融"新高地"，这样就必须在金融和国际金融人才上进行重点培养，加大投入力度。为此提出以下建议：一是国内外引进，可通过高薪聘任、挂职锻炼等形式进行；二是内部培养，可通过与省内高校、省外高校或名校合作等形式进行系统的专业的学习训练，或者派往国外进修学习，可以协议或订单进行，也可自身成立研究培训机构对学员进行业务培训，同时吸纳周边国家的留学生，为金融机构"走出去"和"引进来"做好人才准备。

**7. 加快云南经济转型升级步伐，积极探索与国内外全方位多形式合作**

云南应加快经济结构和产业结构转型升级，以开放创新为引领，经济发展方式应从外延走向内涵发展，积极承接中东部产业转移，向国内发达地区和改革取得明显成效的兄弟省份学习，与国外、省外在资金、技术、管理、人才、资源等各方面全面深入加强合作与交流，通过政府搭建平台、企业主体参与、市场培育环境，尽可能地吸引国内外人流、物流、资金流、技术流和信息流等各类生产要素在此集聚，最终将云南沿边地区打造成我国金融开放的"新高地"和经济发展的重要增长极。

# 第八章

# 综合性政策建议

以上对云南沿边金融开放中的农村金融发展问题分别从涉农金融机构、农村金融服务与业务、农村金融市场及其效率以及跨境金融合作等几个大的方面，分析了其发展的基本现状、存在的主要问题，并提出了具体的对策建议。本章在前述研究基础上，进一步进行综合性总结与提炼，并提出相关政策建议，以期所提建议对云南沿边金融开放中的农村金融发展具有总体的、更好的参考指导作用。

## 第一节　以开放思维担当精神推进金融创新

### 一　以开放思维引领金融理论实践创新

随着我国经济多年来持续快速发展，尤其是我国进入新时代和我国经济进入新常态以来，改革的步伐越来越快，开放的程度越来越大。1978 年以来我国改革开放的历史已经证明，改革与开放是车之两轮、鸟之两翼。2018 年 11 月 5 日，习近平在首届中国国际进口博览会上明确提出了"开放合作"和"进一步扩大开放"，为进一步扩大开放，中国将在以下几个方面加大推进力度：第一，激发进口潜力；第二，持续放宽市场准入；第三，营造国际一流营商环境；第四，打造对外开放新高地；第五，推动多边和双边合作深入发展。① 2019 年 6 月 28 日，习近平在 G20 峰会上再次强调，应进一步扩大对外开放，努力实现高质量发展。② 目前，中国政府已制定了以开放促改革，将开放引向纵深的重大决策，坚持改革开放不动摇，认为不开放才是当前最大的风险，只有扩大开放才是应对当前风险的积极有效措施。

在此背景与要求下，我国金融业加快对外开放已率先推出一系列重大措施，2019 年 5 月，银保监会提出 12 条银行业、保险业开放政策措施。7 月 20 日，国务院金融稳定发展委员会发布 11 条金融业对外开放举措，涉及放宽外资持股比例限制和准入门槛、缩短外资持股比例限制过渡期时间等，同时对《外资银行管理条例》《外资保险公司管理条例》进行了重大修改，主要是放宽外资银行和外资保险公司设立准入限制、机构设立及业务限制等。10 月 11 日证监会也表示，将在 2020 年逐步取消证券公司、基金管理公司、期货公司外资持股比例限制。这一系列政策措施的加快推出，昭示着我国金融业已加快了开放的步伐与节奏，这是应对当前复杂的国际经济金融秩序的一个积极信号，同时也是构建新时代大国金融体系、拥有更多国际话语权的重要手段。对此，对于我国尤其是云南而言，一定要树立更加开放的意识，转变思维定式，勇于担当、敢于创新，以开放思维统领我国经济金融新一轮全面快速开放发展，在开放中发展，在开放中改革。当前，在加快金融对外开放中应坚持以下基本原则：一是坚持包容、共赢、互利的原则；二是坚持主动、稳妥、有序、风险可控的原则；三是坚持既有利于外资金融机构进入中国市场也有利于中资金融机构海外发展的原则；四是国内金融监管与国际金融监管相结合的原则，不断融入国际市场；五是坚持服务实体经济和经济高质量发展的原则。同时，鼓励金融理论与实践创新，在既有的金融理论中，深入研究与发现新形势下农村金融发展的新特点、新问题，不断探索与丰富农村金融理论成果，从而指导政策实践。

---

① 来自习近平主席在首届中国国际进口博览会开幕式上的主旨演讲，题目为"共建创新包容的开放型世界经济"。

② 来自习近平主席在二十国集团领导人峰会上关于世界经济形势和贸易问题的发言，题目为"携手共进，合力打造高质量世界经济"。

## 二　以担当创新精神推进农村金融发展

面对我国金融业加快开放的新形势、新任务，云南，尤其是政府及其金融管理部门与金融机构，必须以敢于担当的精神，主动学习、善于学习，敢于挑战、勇于创新，首先要在思想上提高认识，在思维上转变观念，杜绝各种以风险为借口不愿或不敢进行必要的金融创新，从根本上去除庸政、懒政、怠政行为。各级政府及其相关金融机构应领会和吃透有关政策，让改革创新者、主要领导者及主要干事人敢于做事，不惧风险责任，为其提供创造一切有利条件，有时候试错也是一种试验与经验，必要的试错也是应该允许的和可以理解的。如此，云南沿边金融开放必将进入一片崭新天地，农村金融必将勃发生机活力。为此，做出如下建议。

一是云南省政府及其相关部门与金融机构等应积极向上反映沿边金融发展中存在的各种问题尤其是云南自身难以解决的棘手的问题，争取国家的进一步支持，通过国家"顶层设计"与重大战略实施，加强国家层面与周边国家的高层次交流合作，达成共识，形成机制，签订备忘录与合作协议，否则一些改革难于推进实施。

二是云南应抓住沿边金融开放这一重大发展机遇，并进一步借力云南自贸区建设这一新的发展契机，将云南沿边跨境金融、农村金融改革推向深入。2019 年 8 月 26 日，国务院发布了《中国（云南）自由贸易试验区总体方案》，可以说是很好地延续了 2013 年底的云南沿边金融改革政策，给云南发展外向型经济与沿边跨境金融提供了新的、充足的政策保障，是新一轮的沿边经济金融开放。云南应乘这一时代东风，将昆明尽快打造成为区域性国际中心城市和区域性国际金融中心，将云南尽快建设成为我国面向南亚、东南亚辐射中心和我国沿边开放先行区。为此，云南应全方位、高标准规划设计，尽快抓好部署落实，以目标倒逼工作，通过加快金融开放，充分吸引国内外金融机构、资本与人才来云南发展，形成金融资源集聚，打造金融"新高地"，以支持云南经济社会实现跨越式发展和实现辐射中心目标。

三是成立云南省沿边金融改革发展领导小组，继续对沿边金融改革进一步深化进行统一领导，重点研究并协调解决重大金融问题，破解金融与农村金融发展现实难题，可由中国人民银行昆明中心支行牵头，云南省地方金融监管局、省银保监局、省证监局及云南大中型金融机构共同组成领导小组，办公室设在中国人民银行昆明中心支行，由省长或副省长挂帅领导，必要时由省政府出面协调其他相关部门参加，各相关部门一把手直接负责。同时，要加强对各级政府主要领导的考核，对金融支持不力、涉农贷款较少、政策执行不积极不到位的，应进行问责。

四是成立金融专家智囊团和专门金融研究机构，为相关决策提供重要依据。领导小组要紧密围绕云南金融发展以及金融机构存在的重点难点问题布置选题调研，解决工作难题，超前进行研究。金融专家智囊团应吸收政界、业界与学界相关金融专家参与。近些年来，云南省金融研究力量与重要成果严重不足，跟不上金融改革发展现实的需要，一些研究明显滞后，难以对实践起到应有的指导参考作用，这与地方领导对金融研究的重视及经费投入直接相关。此外，应充分发挥中国人民银行昆明中心支行的研究职能，要在经费上、人员上、时间上与调研上进行大力支持，当然领导小组其他部门机构也责无旁贷，可以吸纳地方高校与研究机构通过课题招标与委托方式共同进行研究，使云南金融改革实践及其研究成果都走在全国的最前列。

# 第二节　完善与加强农村金融组织体系建设

## 一　不断完善充实现有农村金融组织体系

到目前，云南虽然已经建立起了较为完善的由农业银行、邮政储蓄银行和农村商业银行为主的商业性金融、农业发展银行为主的政策性金融、农村信用社为主的合作性金融和各种民间金融如农村集资与自由借贷、合会、丽江的话丛、边境地区的"地摊银行"等共同构成的农村金融组织体系，但可以看出其有三个显著特点：一是国有或政府控股的大中型正规金融机构仍处于绝对主导与控制地位，在"三农"金融中发挥着"定海神针"的重要作用；二是由社会资本、民营资本、国内外资本发起设立并控股的新型金融机构发展较为缓慢；三是大多数金融机构都具有银行性质，开展的主要是银行存贷款及支付结算业务，农村资本市场、保险市场、抵押担保市场、信托期货与租赁市场等金融机构发展严重落后，多样化、多层次金融组织机构发展不足。因此，进一步完善和充实现有农村金融组织机构，不断壮大其发展实力，鼓励支持各类资本相互参股设立与重组金融机构，尤其是民营小微金融机构，使之成为国有金融的重要补充就显得十分重要，同时大力发展具有资本市场、保险市场、抵押担保市场、信托期货与租赁市场等金融市场相应功能的金融组织机构，以真正形成多元化、多样化的具有较强竞争性和可持续发展能力的现代农村金融组织体系。所谓多元化，是指既有国有金融机构，又有民营或非国有金融机构，各自发挥其功能作用；所谓多样化，是指金融机构的规模与种类，规模有大中小之分，种类有银行、证券、保险、信托、基金、租赁、担保之分；所谓竞争性，是指各金融机构共同在农村金融市场根据相关金融法律规定与功能定位适度开展业务竞争，并以此实现优胜劣汰；所谓可持续发展，是指金融机构在财务上做到保本微利经营，能站得稳、立得住、走得远。具体建议主要有以下几个方面。

一是农业银行云南省分行应立足"三农"、面向"三农"，以"三农"发展为己任，进一步做强做大自身，加强组织建设，向下延伸机构网点服务，充实员工服务队伍。同时应正确处理好商业性与社会责任的关系，以商业性为主并适当承担一定的社会责任与扶贫义务，不断提高"三农"服务水平。

二是农业发展银行云南省分行作为农业政策性银行，应进一步发挥其支持农业发展和农业农村基础设施建设的主导作用，维护国家粮食安全，积极争取更多政策性资金，支持云南农村产业结构升级、特色农业发展、易地扶贫搬迁、脱贫攻坚和乡村振兴，更好地为云南"三农"金融发展提供强大的资金动力。

三是邮政储蓄银行云南省分行作为新近加入"三农"金融服务的后起之秀，也属于大中型农村商业银行，目前其基层机构网点建设及专业人员较为不足，制约了涉农贷款业务的有力开展。因此，应加大组织机构建设

力度，增设基层网点，加强信贷专业人员培训，以使其有更多的机构网点
与人员加入"三农"金融服务中来。另外，针对其机构网点、人员与业务
等现实困难问题，可与农业银行、农村信用社、农村商业银行、村镇银行
等机构进行相互合作，开展贷款批发业务，实现共赢发展。

四是云南省农村信用社（包括改制而来的农村商业银行和农村合作银
行）作为"三农"金融服务的主力，其组织机构与从业人员占了大半以
上，发挥着支柱作用。从目前云南省农信社组织机构改革情况看，三年后
现有农信社都将全部改制为农村商业银行，以股份制商业化经营实现自我
发展。因此，云南省农信社更应立足扎根"三农"，以众多的服务网点、
有力的人员与服务质量，尽可能满足"三农"金融服务需求。

五是云南省村镇银行应进一步通过外引内联、东西部合作、帮扶对接
等多种形式，设立更多的村镇银行及其分支机构，允许各村镇银行跨地区
设立分支机构开展业务，对设立村镇银行及其分支机构的发起人，政府应
进行必要的大力度的奖励与持续的政策支持，为其提供有利的发展环境。
同时，建立起优秀的村镇银行升级为民营银行的良好发展机制，以及良好
的小贷公司升级为村镇银行的发展路径，使村镇银行在各类涉农金融机构
建设中产生活力与动力。

六是云南省各类小贷公司在农村信贷市场上，应充分发挥拾遗补阙的
作用，当前除了应继续鼓励支持其发展外，还必须规范发展，强化金融风
险意识，尤其是要完善公司自身的内部制度与加强内部管理，不断提高风
险防控能力。

七是大力发展民营金融、微型金融组织机构，尽力补齐现有农村资本
市场、保险市场、抵押担保市场、信托期货与租赁市场等金融机构发展严
重落后的短板，以真正实现多元化、多样化和多层次农村小微金融组织体
系构建的目标。目前，在以上类型的小微金融机构中，只有村镇银行发展
相对较好也较为规范，民营银行和由银保监会批准设立的农村资金互助社
和贷款子公司都还没有，保险公司、融资抵押担保公司、信托租赁公司、
信用与资产评估公司等严重不足，有的有名无实。鉴于大中型涉农金融机
构的绝对主导地位，在脱贫攻坚与乡村振兴下，更应主动与农村小微金融
组织构建起联结帮扶机制，在政策上、资金上、人员培训上等多方面进行

帮扶与合作，充分发挥大中型金融机构在以上方面的优势，同时又充分体现小微金融机构这一"草根金融"的特点，形成机构双方共同的相互支持与合作共赢的利益链条。另外，现有涉农金融机构大部分提供的是信贷业务，这种单一金融服务是远远不够的。随着"三农"的快速发展，"三农"金融需求也呈现多样化、多层次发展新特点与新变化，如保险、信托、投资、理财等，需要进一步完善与充实相关类型金融组织机构，涉农金融机构应主动适应并尽可能满足"三农"发展的各种金融需求。未来发展，我们重点应在此着力。

八是引导规范民间金融组织，充分发挥其积极作用。当前，对于云南民间金融组织发展，有以下方面应注意：一是要理直气壮一如既往地鼓励支持；二是要扬长避短，把风险防控放在首位，严防其危害及副作用；三是实行备案登记制，建立民间金融管理平台，使政府能够对其进行有效监测管理；四是要加强对其重点防控与监管，及时发现问题及时进行整顿，严重的可以吊销其营业执照；五是对其可能引发的种种问题，尤其是高利贷（2019年3月出台的关于民间借贷的司法解释是年利率高于36%即属高利贷，超出部分利息不受法律保护）、网络贷、P2P、校园贷、套路贷及其债权债务纠纷等，应尽量通过经济手段和法律手段解决，尽力避免引发更多社会问题，减少社会危害。

## 二　加强农村金融组织机构功能分工协作

现有农村金融机构在机构设置、业务范围、产品业务等方面多有重合，具有高度同质性，不仅不能适应"三农"金融需求新变化、新要求，而且服务效率较低。为此，做出如下建议。

一是要进一步明确商业性、政策性、合作性、民间性等不同类型农村金融机构的功能及其业务范围与边界，尤其是对现有大中型涉农金融机构在以上方面的界定。对上述各类农村金融机构，不仅要做到宏观战略上的互补性，而且要反映到具体的产品与业务及其创新上来。要注重上述不同类型农村金融机构产品和业务各自的针对性、适应性、创新性及其相互协调配合。要清晰明确上述不同类型农村金融机构各自的定位、功能、运作方式与目标，这就需要国家"顶层设计"，需要政策制度与体制机制创新，需要制定出台相应的法律法规来保护其权益、规范其发展并约束其行为。

二是应加强大中型金融机构对农村小微金融机构的帮扶支持。首先是在机构网点建设上，鼓励云南省大中型金融机构或国内外金融机构或沿海发达地区的金融机构来云南省农村设立分支金融机构与服务网点；其次是通过大中型金融机构向农村小微金融组织机构提供信贷批发，进行业务合作，实现帮扶支持；最后是通过人力资源的培训，实现对农村小微金融机构的帮扶。

三是应通过平台模式创新加强合作。如蚂蚁金服与中和农信展开的在支付、信贷、保险等多方面的合作，以及诸多银行与保险、与其他金融机构开展的合作，以实现各自优势互补，最终达到共赢互利。当前，要认真研究并实施金融科技、互联网金融、供应链金融等金融新业态与新模式，使农村金融发展在组织形式、平台模式上不断创新。

# 第三节　加快农村金融产品业务与市场创新

## 一　大力发展金融科技，引领农村金融创新新动能

近年来，金融科技已成为全球金融业发展的重要潮流与趋势，也是我国金融业发展必须迅速找准的一个重要定位。而在其发展中，尤其在金融产品业务创新发展中，更应该且必须体现金融科技的基本理念与发展要求，以此形成金融创新新动能，在业务经营管理上形成核心竞争力和可持续发展能力。按照国际权威机构金融稳定理事会（FSB）的定义，金融科技（financial technology）主要是指通过创造新的业务模式、应用、流程和产品等，对金融机构、金融产品业务、金融市场等产生重大影响。目前我国金融科技实践发展很快，对金融科技的研究也在不断深入，有的财经类高校还设立了金融科技或科技金融这一专业，对此我们要有高度认识。为此，做出如下建议。

一是要高度重视，迎接挑战。必须充分意识到在当今高科技、人工智能、大数据、互联网、供应链等快速发展条件下，未来的金融竞争将更多地体现为金融科技的竞争，谁掌握了最新的、最高的金融科技，谁就能自由地进行产品业务创新，谁就拥有了配置有限金融资源的能力和金融风险防控的能力，谁就拥有了相应的核心金融竞争力与金融话语权，可以说金融科技是新技术快速发展条件下解决现有金融难题的重要手段、方法与出路（目前广受关注的区块链金融实质上也是一种先进的发达的金融技术）。

二是要紧跟潮流趋势，但又不能不顾条件"一哄而上"。金融科技发展是需要条件与环境的，既需要先进的超前的发展理念，也需要大量的资金开发投入，更需要高素质的金融人才。同时要注意防止打着金融科技之名行非法金融活动之实，正确处理好金融科技与金融创新、金融创新与金融安全的关系，防范非系统性金融风险，坚决守住不发生系统性金融风险的底线。为此，建议金融发展程度较高的地区如昆明、曲靖、玉溪、大理、楚雄、红河、文山等大城市和地区，以及大中型金融机构包括大中型涉农金融机构，必须首先抓住并紧跟国内外金融科技发展的浪潮，加大其资金、技术和人才的投入，并快速占领这一高地，否则与其他地区相比将会迅速落伍与被淘汰，从而形成越来越大的发展差距。

## 二 进一步拓宽农村资金来源，为"三农"发展提供基础保障

农村金融产品业务创新首先离不开资金来源，因此通过农村金融产品业务创新进一步拓宽并形成强大的农村资金来源是"三农"发展的重要基础。资金来源的规模与结构决定着资金运用的能力与效率。为此，千方百计筹措资金，形成"第一推动力"和"持续推动力"，便成为金融创新的首要动力与必然要求。为此，做出如下建议。

一是在西部大开发、新农村建设、脱贫攻坚战和乡村振兴战略等重大国家战略和一系列"三农"倾斜优惠政策的强力支持下，打造并形成良好的强农、惠农、支农、富农发展环境与心理预期，以优惠的政策环境、良好的营商环境吸引各类社会资金、国内外资金等到"三农"发展中来。

二是拓宽农村资金来源，必须防止现有农村资金进一步外流，从根源

上做好资金外流的防控与引导。导致农村资金外流的因素很多，如农业的弱质性、工业优先政策、城市偏向政策、城乡居民收入差距与户籍政策、地区资源禀赋、行业利润率差异、农村金融部门低效率等，既有制度原因也有自然客观现实原因，但无论如何，当前市场经济条件下二元经济结构及资金的趋利性是问题的症结所在，必将驱使资金从低收益率地区（农村）或部门（农业）向高收益率地区（城市）或部门（非农业）流动，从而使得农村资金外流不可避免。由于以上影响因素的普遍存在，要防止资金外流难度很大，远非本项目研究所能解决，需要更多地从国家层面通过对"三农"的重点支持、政策扶持、宣传引导，逐步扭转并消除二元经济结构，形成对"三农"的良好心理预期，最终实现城乡统筹一体化，城乡资金自由正常双向流动。

三是进一步发挥财政、金融政策支持"三农"发展合力。除一般性政策外，云南还应利用自身经济社会发展特点及与南亚东南亚相邻的区位优势，积极争取中央财政的大力支持，通过一般性财政拨款、转移支付、专项拨款、减税让利、发行债券等多种方式，为"三农"发展提供强大的政策倾斜与资金支持。同时，应积极争取中国人民银行及其相关金融部门的大力支持，通过存款准备金率、再贷款、再贴现率、票据发行等的倾斜优惠，通过货币政策的差异化支持与限制，形成中国人民银行及"两会"（银保监会和证监会）以及央属国有大型银行（包括中国农业银行、中国工商银行、中国建设银行、中国银行、中国邮政储蓄银行和中国农业发展银行、中国进出口银行、国家开发银行等）共同对云南沿边跨境金融发展的政策优惠与倾斜支持。另外，在国家政策的鼓励允许和大力支持下，进一步吸纳省外与国外金融机构来云南设立机构开展业务，打造金融总部经济和昆明区域性国际金融中心，以有力的政策支持形成强大的"三农"资金集聚效应。

### 三　加大农村金融产品业务创新力度，满足多样化金融需求

云南省现有涉农金融机构在金融产品与业务创新上虽然做了大量努力，取得了较好成效，但离"三农"发展需求还有较大差距。为此，对涉

农金融机构做出如下建议。

一是在思想上提高认识，立足"三农"，面向"三农"，依靠"三农"，与"三农"构建"命运共同体"，树立共存发展、互赢互利的应有理念。

二是在此前提下，正确处理好经济效益与社会责任的关系、短期利益与长期利益的关系、金融创新与金融风险防控的关系。同时紧密结合自身定位与实际，努力开发出多样化、差异化、有特点、可操作的农村金融新产品与新业务，尽力满足快速发展的"三农"金融服务需求。

三是在农村金融产品与业务创新数量、质量上加大力度。近些年来，云南省大力调整农村经济结构与产业结构，进行产业转型升级，大力发展高原特色农业，实施脱贫攻坚与乡村振兴，打好"三张牌"，形成云花、云药、云果、云蔬、云游等系列拳头产品，这给农村金融产品业务创新提供了重要方向目标。各涉农金融机构应紧紧围绕地方政府制定的经济发展规划和"三农"发展战略，努力开发出适合"三农"需要的信贷产品、保险产品、信托与期货产品等，通过多样化和丰富的金融产品提供尽可能多的金融服务。针对部分农村金融产品与业务创新质量低、成本高、实用性差和难以推广等问题，如前已述及的"三权三证"抵押贷款在试点推广中不仅存在这一产品业务本身的问题，还存在一系列配套改革问题，包括法律问题、确权颁证问题、评估问题、资产交易及其处置问题，以及基础环境问题，从而极大地制约了这一业务的深入开展，只有破除这些阻碍，才能使其快速发展。可见，农村金融产品与业务创新的质量是"三农"金融发展水平的根本体现，反映着"三农"金融发展的深度。因此必须引起高度重视，必须全面周到考虑其开发应用的实用性、可行性及可操作性，并及时做好事后评估与完善工作。

## 四　加强并完善多层次农村金融市场建设，提高金融效率

通过多样化的农村金融产品业务发展，最终形成多层次、竞争的、可持续发展的农村金融市场，不断提高农村金融市场资源配置效率。为此，提出如下建议。

一是构建起以农村信贷市场为核心和重点，农村保险市场、农村资本

市场、农村抵押担保市场、农村信托期货与租赁市场等共同参与、有力支持的多层次、全方位农村金融市场体系。

二是以上各类农村金融市场建设，不应只是数量上、表面上的多层次和多样化，而应更加注重市场发展的质量，在深度上、内涵发展上下功夫，在体制机制和长远规划上形成有利于各类经济主体共同参与的，对外开放的，政府引导、市场主导的农村金融市场发展环境，而最根本的则是要彻底打破农村金融市场的垄断，引入多元化市场经济主体并对其提供必要的政策优惠支持。

三是建立农地金融市场和农村要素市场，发展融资抵押担保市场与租赁市场，培育农产品期货市场与农业保险市场等，这对于当前云南省农村金融市场进一步发展具有至关重要的意义。以上市场的建立发展将在根本上促进云南农村金融市场的深度发育，进而实现我们提出的云南农村金融市场发展目标。

四是鉴于长期以来云南农村金融发展难题主要是"融资难"和"融资贵"问题，以上各个市场应根据自身定位开展业务活动，同时当前应紧密围绕农村信贷市场这一中心进行建设，毕竟农村信贷短缺问题长期以来是市场各方诟病指责的焦点。因此，打通信贷资金供给与需求的各种"阻梗"，以有效的尽可能低成本的金融服务不断提高信贷的可得性、便捷性与普惠性，让更多人群包括贫困户在按时偿还条件下都有机会享受应有的小额信贷服务。

五是通过农村金融组织、产品业务与市场建设等，不断提高农村金融资源配置效率。效率是市场的核心与关键，效率的提高反映着市场发展的水平与质量，因此涉农金融机构必须在这一方面花大力气，这也是当前我国经济高质量发展的根本要求。

## 第四节　多渠道与多方式推进跨境金融合作

### 一　把握战略机遇，积极谋划沿边金融开放新蓝图

当前，云南应紧紧抓住沿边金融开放、自贸区建设的战略机遇，充分

利用沿边区位优势和自身有利条件，不断深入推进沿边跨境金融合作。应以时不我待、敢于挑战、勇于创新的精神，做好沿边跨境金融开放战略部署与蓝图规划。

一是应在思想上统一认识，形成以开放促改革、以开放防风险，以更大的开放积极参与并融入"一带一路"与区域性国际金融市场的共识。

二是配合国家沿边金融改革和加快金融对外开放战略，云南应在沿边金融改革发展或相关领导小组的领导下，制订总体的蓝图规划和具体的部署落实安排，将沿边金融开放与跨境金融合作的主要目标、任务、原则、内容、步骤与保障措施等进行细化，并明确到相关部门及主要负责人，使其相互配合协调，发挥合力叠加效应。

三是以开拓担当创新精神积极探索沿边地区先行先试的政策与措施，将云南尽快打造成为我国面向南亚、东南亚的开放前沿和辐射中心，在试验或试错基础上，对成熟有效的经验做法，要及时宣传、复制与推广，以带动并形成更大的示范效应。

## 二　努力构建国内外金融合作新机制

一是应从国家层面如中央银行建立起与南亚、东南亚等周边国家的高层金融合作机制，签订相关合作协议和备忘录，定期或不定期进行会晤商讨相关问题，为云南地方金融对外开展进一步金融合作提供有利基础和先决条件。同时，国家与最高金融管理机构中国人民银行及中央各部委及其相关部门，应对云南省及其相关部门进行具体工作要求与部署安排，及时提供政策与业务指导。

二是云南地方政府及其相关部门应积极与中央和上级部门配合协同，以主动务实的态度、周到缜密的设计、敢于担当的精神抓好各项工作，并及时将改革发展的新举措或新问题进行汇报与沟通，求得上级的理解与支持，通过国内外和上下联动形成良好的有利于跨境金融合作发展的环境氛围。

### 三　通过各种平台模式和渠道为跨境金融合作发展注入活力动力

一是云南应在"一带一路"倡议背景下，积极利用孟中印缅经济走廊、中国—中南半岛经济走廊、中国—东盟自由贸易区、澜湄合作以及南博会、商洽会、中国—东南亚商务论坛等各种平台模式与方式渠道，不断加深相互间的经济金融合作。

二是云南既要"请进来"，更要"走出去"，积极参加周边及其他国家通过有关平台渠道组织的相关活动，宣传推介云南，并为云南企业和个人"走出去"提供支持服务，与对方国家及其金融机构建立起稳固的长期的金融合作关系与深厚情谊。

### 四　加强沿边跨境金融创新，不断提升昆明区域性国际金融中心影响力

当前，云南沿边跨境金融创新，不仅要加强高层互访往来与合作机制创新，更要在组织创新、产品业务创新和市场创新上加以具体落实深化。

一是要鼓励吸引国内外金融机构来昆明和沿边州市设立分支机构开展业务，同时鼓励支持境内金融机构到境外周边国家设立分支机构开展业务，为金融机构"走出去"和"请进来"提供良好的支持政策与环境，有利于我国金融机构的国际化。

二是要加强沿边金融基础建设，在软硬件上加大投入力度。如与周边国家支付清算系统的合作及跨境人民币结算通道建设，在跨境人民币资金流动与监测，国际反洗钱，人民币与周边国家货币兑换和"地摊银行"的发展，跨境人民币结算、人民币国际投资基金，人民币与小币种交易所或者非主要储备货币交易中心设立，跨境融资、跨境保险、资本市场等方面进行一系列创新。

三是推动"互联网+金融"沿边跨境金融网建设，积极运用和发展金融科技、区块链金融，助推昆明区域性国际金融中心建设，不断提升其辐

射影响力。

四是协助支持云南周边国家加强金融基础设施建设，并为其提供尽可能的帮助，如在资金、技术、管理与人才培养上进行必要的支持帮助。

# 第五节  不断加强农村金融监管与风险控制

## 一  完善农村金融监管体系，形成监管合力

我国现有农村金融监管体系包括政府部门监管、行业自律、金融机构内部控制和市场纪律四个层次。我国政府部门的监管机构目前主要有中国人民银行及专门负责监管的机构银保监会和证监会，发挥着主导性、决定性作用。金融机构自身的内部控制或内部监管也至为关键与重要，从基础上决定着金融机构自身与市场的正常健康运行。行业自律与市场纪律是对政府部门监管和金融机构内部控制的重要补充，主要体现在制定行业标准、增强行业诚信、加强市场纪律教育等方面，在一定程度上对农村金融监管形成约束。以上监管部门机构应在严格监管条件下，进一步加强监管配合与协调，形成有效监管的合力，以化解潜在金融风险隐患，确保农村金融市场的有序健康运行。

## 二  加强不同类型农村金融机构的分类监管

具体来说，应针对现有的农业银行、农业发展银行、邮政储蓄银行、农村信用社、农村商业银行等大中型传统金融机构和村镇银行、小贷公司、农村资金互助社等农村新型与小微金融机构采取不同的监管措施，体现分类监管的要求与条件，不只是按照政策性、商业性、合作性进行监管，或者银行金融机构和非银行金融机构进行监管，或者大中小型金融机构以及风险种类进行监管，在此更加强调，对那些切实立足农村、面向"三农"涉农贷款较多的农村小微金融机构，应适当降低注册资本金、一级资本充足率、法定存款准备金比例，以及实行差别准备金率、定向降准

和享受存款保险制度等，以体现监管政策的差异与支持。

## 三　不断改进农村金融监管方式、方法与手段，提高监管水平与效率

随着我国经济新常态和农村经济社会的快速发展，原有的农村金融市场监管方式、方法与手段必定难以跟上新的监管要求，因此，提出如下建议。

一是树立先进的开放的与时俱进的且与国际接轨的金融监管理念，坚持国际惯例与中国特色相结合，以科学合理的多种监管方式、方法与手段，不断提高金融监管水平。通过运用大数据、互联网以及各种平台、模式进行监管，通过事前、事中和事后，通过日常巡查、专项审查与抽查，通过交互监察、相互督促等，形成全面有效的监管。

二是重塑金融监管主体，明确金融监管的主体地位及其相关职责，并赋予其相关法律重要权限，同时对其责任也应相应强化到位，一旦失责，相关负责人需要被问责并承担一定责任。

三是加强金融机构的内部监管，积极主动优化内部控制与风险管理，不断降低监管成本，提高风险管理水平。

四是加强金融监管人才培养，充实金融监管一线队伍力量，尤其是县一级金融监管队伍。

## 四　制定相关法规，确保金融监管运行有力

一是尽快制定和颁发"农村金融法"，保障农村金融安全稳定有效运行。监管的依据是法规，最高的法规是法律。我国现有金融法规虽对农村金融运行具有较好的规范指导作用，但从法律效力层级来看，要求相对较低，一些规定基本没有法律效力（如对一些金融机构或业务发展的指导意见），一些监管办法约束力也较小，这都给金融监管尤其是近年来愈加严格的金融监管带来不利。由于缺乏这样一部法律，政府及监管部门对其实施有效监管便缺乏法律依据，监管和处置难度明显增大。为进一步提升农

村金融地位促进农村经济发展，有必要尽快制定"农村金融法"，完善相关法规体系，对农村金融市场主体及其活动进行规范，使农村金融市场各类参与者和消费者的权益得到法律保障。

二是通过"农村金融法"明确并赋予民间金融合法地位，使之有法可依。鼓励、支持民间金融合法化、"阳光化"发展，必须明确并赋予其必要的法律地位，为其提供成长的法律环境，这是对民间金融发展最大的支持、最好的政策，也是政府对其进行有效监管的基础，否则任何形式的宣扬与褒奖对民间金融政策来说都是无效的，用之则大力支持，不用则打压与取缔，摇摆的政策与形势变化让人捉摸不定，这也是长期以来民间金融难以发展壮大、理直气壮的重要原因。

## 五 加强涉农金融机构风险控制，提高风险防控能力

近年来金融风险及其防控已成为我国政府的工作重点，不只是金融监管部门的事，而涉农金融机构则是金融风险最重要的防控主体与风险来源，为此，建议如下。

一是涉农金融机构必须树立风险意识，以风险控制为各项业务开展的前提和原则，并建立全面风险控制管理体系，筑牢系统性金融风险的底线与红线，坚决打赢防范化解重大风险攻坚战。

二是要处理好金融开放、金融创新与金融风险防控的关系，处理好金融支持实体经济发展的关系，一定要在金融风险防控前提下，积极做好金融对外开放和金融创新，并以不断扩大和加快金融开放及金融创新，应对当前新经济形势下面临的新难题与新挑战，以新思路、新视野、新规划形成云南沿边农村金融发展的"高层设计"，并逐步付诸实施。

三是要在融资抵押担保上下功夫，进行重点突破。对过去采行较好的一些抵押融资业务模式与方法如"三权三证"、订单农业、应收账单、联保贷款等应继续使用，并不断克服其缺陷不足，不断改进完善。同时，一定要构建起多层次、多元化、多形式的融资担保体系，涉农金融机构通过与之合作，才能既做到风险的较好防控，也在信贷上的"最后一公里"打通关键节点，还能有效降低融资成本。抵押担保问题一直是制约银行信贷

的难题，一定要解开这一"死结"，让充足的信贷"活水"灌溉到"三农"的"田间地头"。

四是探索多种形式的风险补偿方式，如主要通过地方财政设立信贷风险补偿基金、扶贫贷款风险补偿基金和生态保护补偿基金等，对涉农金融机构发放的涉农贷款进行风险补偿，同时鼓励支持金融机构在农村开展业务和改善涉农金融机构的税收优惠政策，清理和取消不利于涉农金融机构发展的各种税费规定，实施对涉农贷款的各种奖励与补贴政策，以及存款保险政策等，从而使涉农金融机构安心立足"三农"发展，调动其贷款积极性。

## 第六节　为农村金融人才建设提供根本保障

人才是事业发展的根本，农村金融要发展，离不开一大批既有一定道德素养又有较高业务水平的金融人才，而云南现有农村金融人才无论数量还是质量都达不到基本要求。因此，我国各级政府、高等院校、金融机构及各有关部门，都必须高度重视农村金融人才培养与建设。为此，建议如下。

一是政府及金融机构要通过相关政策如收入政策、住房政策、奖励政策等，加大对金融人才尤其是高层次金融人才的吸引力，打造人才建设的战略高地。

二是加强与高等院校的合作，签订人才培养使用协议，建立长期稳固的战略合作关系，共同培养所需金融人才，尤其是国际金融人才，以及农村金融发展所需要的其他专门人才。

三是金融机构应加强内部员工培训，不断提高业务水平。通过多种形式、多种方法如"请进来"和"走出去"，加强与沿边国家金融机构和发达国家金融机构之间的往来交流与学习，与国际经验惯例与规范对接，不断提高员工业务与管理水平，从而不断提高云南沿边金融机构对外开放和"走出去"的核心竞争力和辐射影响力。

四是应加强对农村金融机构和部门的领导者和管理者的培训。领导者和管理者更应该加强学习培训，只有重点学习经济金融理论、学习法律政策、了解最新的最前沿的经济金融发展形势与趋势，才能站得高看得远，才能发挥领导者、管理者的决策预测能力。

五是改革人才聘用和人事分配制度方式，大胆提拔使用德能勤绩的金融人才，尤其是让那些年轻有为的金融人才通过竞争上岗、择优聘用脱颖而出，让那些综合素质较高、懂专业、会管理、有"三农"情怀、积极努力向上的员工有用武之地，并为其成长发展提供良好的工作与事业环境，形成既有压力，更有动力，既有情感情怀，更有团结协作的相互尊重、和谐奋进的优秀企业文化。

# 第七节　努力培育良好的农村金融生态环境

## 一　抓好征信体系建设，打造良好的农村信用环境

信用环境建设是农村金融发展的重要基础与根本保障，良好的农村信用环境有利于农村金融的健康快速发展。为此，做出如下建议。

一是做好宣传工作，加强传统道德与诚信教育，树立"诚实守信"的基本理念。首先从政府做起，从我做起，打造诚信社会、诚信中国。"诚信"是一国经济金融发展和社会进步的根基，也是我国一直倡导和遵循的中华传统文化。

二是加强征信体系建设，必须在制度上进行完善。涉农金融机构应主动与中国人民银行系统及扶贫办等进行互联共享，建立起全面的动态的农户与农村小微企业等各类农村经营主体信用档案管理平台，包括目前建档立卡贫困户的信息，并利用大数据、"互联网+"、金融科技、区块链技术不断降低农村征信成本。

三是实行奖惩标本兼治。政府应与涉农金融机构联合，继续实施每年对"信用户""信用村""信用乡（镇）"的评选工作，对做得好的进行通报表扬，在信贷上优先、在利率上优惠，对失信违约者，也要进行通报批评，给予必要的惩罚与制裁，如罚款、进入"黑名单"、对出行与高消

费进行一定限制等。同时，打造良好的行政执法环境与营商环境，为沿边农村金融发展提供重要基础。

## 二　加强支付体系建设，为"三农"经济主体提供安全高效的支付环境

一是便捷安全高效的支付体系是衡量一家银行服务水平及核心竞争力的重要因素，尤其是在各种支付工具如微信、支付宝等横空出世一扫天下而使银行支付严重受压的今天，如何搞好支付体系建设是银行面临的事关生死存亡的重大问题，因此，银行自身应加大支付体系建设力度，主动与相关优势企业合作，占据主动权与主导权，做金融科技时代的引领者。

二是加大农村金融基础设施建设力度，对现有涉农金融机构老旧、落后的设施进一步改造升级，尤其是对边境或偏远山区乡村的全方位支付服务和其他金融服务，应重点推进。应进行"村级农信惠农支付点等助农服务终端+POS机+网上银行+手机支付"等金融服务创新，实现产融、供销、生产与消费、教育与医疗等所有领域与银行支付及金融的全面对接、深度服务。

三是加大金融知识的普及和边境地区的"反假币"宣传，不断提升农民尤其是老人、妇女的金融素质，使其能够掌握和运用最新的支付工具与方法，从而享受现代科技社会带来的生产生活便利，如近年来云南旅游部门推出的"一部手机游云南"就值得学习倡导。

## 三　建立多层次融资担保体系，为银行贷款提供顺畅有效的担保环境

一是努力构建省、州市、县多层次融资担保组织体系，政策性与商业性并行，应重点体现政府搭台、企业主导、市场运作原则。

二是除政府设立外，还应引导参与和鼓励支持民间资本、社会资本设立融资担保公司，通过各方合力，彻底打通银行信贷供需的"肠梗阻"，打消银行信贷顾虑，使银行敢于放款，进而提高其贷款积极性。

三是不断开发与形成多样化融资担保产品业务体系，确保抵押担保品合规有效，尽力满足借贷双方需求。

四是建立融资担保市场，通过众多参与者的适度竞争，降低担保费率，提高金融服务质量，有利于农村金融市场的深度发展。

## 四 加快农村经济结构调整和产业升级步伐，为"三农"金融发展提供新动能

一是要处理好经济与金融的关系。习总书记明确指出："经济是肌体，金融是血脉，两者共生共荣"，"金融活，经济活；金融稳，经济稳。经济兴，金融兴；经济强，金融强"。[①] 可见，经济与金融二者是互为依存的关系，彼此谁也离不开谁，因此金融必须回归本源，必须为实体经济服务，否则就会出问题。而一个强大的经济必然孕育出一个强大的金融。

二是应积极做好农村经济结构调整和产业升级，大力发展高原特色农业，促进农村一二三产业融合发展，打好"三张牌"，抓住"云"系列产品（云花、云果、云菜、云药、云茶、云咖、云游等）的生产销售与加工服务，不断延伸产业价值链条，这些都为"三农"金融发展提供了一系列新动能。

三是借助脱贫攻坚和乡村振兴战略，实施"美丽云南"建设，进一步为云南"三农"金融快速发展提供了强大的金融需求来源与新动能，涉农金融机构应抓住机遇，将以上新动能真正转化为有效金融需求，不断挖掘，充分开发利用，在积极做好金融风险防控条件下，以不断的金融创新为云南沿边农村经济持续健康快速发展提供强大的金融新动力。

---

① 2019 年 2 月 22 日，习近平总书记主持中共中央政治局第十三次集体学习发表的重要讲话。

# 第九章

## 结论与研究展望

## 第一节 结论

通过以上研究，可以得到以下主要结论。

其一，在沿边金融开放中，云南积极主动抓住机遇，成为改革的"领头羊"和"试验田"，建设成效明显。2013 年 11 月《总体方案》的获批就是云南抢抓机遇迎难而上的重大金融举措。云南抢先利用了当时国内外的良好稳定大局（"天时"）、自身得天独厚的地缘区位优势（"地利"），以及地方经济金融的快速发展势头和敢想敢干的拼搏精神（"人和"），最终获得中央的信任、支持，从而取得了一系列改革的成果，有力地促进了沿边经济金融的快速发展。金融作为一个重要产业，在云南八大产业规划中跻身主要地位。云南省委、省政府明确提出了将昆明建设成为区域性国际金融中心的重大战略目标。可见，沿边金融开放给云南带来了发展机遇，注入了动力活力，使云南经济金融结构发生了可喜的变化。

其二，云南沿边金融开放必须坚持开放性、包容性、普惠性和共赢性等基本原则，实现开放性、市场性、地方性和民族性的有机结合，充分利用优惠政策和持续政策支持，以实现沿边金融、跨境金融和地方金融的快速发展。农村金融在沿边金融开放中具有十分重要的地位，发挥着十分重要的作用，贯穿于沿边金融、跨境金融和地方金融发展之中。农村金融的核心与基本问题是资金问题，而现代的农村金融发展，不仅表现在资金，即一般资金借贷和银行信贷上，还表现在投资、理财、保险、信托等多方面；不仅在品种数量上，还有服务质量的更高要求。因此，云南应高度重视农村金融发展，尤其是主要领导干部既要有敢于担当的开拓创新精神，又要会经济懂金融。在当前巩固拓展脱贫攻坚成果同乡村振兴有效衔接中，农村金融应作为重要"抓手"，成为农村经济社会发展的强大动力"引擎"与"助推器"。

　　其三，云南农村金融发展目标是最终建立起多元化、多层次、竞争性、可持续的农村金融市场。为此，一是要打破金融机构的所有制界限禁区，除了国有大中型涉农金融机构应进一步加大"三农"金融服务力度外，更应鼓励和支持真正由社会资本、民间资本与外资发起设立的村镇银行、民营银行、保险公司、证券公司、期货公司、融资担保公司、信托租赁公司、小额贷款公司、互联网金融公司、科技金融公司、产业投资基金等小微金融机构，尤其是通过具有地方和民族特色的村镇银行和民营银行、边贸银行等的建立发展，为云南"三农"金融快速发展注入活力，以国有、民营和外资的多元化共同发展、相互补充形成良好的体制内外竞争氛围，有利于金融业的长远稳定发展，否则，农村金融市场就会是"一潭死水"。二是要加强涉农金融机构的功能互补与合作，避免业务同质化等恶性经营竞争，形成政策性、商业性、合作性与民间性不同类型金融机构相互分工协作，以及同一类型大、中、小微型不同规模金融机构相互支持协作的共同发展的良好金融生态环境。它们之间的关系是功能互补的关系，是竞合关系，并非你死我活的关系，否则金融生态链就会遭到破坏。农村是一个广阔的天地，蕴藏着无限的生机，只要善于去挖掘发现并逐渐形成各自特色与核心竞争力，那么，各类型金融机构都将在其中找到定位获得发展。三是要大力支持与促进地方法人金融机构如省农信社、农商行、富滇银行等的稳健快速发展，推动其上市，多渠道补充资本，同时加快地方非银小微金融机构如融资担保公司、小额贷款公司、融资租赁与典当公司等的设立，打造全牌照、全业态地方金融机构集群，做大做强云南地方金融，对于云南"三农"金融发展具有"定海神针"的作用。四是应建立起省、州市、县、乡镇多层次的农村金融组织服务体系，尤其是主要金融机构应体现多层级的重要性与广覆盖。从目前及未来一段时间来看，云南农村金融发展，最重要的当属银行、保险、证券、信托、担保等机构，通过立体化、多类型、多层次组织体系的建立健全与完善，加上规模实力的不断增强，其服务水平与能力必将有很大提升，从而促进云南农村金融市场的有力发展，并成为支撑云南农村经济发展和乡村全面振兴的重要金融保障。五是应注重涉农金融机构的可持续发展，只有实现可持续，金融机构才能立得住足、才能谈得上发展，也才能真正面向"三农"、扎根"三农"、情系"三农"。这就一方面需要政府对包括涉农金融机构在内的各类"三农"经营主体的一系列优惠政策的大力支持，另一方面更需要涉农金融机构通过自身的努力不断形成核心竞争力从而在市场中占有一席之地。总之，在处理涉农金融机构与"三农"发展关系中一定要坚持和体现市场优先兼顾公平、外部支持内部得力、适度竞争具有活力、社会责任持续发展等基本原则。

其四，云南涉农金融机构应进一步拓宽资金来源，加大信贷投入力度，加大农村金融产品业务创新，尽力满足多样化农村金融需求。针对长期以来云南农村经济发展中存在的"融资难""融资贵"问题，云南涉农金融机构尤其是银行金融机构要千方百计进行"破解"，不断寻找有效方法与措施。一是在思想上应转变观念、提高认识，坚持与实践普惠金融、绿色金融发展理念。二是广泛筹集、积极利用和充分发挥财政、直接融资和各类政策性、民间性和捐助性资金的合力，为"三农"发展提供源源不断的金融"活水"。三是涉农金融机构应积极主动围绕地方政府制定的经济社会发展规划和"三农"发展战略，根据云南省委、省政府提出的打好"三张牌"，努力开发出适合云南"三农"发展的一系列信贷产品、保险产品、信托期货产品等，通过金融产品和业务的不断丰富和持续不断的创新，不断满足多样化的农村金融需求。四是在加强金融风险防控前提下，仍应不断加大金融支持力度尤其是信贷支持力度，确保涉农贷款"两个不低于"目标（增量不低于上年、增速不低于各项贷款平均增速），尤其对近些年来国家倡导鼓励支持并已大量涌现的新型农业经营主体如专业大户、家庭农场、农民专业合作社、农业产业化龙头企业、农业产业化联合体等，应加大信贷支持和其他金融服务力度，同时通过金融精准扶贫、小额信贷，形成对实体经济、小微企业和广大农户甚至贫困户如建档立卡户的全面有力支持，实现农村经济的持续有力发展。五是涉农金融机构应高度重视和大力发展金融科技，积极迎接并引领未来金融发展浪潮，它不仅可以降低成本，还能够提升服务效率。目前，国内外金融科技发展很快，未来的金融竞争将更多地体现为金融科技的竞争，云南农村金融发展和沿边金融开放应紧紧抓住并跟上这一金融发展大趋势，绝不可掉以轻心而被时代所淘汰。

其五，云南沿边地区农村金融资源配置效率总体水平较低，且地区差异较大。云南沿边州市中，文山、昆明最高，德宏、保山最低，而滇南地区又比滇西地区较高一些。提出的建议如下：一是金融机构应进一步加大信贷支持力度；二是政府应进一步加大财政支农力度；三是应进一步利用并发挥外资在"三农"发展中的重要作用；四是应进一步发展"三农"保险，不断改善农村金融生态环境。

其六，云南应加快推进跨境金融，努力构建沿边金融合作新机制。一是加强国家政府高层之间的金融交流合作，签订相关合作协议和备忘录，定期或不定期会晤商讨相关重大问题；二是中央银行及相关部门应对地方中国人民银行等相关部门及时提供政策与指导，进行工作部署与安排，同时地方中国人民银行及云南省政府及其相关部门应积极主动向上面汇报沟通，求得理解与支持，通过国内外加强合作和中央地方上下联动，形成有利于沿边跨境金融合作的良好氛围；三是通过多种合作平台模式渠道，为跨境金融合作注入活力动力；四是鼓励支持金融机构"走出去"与"请进来"，即鼓励支持境内金融机构到周边国家设立分支机构开展业务，同时鼓励吸引国内外金融机构来云南来昆明设立分支机构开展业务，不断提高昆明区域性国际金融中心的影响力与辐射力；五是着力扎实推进沿边金融基础设施建设，在软硬件上加大投入力度，以不断的产品业务创新，如融资结算、小币种交易、跨境保险及其他投融资服务等，不断探索经验。

其七，云南应进一步加强农村金融监管与风险控制，不断提高监管水平与效率。金融业经营的是风险，因此经营风险、防范风险应成为金融业的永恒主题。目前我国几乎所有银行都成立了风险控制部门，对银行内部风险进行管理与控制，在外部也有政府部门的监管和行业监管等，但近年来针对金融风险的频发与潜在金融风险隐患的增加，金融监管面临诸多新挑战、新考验。对此，一是要尽快制订和颁发"农村金融法"，使农村金融活动有法可依，当然，其也是维护市场参与各方权责和加强金融监管的重要依据。二是要完善农村金融监管体系，加强监管协调，形成监管合力，确保农村金融市场有序健康运行。三是要注重分类监管，针对各地区农村实际情况，不断改进监管的方式、方法与手段，从而提高监管水平与效率。当前，应针对农村非法集资、高利贷、互联网金融、地下金融、网络贷款、融资担保、金融诈骗、各种"废逃债"以及边境赌博与洗钱、人民币与周边国家货币跨境流动等进行重点防范与监管，一方面大力加强宣传教育，另一方面坚决进行打击，确保云南不发生重大金融风险事件和沿边金融安全事件。四是要充分利用大数据，发挥金融科技的作用，构建立体化、多类型、多平台的监管模式，充实金融监管一线队伍尤其是县一级，让金融监管真正做到全方位、无死角，做到实时动态、超前有效，监管有力到位。

其八，云南应加强农村金融生态环境建设，为农村金融高质量发展提供良好的环境氛围与保障基础。云南沿边金融开放中的农村金融发展，离不开各方面的支持配合，绝不是涉农金融机构也不是金融部门能够单独胜任的事情，从根本上、长远上看，取决于合力效应及其基础保障能力，即除了金融部门与金融机构自身努力外，还有其他多个部门机构和影响因素的共同作用，从这个意义上看，只有"跳出金融看金融"才能真正发展金融。对此，应注意：一是高度重视与加强金融人才的培养建设，沿边金融发展既需要大量农村金融人才也需要大量国际金融人才，尤其是高层次高素质的金融人才，通过一系列吸引留住人才的优惠政策措施和人才成长机制，并促使更多优秀的人才能够"下沉"基层，这对于农村金融发展具有首要意义；二是抓好征信体系建设，打造良好的信用环境；三是加强结算支付体系建设，提供安全便利、快捷高效的支付环境；四是建立完善的多层次融资担保体系，提供有力的抵押担保服务，并尽可能降低担保费率及其运行成本，同时建立必要的抵押品处置和要素交易市场；五是加快农村经济结构调整和产业升级步伐，大力发展高原特色农业，促进农村一二三产融合发展，推进城镇化，打好"三张牌"，不断夯实农村经济发展的产业基础，为农村金融发展提供重要经济基础。总之，乡村全面振兴、云南自贸区建设、面向南亚东南亚的云南辐射中心建设和昆明区域性国际金融中心建设等重大规划目标，为云南农村金融快速发展打开了全景新天地，提供了持续新动能。

## 第二节　研究展望

沿边金融将是未来云南一直可以做下去的一篇大文章，它关系着我国政府近年来提出的进一步加快对外金融开放步伐和人民币国际化的重大战略部署，云南独特的地缘区位优势决定了其必然成为重要"试验田"和突破口。因此，云南应紧紧抓住沿边金融开放这一重大机遇，以此带动和促进云南地方金融和农村金融的快速发展，故未来云南沿边金融开放中的农村金融发展问题值得进一步关注与深入研究。

其一，关于后续云南农村金融研究中的一些问题探讨。长期存在的城乡二元结构、城乡差距与区域差距，加上"三农"问题的长期性复杂性和艰巨性，以及乡村全面振兴和现代化强国目标的逐步实施，为农村金融研究提供了十分广阔的舞台与空间，必将产生更多的研究成果。本书也只是对近年来沿边金融开放背景下云南农村金融发展问题的一个阶段性研究成果，抛砖引玉而已，限于时间、篇幅与研究能力，相关问题研究还不够全面也不够深入，需要继续关注与深度研究，希望能有更多有识之士加入这一研究行列中来，为云南农村金融发展事业贡献自己的聪明才智。下一步，除可以继续跟踪研究云南各涉农金融机构包括农业银行、农业发展银行、邮储银行、农村信用社、农村商业银行、村镇银行、小贷公司等自身发展中存在的问题和文中相关其他问题外，也可以问题导向原则重点开展以下问题研究，如涉农金融机构如何更好支持"三农"发展研究、多元竞争中农业银行（邮储银行、农发行）如何加强与其他涉农金融机构的功能互补与合作研究、农业发展银行转型发展研究、农信社改制为农商行的问题与效应研究、金融精准扶贫问题研究、乡村振兴的金融支持研究、乡村振兴的金融保障激励机制研究、农村三产融合的金融支持研究、金融城乡统筹协调发展研究、农村金融风险表现度量及对策研究、农村金融监管重点与难点研究、基于金融深化视角的农村融资机制缺陷与重构研究、农民专业合作社内部融资问题研究、农村数字普惠金融研究、农村金融生态环境及其可持续发展研究、农村金融产品业务与市场创新研究、农村金融与经济协调发展研究、农村金融排斥与信贷可得性研究、县域"三农"金融服务现状与问题研究，等等。通过以上研究，能够更加有力地推动云南农村金融理论与实践不断创新快速发展。

其二，延伸思考与建议。近年来，面对碳达峰、碳中和及"双循环"发展战略，我国明确提出了"经济高质量发展"，要求各地方、各部门及各行业都应走"高质量发展"之路。那么，在云南经济高质量发展中，云南金融如何作为，如何高质量发展，下面提出几点建议。

一是进一步解放思想，树立绿色发展理念和开放包容思维，要乘沿边金融开放成功试验继续做好做活沿边金融改革这篇大文章，这是云南特有的区位优势所决定的，也是中央寄予云南的厚望。应继续巩固、争取和利用好中央给云南沿边金融改革的一系列优惠政策，重点在人民币跨境结算、人民币国际化、金融机构"走出去"和"请进来"、金融组织体系完善、金融基础设施等方面花大力气解决突出问题，围绕沿边金融、跨境金融、地方金融和农村金融进行改革创新，探索新业务、新模式，推出更加积极务实和开放有效的新举措，建立并不断深化与沿边国家政府高层金融合作与金融机构业务往来，大力发展绿色金融、普惠金融、供应链金融、金融科技和碳金融，使云南成为新时期我国沿边金融改革的"排头兵"，为我国沿边金融改革开放不断提供有益的"云南样本"。

二是尽快将昆明建设成为区域性国际金融中心，形成区域金融集聚，打造沿边金融"新高地"。云南作为面向南亚东南亚的辐射中心这一中央在"一带一路"中给云南的发展定位，经济与金融的辐射影响力至为重要。但目前云南的经济发展与金融发展与之相比还很不相称，金融还远未能形成对全省经济社会发展和乡村全面振兴的有力支撑，对周边国家地区的影响、辐射与带动作用还很不够。因此，建议中央在云南沿边金融改革基础上和昆明区域性国际金融中心打造目标上，进一步给予云南更优惠更有力的金融财税等政策，如国内金融机构准入设立、外资金融机构引入与业务开展、存款准备金率与定向降准、再贷款与再贴现、债券发行、股票上市、政策性贷款与保险、产业基金与风险投资以及系列财税产业优惠政策等等，加速形成吸引国内外各类资金汇聚、金融集聚和人才荟萃的良好政策激励与发展环境氛围。同时，云南自身也应抢抓机遇，不断改革创新，充分发挥关键性内因作用。以优惠的政策支持、灵活的保障机制、优越的人才吸纳和有效的部门协同，以高质量的软、硬件金融服务，以强大的政策外力和自然的市场内力联合驱动，共同为昆明区域性国际金融中心建设提供有力的保障支持，使云南对南亚东南亚的辐射影响作用能够尽快有效发挥。

三是高度重视脱贫攻坚与乡村振兴有效衔接中农村金融面临的问题困境，防止出现"短板效应"和"跛足效应"，这是云南金融高质量发展的内在要求，也是实现城乡金融协调发展、一体化发展的基本目标。一定要清醒地看到，尽管近年来通过各项改革措施的有力实施，云南农村金融有了较好发展，"三农"问题有了较大改善，但农村金融发展还不能从根本上形成对新旧经济动能转换和"三农"发展的持续有力支持，还存在较多的薄弱环节与难点困境。因此，必须充分认识到云南"三农"金融发展的重要性与艰巨性，唯有改革有方，措施有力，久久为功，才能实现乡村全面振兴和美丽云南建设目标，确保不拖其他重大改革和发展目标的"后腿"。

四是紧紧围绕云南经济社会发展重大规划，积极谋划金融创新发展举措。以金融组织体系及其市场的不断健全完善，以金融产品与业务的不断创新，以金融资源的高效配置运用，重点优先支持云南新经济、新业态、"三张牌"，滇中城市群与沿边城镇崛起，以及实体经济与"三农"发展，防止资金在体制内自转，减少资金闲置、浪费与错配。应加强金融的顶层制度设计与基层实践探索相结合、金融的理论研究与工作实际相结合。应紧跟金融科技、数字货币、混业经营等金融业发展趋势。不断加大金融基础设施建设和金融人才培养力度，这是金融业发展的两个重要支撑，也是区域金融集聚的重要反映与金融辐射的根本保障。

# 参考文献

## 中文文献

鲍吉、张强，2009，《村镇银行的运营现状与发展对策——以四川省为例》，《调研世界》第 6 期。

卞文志，2016，《"小而美"将成民营银行发展方向》，《金融经济》第 13 期。

蔡洋萍，2016，《我国新型农村金融机构"支农支小"存在的问题及对策分析》，《农村金融研究》第 1 期。

曹凤岐，2010，《建立多层次农村普惠金融体系》，《农村金融研究》第 10 期。

常晓君，2015，《沿边金融改革背景下沿边地区个人境外直接投资风险研究》，《时代金融》第 24 期。

陈爱华，2015，《农民专业合作社发展中遇到的困难与解决对策》，《经济研究导刊》第 4 期。

陈锋、田娟，2010，《银行跨境监管合作探讨》，《中国金融》第 10 期。

陈立刚，2014，《民营银行发展面临的问题及对策探析》，《长春理工大学学报》（社会科学版）第 3 期。

陈琼豪、应益荣，2019，《警惕金融开放新阶段的跨境资本流动风险》，《人民论坛》第 30 期。

陈胜良，2016，《加快推进沿边金融综合改革研究——以广西百色市为例》，《农村金融研究》第 3 期。

陈锡文、韩俊，2014，《中国特色"三农"发展道路研究》，清华大学出版社。

陈锡文、韩俊主编，2016，《经济新常态下破解"三农"难题新思路》，清华大学出版社。

陈昕，2013，《提升云南沿边开放水平对策研究》，《管理学家》第16期。

陈雨露、马勇，2010，《中国农村金融论纲》，中国金融出版社。

陈云波、刘余武、段云波，2014，《"三农"金融服务改革创新和便利化行动实现新突破》，《时代金融》第7期。

成式，2013，《农村"三权"抵押融资若干法律与实务问题探讨》，《国际金融》第11期。

成思危，2006，《对发展我国农村金融的几点浅见》，《中国农村信用合作》第1期。

党国英，2008，《促进农民要素市场形成至关重要》，《东北之窗》第5期。

丁建臣、董小平，2014，《强化民营银行监管的政策取向》，《中国银行家》第12期。

丁忠民，2009，《城市带动农村的金融与财政政策匹配》，《改革》第7期。

丁忠民，2009，《农村金融市场成长机制与模式研究》，中国农业出版社。

董彩婷、华山杉，2016，《构建昆明市面向沿边离岸金融中心的探究》，《中国市场》第12期。

董青马、卢满生，2010，《金融开放度与发展程度差异对银行危机生成机制影响的实证分析》，《国际金融研》第6期。

董文标，2013，《加速中国银行业民营化进程》，《中国经济周刊》第10期。

杜晓山，2015，《十大举措发展农村普惠金融》，《农村金融研究》第10期。

杜晓山，2016，《构建完整的农村普惠金融体系》，《金融世界》第2期。

杜晓山，2016，《普惠金融目前所面临的问题及挑战》，《农村金融研究》第 5 期。

杜晓山、刘文璞主编，2018，《从小额信贷到普惠金融：中国小额信贷发展二十五周年回顾与展望纪念文集》，中国社会科学出版社。

杜晓山、孙同全，2010，《供给驱动下农民互助资金发展中的几个问题》，《金融经济》第 8 期。

杜晓山、孙同全、张群，2011，《公益性及商业性小额信贷社会绩效管理比较研究》，《现代经济探讨》第 5 期。

杜晓山、张保民、刘文璞、孙若梅主编，2005，《中国小额信贷十年》，社会科学文献出版社。

杜亚敏、王昊，2014，《成都农村土地流转的实践与思考》，《国土资源情报》第 9 期。

樊纲，2000，《发展民间金融与金融体制改革》，《江苏改革》第 12 期。

樊英，2018，《农村金融机构小额信贷业务风险管控的策略研究》，《经济论坛》第 11 期。

樊永勤，2010，《人民币跨境流通对边境银行业金融安全的影响及相关对策——以云南边境为例》，《社会科学家》第 4 期。

范振宇，2013，《我国农村金融效率评价及其影响因素分析》，硕士学位论文，吉林大学。

冯兴元、何广文、赵丙奇等，2013，《民间金融风险研究》，中国社会科学出版社。

冯彦明、毛丹，2015，《大力发展民族地区金融》，《中国金融》第 10 期。

俸正雄、张万伟，2015，《滇西欠发达地区农村"三权三证"抵押融资创新的思考——以临沧市为例》，《农村金融研究》第 8 期。

高帆，2002，《我国农村中的需求型金融抑制及其解除》，《中国农村经济》第 12 期。

高荣霞，2012，《凤阳县农村资金互助社发展研究》，硕士学位论文，安徽财经大学。

高圣平、刘萍，2009，《农村金融制度中的信贷担保物：困境与出路》，《金融研究》第 2 期。

高晓光、罗俊成、姜丽丽，2016，《金融包容视角下的农村资金互助社发展问题研究》，《当代经济研究》第 5 期。

高玉成、郑伟、刘俊峰，2015，《农村资金互助社发展与监管问题探析》，《金融理论与实践》第 6 期。

耿刘利、黎娜，2019，《供给侧改革视角下安徽省农村金融效率研究》，《成都师范学院学报》第 3 期。

谷慎，2006，《我国农村金融效率实证分析》，《西安交通大学学报（社会科学版）》第 5 期。

郭建伟，2015，《丝路经济带的金融合作》，《中国金融》第 12 期。

郭娟，2014，《农村小额信贷风险的识别、评价与防范研究——以新化县为例》，硕士学位论文，上海交通大学。

郭俊，2008，《村镇银行市场定位：独特性与阶段性》，《武汉金融》第 4 期。

韩俊，2009，《中国农村改革的重点领域及政策走向》，《经济体制改革》第 1 期。

韩俊，2009，《中国农村金融调查》，上海远东出版社。

韩俊，2015，《农村土地承包经营权指导文件今年出台》，《中国证券报》1 月 26 日。

郝臣、李飞、王旭，2013，《我国保险公司跨境经营问题研究》，《保险研究》第 11 期。

郝宁，2015，《云南省沿边金融开放中的农村普惠金融发展研究》，硕士学位论文，云南财经大学。

何德旭、苗文龙，2015，《金融排斥、金融包容与中国普惠金融制度的构建》，《财贸经济》第 3 期。

何帆、徐奇渊、徐秀军，2011，《开发性金融在推动周边金融合作中的战略选择：中国与东南亚国家双边的视角》，《中国市场》第 16 期。

何广文，2009，《资金互助：合作金融又一模式》，《中国金融家》第 12 期。

何广文、冯兴元，2004，《农村金融体制缺陷及其路径选择》，《中国农村信用合作》第 8 期。

何广文、何婧，2018，《农村金融转型发展及乡村振兴金融服务创新研究》，《农村金融研究》第 12 期。

何广文、李树生等编著，2008，《农村金融学》，中国金融出版社。

何广文、刘甜，2019，《贫困地区农户创业的信贷需求研究》，《财经理论与实践》第 5 期。

何海峰，2013，《构建大国开放经济的金融政策框架》，《中国金融》第 22 期。

何红卫、余爱民，2014，《资源变资本的有益探索——湖北省武汉农村综合产权交易所改革创新调查》，《山西农经》第 2 期。

何宁、薛小飞，2018，《中国民营银行发展现状、问题及转型路径分析》，《经济师》第 7 期。

何晓夏、章林，2015，《云南民族自治地方金融排斥及其治理政策研究》，中央编译出版社。

侯俊华、汤作华，2009，《村镇银行可持续发展的对策分析》，《农村经济》第 7 期。

侯平安，2008，《当前农村金融服务存在的问题及建议》，《山西经济管理干部学院学报》第 3 期。

胡列曲、孙兰、丁文丽，2011，《大湄公河区域国家经济金融一体化实证研究》，《亚太经济》第 5 期。

胡列曲、夏凡，2012，《区域性国际金融中心评价指标体系——构建及其对昆明和周边主要城市的比较与评价》，《云南财经大学学报》第 6 期。

胡秋灵、刘伟，2009，《西部地区发展资金互助社的困境及破解路径》，《河南金融管理干部学院学报》第 1 期。

胡璇，2019，《普惠金融体系下农村小额信贷发展困境及对策研究》，《长春金融高等专科学校学报》第 5 期。

胡璇、李存，2018，《农村资金互助社的发展及风险问题探究》，《长春金融高等专科学校学报》第 5 期。

胡宗义、李鹏，2013，《农村正规与非正规金融对城乡收入差距影响的空间计量分析》，《当代经济科学》第 2 期。

黄庆河，2010，《农村土地承包经营权抵押贷款业务调查》，《甘肃金融》第 7 期。

黄庆华，2007，《"三农"贷款难与村镇银行的构建》，硕士学位论文，福建师范大学。

黄秀云，2013，《提升中老缅泰四国毗邻地区贸易与投资便利化研究》，《时代金融》第 17 期。

黄叶影，2015，《我国 P2P 农村小额信贷的风险管理研究——以宜农贷模式为例》，硕士学位论文，暨南大学。

惠献波，2013，《家庭个体特征对宅基地使用权抵押贷款意愿影响调查分析》，《首都经济贸易大学学报》第 3 期。

惠献波，2014，《金融机构开展农村土地经营权抵押贷款经营效率评价》，《金融理论与实践》第 4 期。

惠献波，2015，《农地经营权抵押贷款业务推广困境与创新路径设计》，《西南金融》第 5 期。

惠献波，2016，《宅基地使用权抵押融资模式、风险及防范策略分析》，《农村金融研究》第 2 期。

吉哲鹏，2015，《云南林权抵押贷款余额连续五年居全国第一》，《云南经济日报》2 月 14 日，第 4 版。

纪永瑞、张欢，2010，《农村金融资源配置效率分析》，《西部金融》第 9 期。

江春、赵秋蓉，2015，《关于构建我国普惠金融体系的理论思考——国外金融发展如何更好地减缓贫困理论的启示》，《福建论坛》第 3 期。

江惠琼、李学林、肖植文，2012，《"桥头堡"战略下云南农业对外开放与合作研究》，《中国农学通报》第 26 期。

姜柏林，2009，《为什么要发展农村资金互助社?》，《银行家》第 12 期。

姜波克，2005，《金融国际化进程中的风险问题研究》，《学习与探索》第 4 期。

姜健、唐青生、袁天昂，2016，《云南省农村要素市场交易所构建发展研究》，《时代金融》第 11 期。

金强、吴泽权，2015，《民营银行如何选择市场定位和业务模式》，《清华金融评论》第 3 期。

荆淑云，2018，《改善"两权"抵押融资环境促进试点业务进一步发展的对策建议》，《北方金融》第 7 期。

李春霄，2016，《农村地区金融排斥研究》，中国社会科学出版社。

李丹丹，2015，《昆明要舞好沿边金改龙头》，《昆明日报》1 月 26 日，第 3 版。

李朵，2015，《商业银行参与普惠金融的现状及路径研究》，《改革与战略》第 7 期。

李国祥，2006，《按科学发展观转变我国农村发展模式》，《学习与探索》第 1 期。

李海娣、李海珊，2010，《云南银行业在大湄公河次区域金融合作中的发展路径》，《现代商业》第 33 期。

李建强、纪晓明、王慕星，2018，《欠发达地区村镇银行发展问题的研究——以白城地区为例》，《吉林金融研究》第 12 期。

李明贤、向忠德，2011，《我国中部地区农村金融资源配置效率实证分析》，《农业技术经济》第 7 期。

李奇霖，2019，《民营银行的差异化发展之路》，《金融经济》第 5 期。

李睿璇，2015，《我国村镇银行发展的制约因素研究》，硕士学位论文，山东财经大学。

李莎、尹朝平，2013，《金融改革撑起滇桂沿边"国际范"》，《云南日报》11 月 26 日，第 8 版。

李婷，2019，《人民币资本账户开放的风险分析及策略选择》，《经济金融》第 6 期。

李雪林、唐青生，2018，《微观金融杠杆率测算及合理波动阈值测度——基于我国农村地区存款类金融机构的农村金融视角》，《西南民族大学学报》（人文社会科学版）第 10 期。

李燕美，2015，《大湄公河次区域人民币跨境流通问题研究》，云南大学硕士论文。

李永前、李雄平、金璟，2012，《加强云南省边境口岸"桥头堡"作用的战略》，《当代经济》第 19 期。

李芸芸，2015，《成都农村产权交易所运行绩效评价研究》，硕士学位论文，四川农业大学。

李镇西，2007，《中小商业银行核心竞争力研究》，中国金融出版社。

梁明丽，2011，《我国普惠性农村金融体系建设研究》，硕士学位论文，山东经济学院。

梁庆军，2011，《我国农村资金互助社发展问题研究》，硕士学位论文，河北大学。

廖凡，2018，《跨境金融监管合作：现状、问题和法制出路》，《政治与法律》第 12 期。

林乐芬、赵倩，2009，《推进农村土地金融制度创新——基于农村土地承包经营权抵押贷款》，《学海》第 5 期。

凌敢，2015，《新常态下城商行与民营银行的发展与监管》，《中国银行业》第 4 期。

刘方、丁文丽，2016，《关于云南构建中国东盟区域性外汇市场的思考》，《金融教育研究》第 4 期。

刘光溪，2011，《中国向上 人民币向南——"桥头堡"战略实施与人民币周边、区域和泛亚国际化》，《中国市场》第 7 期。

刘光溪，2012，《建设金融桥头堡》，《金融世界》第 3 期。

刘光溪主编，胡列曲执行主编，2011，《昆明泛亚金融服务中心建设蓝皮书（2010-2011）》，中国金融出版社。

刘宏博，2016，《云南省农村"三权三证"抵押融资问题研究》，硕士学位论文，云南财经大学。

刘宏博、唐青生，2014，《云南沿边金融开放中的普惠金融发展研究》，《时代金融》第 10 期。

刘宏博、唐青生、袁天昂，2014，《云南沿边金融开放中的跨境金融合作研究》，《时代金融》第 11 期。

刘建、朱晓林、沈玮，2009，《农村资金互助社运作模式初探——以吉林省六家农村资金互助社为例》，《农村经济与科技》第 1 期。

刘江舸，2014，《MX 村镇银行竞争战略选择研究》，硕士学位论文，广西大学。

刘津慧，2011，《我国村镇银行发展问题研究》，硕士学位论文，云南财经大学。

刘娟、李明贤，2011，《新型农村资金互助社发展的外部环境分析》，《中国林业经济》第 5 期。

刘明尧、丁文、彭中，2014，《土地流转的鄂州模式：释放农地金融活力的典范》，《农村金融研究》第 2 期。

刘仁伍，2002，《金融结构健全性和金融发展可持续性的实证评估方法》，《金融研究》第 1 期。

刘荣佳，2018，《我国民营银行发展现状及问题》，《银行家》第 9 期。

刘田田，2012，《村镇银行发展面临的挑战与对策》，《时代金融》第 8 期。

刘一飞、丁宁，2013，《云南省广西壮族自治区建设沿边金融综合改革试验区总体方案》，《云南日报》11 月 26 日，第 7 版。

刘盈、申彩霞，2010，《农村土地抵押融资需求调查及影响因素分析》，《安徽农业科学》第 9 期。去掉"分别"和"对泰州市和"。

卢亚娟、刘志友、林峰，2005，《民营银行进入与商业银行经营监管框架的调整》，《经济学动态》第 12 期。

陆益，2016，《金融开放下的银行系统性风险研究综述》，《特区经济》第 4 期。

吕萌，2012，《"桥头堡"战略下的瑞丽市融资模式初探》，《现代经济信息》第 15 期。

吕永安，2015，《"三权"抵押贷款业务的发展现状和问题——以广西地区的案例为例》，《银行家》第 1 期。

罗本祥，2015，《对德宏州沿边金融综合改革的调查与思考——以瑞丽市为例》，《时代金融》第 1 期。

罗培新主编，2013，《温州金融实践与危机调研报告》，法律出版社。

罗晓晓，2012，《开办农村资金互助社的难点及其政策建议》，《经济研究导报》第 27 期。

马九杰、吴本健、周向阳，2013，《农村金融欠发展的表现、成因与普惠金融体系构建》,《理论探讨》第 2 期。

马俊、冉萍,2012,《云南出口信用保险现状分析及对策研究》,《商场现代化》第 3 期。

马子红、谭鑫、黄珊,2016,《加快沿边金融综合改革试验区建设》,《社会主义论坛》第 2 期。

聂竞,2019,《乡村振兴背景下的农村金融机构小额信贷问题探讨》,《金融经济》第 8 期。

潘林,2010,《关于银山农村资金互助组织的调查与思考》,《中国农民合作社》第 2 期。

潘英丽、苏立峰、王同江等,2010,《国际金融中心:历史经验与未来中国》,格致出版社、上海人民出版社。

潘永,2010,《中越边境贸易结算中"地摊银行"模式的竞争优势研究——基于业务效率的视角》,《学术论坛》第 7 期。

彭佳、朱巧玲,2015,《民间金融制度变迁与经济绩效》,《金融论坛》第 2 期。

钱水土、姚耀军,2010,《中国农村金融服务体系创新研究》,中国经济出版社。

钱振伟,2010,《保险业强力支撑云南"桥头堡"建设》,《云南财经大学学报》(社会科学版)第 6 期。

强国令、闫杰,2018,《基于农村视阈下的普惠金融扶贫的理论探讨与思考》,《技术经济与管理研究》第 1 期。

秦响应、刘莉魏、洪福,2014,《民营银行发展的市场定位和路径探析》,《金融教学与研究》第 5 期。

邱立成、王凤丽,2010,《外资银行进入对东道国银行体系稳定性影响的实证研究》,《南开经济研究》第 4 期。

邱兆祥、安世友,2012,《发展民营银行面临的问题及对策》,《金融时报》7 月 9 日,第 9 版。

曲小刚、罗剑朝,2013,《农村资金互助社:现状、问题、影响因素和对策》,《武汉金融》第 5 期。

冉凌旭、陆亚琴,2010,《发挥云南的区域优势与"桥"、"堡"一体化建设》,《云南财经大学学报》(社会科学版)第6期。

任德奇,2015,《新常态下的银行业国际化》,《中国金融》第2期。

阮崇昱,2015,《我国民营银行发展对策研究》,硕士学位论文,首都经济贸易大学。

申小成,2012,《农地承包经营权抵押的法律问题研究——以成都模式为例》,硕士学位论文,西南交通大学。

沈军,2003,《金融效率理论框架与我国金融效率实证考察》,《金融论坛》第7期。

沈利华,2014,《社员参与农村资金互助社的动机及影响因素研究——以浙江省为例》,硕士学位论文,浙江农林大学。

宋坤,2016,《中国农村非正规金融和正规金融的合作模式》,《中南财经政法大学学报》第4期。

宋新昕,2015,《促进农村资金互助社发展的建议》,《吉林日报》8月18日,第4版。

苏丽霞,2018,《人行昆明中支 强化金融风险防控 牢牢守住安全底线》,《金融时报》1月24日,第3版。

苏丽霞、顾阳,2016,《云南跨境人民币结算业务步入"快车道"》,《金融时报》1月11日,第3版。

孙宁茜、郭莉莉,2008,《尤努斯乡村银行模式的实践价值》,《西部金融》第9期。

孙翌,2015,《云南深入推进沿边金融综合改革试验区建设的思考——以西双版纳为例》,《时代金融》第24期。

孙瑜,2013,《中国农村金融制度变迁——基于交易成本和资源配置效率的研究》,硕士学位论文,南京师范大学。

唐青生,2010,《西部农村金融资源配置研究》,经济科学出版社。

唐青生、姜健、和双翼、庞博,2017,《云南沿边金融开放中的农村金融资源配置效率研究——基于主成分分析法》,《广东经济》第2期。

唐青生、周明怡,2009,《西部地区农村金融资源配置效率实证研究——基于主成分法的分析》,《云南财经大学学报》第4期。

唐青生等,2015,《西部边疆民族地区"三农"金融发展模式创新研究》，中国金融出版社。

唐青生主编，2019，《农村金融学》（修订本），中国金融出版社。

唐双宁，2007，《关于农村金融问题》，《中国农村信用合作》第 8 期。

唐文，2010，《农村金融服务存在的问题及对策》，《现代农业科技》第 21 期。

唐五湘、李冬梅、周飞跃，2007，《基于面板数据的我国各地区科技资源配置效率的评价》，《科技管理研究》第 3 期。

田东林、李金辉、刘杉，2013，《边疆少数民族地区农业产业支撑体系的实践与探索——以云南保山隆阳区为例》，《当代经济》第 10 期。

田杰、殷玲燕、刘蓉，2018，《扶贫资金互助社运行绩效评价与治理改善》，《金融理论与实践》第 5 期。

万广军、杨遂全，2011，《农村产权抵押融资的抵押物研究——成都经验的启示》，《经济体制改革》第 2 期。

汪小亚等，2014，《农村金融改革：重点领域和基本途径》，中国金融出版社。

王春影、李飞、王辉政，2013，《沿边开放进程中昆明区域性国际金融中心构建研究》，《金融经济》第 14 期。

王刚、陈宁、薄岩，2016，《完善政策框架促进我国民营银行健康发展》，《中国经济时报》12 月 21 日第 5 版。

王广谦，1996，《金融市场效率的衡量及中国金融市场发展的重点选择》，《金融研究》第 2 期。

王瑾瑜，2013，《贫困村互助资金成效及发展对策——以四川省为例》，《农村经济》第 8 期。

王军军，2011，《我国农村资金互助社发展问题研究》，硕士学位论文，云南财经大学。

王淑娟，2016，《上半年全省家庭承包耕地流转 789.8 万亩》，《云南日报》9 月 22 日，第 4 版。

王曙光，2015，《农地改革打开土地金融创新的空间》，《中国农村金融》第 7 期。

王曙光、王东宾，2015，《村镇银行的定位与挑战》，《中国金融》第

23 期。

王曙光等，2006，《农村金融与新农村建设》，华夏出版社。

王曙光等，2013，《普惠金融——中国农村金融重建中的制度创新与法律框架》，北京大学出版社。

王硕平、蓝波、邱海明，2003，《存量改革：民营银行准入的现实选择——兼论农村信用社历史包袱的解决思路》，《南方金融》第 1 期。

王廷，2011，《我国村镇银行发展问题研究》，硕士学位论文，内蒙古大学。

王晓晨，2012，《我国民营银行的发展思考——以浙江省台州市为例》，硕士学位论文，西南财经大学。

王信，2014，《我国新型农村金融机构的发展特征及政策效果研究》，博士学位论文，西南财经大学。

王雪友，2016，《农村资金互助社的研究热点与进展——基于文献评述的视角》，《上海商学院学报》第 3 期。

王杨，2013，《我国农村资金互助社监管法律制度的完善》，《华北电力大学学报》（社会科学版）第 6 期。

王一鸣、武翔宇，2011，《资金互助社的融资创新："银行—互助社员"直贷模式》，《农村金融研究》第 7 期。

王永康，2014，《农村"三权"抵押贷款面临的法律障碍——以浙江省丽水市为例》，《理论动态》第 35 期。

王元涛、霍强、秦绍娟，2015，《滇桂沿边金融综合改革试验区建设路径研究》，《学术探索》第 7 期。

王赞信、陈瑛，2012，《边境经济区吸引投资的政策效应分析》，《云南财经大学学报》第 5 期。

王浙诚，2011，《农村资金互助社可持续发展的策略取向研究》，《浙江金融》第 8 期。

王振山，2000，《银行规模与中国商业银行的运行效率研究》，《财贸经济》第 5 期。

王宗柱，2015，《基于 SWOT 分析的云南省农村资金互助社发展问题及模式研究》，硕士学位论文，云南财经大学。

韦晓英，2019，《新时期普惠金融背景下小额信贷精准扶贫创新模式研究——基于"中和农信"的案例分析》，《农村金融研究》第 2 期。

卫新江，2013，《民营银行理性生长之路》，《决策》第 12 期。

温涛、熊德平，2008，《"十五"期间各地区农村资金配置效率比较》，《统计研究》第 4 期。

温涛等，2014，《农村金融可持续发展的服务创新与动态竞争战略研究》，北京师范大学出版社。

温铁军、刘亚慧、袁明宝，2018，《创新农地金融制度》，《中国金融》第 10 期。

文维虎、邱文龙、文惠枫，2014，《构建我国新型合作金融体系的再思考》，《西南金融》第 12 期。

吴红军、何广文主编，2015，《中国农村普惠金融研究报告 2014》，中国金融出版社。

吴卫锋，2012，《新兴市场国家在金融开放与经济增长关系中的作用——兼论对中国金融开放的启示》，《山西财经大学学报》第 11 期。

吴晓灵，2013，《发展小额信贷　促进普惠金融》，《新产经》第 6 期。

吴永兴、袁天昂，2011，《发展云南农村普惠金融的思考》，《时代金融》第 29 期。

伍芳，2013，《聚焦林权抵押贷款》，《时代金融》第 4 期。

向琳、李季刚，2010，《中部地区农村金融资源需求的影响因素分析》，《天津市财贸管理干部学院学报》第 3 期。

肖富义、陈学军，2013，《"三权"抵押贷款的探索与完善——以重庆市"三权"抵押贷款支持民营经济发展为例》，《农村经济与科技》第 8 期。

肖圣章，2014，《破解农村"三权"抵押贷款难题》，《浙江经济》第 6 期。

谢必如，2016，《重庆地票七年》，《中国国土资源报》3 月 21 日，第 3 版。

谢菲、申韬，2015，《广西沿边金融改革背景下跨境资金流动风险管理探讨》，《东南亚纵横》第 5 期。

辛耀、张筑平，2013，《贫困山区农村金融创新研究》，科学出版社。

徐滇庆主编，2002，《金融改革 路在何方——民营银行 200 问》，北京大学出版社。

许经勇，2016，《发育要素市场是供给侧结构性改革的重要环节》，《学习论坛》第 11 期。

薛书明、王兰芳、马继洲、卡波，2013，《农村资金互助社可持续发展模式探讨及路径选择——以甘肃临夏回族自治州为例》，《西部金融》第 11 期。

严伟涛，2016，《重庆农村土地交易所存在的问题与发展建议》，《经营与管理》第 8 期。

严智，2015，《文山州农村土地承包经营权抵押融资管理研究》，硕士学位论文，云南财经大学。

言如、裕海，2015，《重庆市地票改革实践与成效》，《中国国土资源报》6 月 6 日，第 8 版。

燕小青，2012，《民间金融发展的理论与实证》，中国社会科学出版社。

杨德勇，1997，《论中国金融效率的现状及政策选择》，《内蒙古财经学院学报》第 2 期。

杨抒燕，2015，《云南发力区域性金融中心建设》，《云南日报》9 月 10 日，第 9 版。

杨婷怡，2014，《西部地区农村产权抵押融资试验模式比较研究》，硕士学位论文，西北农林科技大学。

杨希、罗剑朝，2015，《西部地区农村产权抵押融资政策效果评价——基于陕西、宁夏的农户数据》，《西北农林科技大学学报》（社会科学版）第 1 期。

叶欣、冯宗宪，2004，《外资银行进入对本国银行体系稳定性的影响》，《世界经济》第 1 期。

衣昊翰，2014，《当前农村宅基地抵押贷款的困境制约与对策建议》，《上海房产》第 3 期。

余坤莲，2019，《基于 DEA 分析法的西部地区农村信贷资金配置效率及其影响因素研究》,《开发性金融研究》第 1 期。

袁天昂,2012,《昆明建设泛亚金融中心的战略构想及对策建议》,《经济问题探索》第 5 期。

袁天昂,2013,《云南银行业的沿边发展战略研究——兼谈大湄公河次区域的金融合作与展望》,《时代金融》第 1 期。

袁天昂,2015,《云南省民营银行的发展问题研究》,《时代金融》第 2 期。

岳传刚,2014,《农村"三权"抵押贷款改革创新困局求解》,《中国银行业》第 5 期。

云南省人民政府,2019,《云南省乡村振兴战略规划(2018—2022 年)》,《云南日报》2 月 19 日,第 8 版。

曾刚、李博文,2017,《商业银行资产结构调整的背景、趋势与建议》,《农村金融研究》第 1 期。

詹小颖,2015,《金融生态与广西沿边跨境金融创新研究》,《金融经济》第 18 期。

张杰,2003,《中国农村金融制度:结构、变迁与政策》,中国人民大学出版社。

张杰,2005,《农户、国家与中国农贷制度:一个长期视角》,《金融研究》第 2 期。

张杰、刘东,2006,《金融结构、金融生态与农村金融体系的建构》,《当代经济科学》第 4 期。

张杰、尚长风,2006,《我国农村正式与非正式金融的分离与融合》,《经济体制改革》第 4 期。

张乐柱,2005,《农村合作金融制度研究》,中国农业出版社。

张明,2014,《金融开放中的潜在风险》,《中国金融》第 14 期。

张仁枫、杨继瑞,2012,《我国农村"三权"抵押贷款的实践与存在的问题》,《南方农村》第 9 期。

张婷,2013,《农村资金互助社法律问题研究》,硕士学位论文,西南政法大学。

张笑尘,2009,《村镇银行市场定位分析》,《西部金融》第 6 期。

张亚枝，2014，《普惠金融视角下村镇银行信贷运行机制研究——以云南省为例》，硕士学位论文，山东大学。

张宇雁、王俊春、段丹、寸常兴、董晓波，2019，《保山市"三权三证"政策实施情况及优化策略研究》，《保山学院学报》第 2 期。

章建伟、卢亚娟、龚剑玲，2003，《市场结构、产权结构与民营银行》，《现代管理科学》第 5 期。

赵俊臣，2009，《中国农村金融新体系构建研究》，中国社会科学出版社。

赵文龙，2013，《西部地区保险资金运用面临"抽血"困境亟待破解》，《中国保险》第 9 期。

赵艳莉、张庆亮，2010，《我国农村资金互助社监管探讨》，《农村金融研究》第 6 期。

赵一哲、王青，2015，《农地承包经营权抵押贷款风险的研究——基于涉农金融机构视角》，《安徽农业大学学报》（社会科学版）第 2 期。

赵颖新，2013，《促进云南与东盟区域金融合作探讨》，《当代经济》第 5 期。

郑凤田，2016，《"三权分置"是我国农村改革的重大创新》，《农村金融研究》第 6 期。

郑建团，2013，《云南省在 GMS 次区域开展跨境贸易人民币结算的可行性研究》，硕士学位论文，云南大学。

郑建团、袁天昂，2012，《云南省跨境贸易人民币结算发展研究——以 GMS 国家为例》，《时代金融》第 26 期。

中共中央、国务院，2018，《乡村振兴战略规划（2018–2022 年）》，人民出版社。

钟碧兰、申韬，2015，《广西沿边金融改革试验区金融生态环境优化研究》，《经济与社会发展》第 5 期。

钟慧安，2015，《对我国普惠金融发展问题的新思考——基于互联网金融视角》，《金融与经济》第 10 期。

钟伟，2004，《中国民营银行宜走社区银行之路》，《上海金融》第 6 期。

钟志勇，2013，《论新型农村合作金融的发展思路》，《甘肃金融》第7期。

周道许，2010，《金融对外开放条件下的金融安全》，《中国金融》第3期。

周孟亮、李明贤、孙良顺，2012，《基于普惠金融视角的小额贷款公司发展研究》，《西北农林科技大学学报》（社会科学版）第4期。

周倩，2015，《跨境贸易人民币结算的影响因素研究》，硕士学位论文，辽宁大学。

周霆、胡佑爱，2011，《建立村级农户资金互助社问题研究——基于湖南省岳阳市农村的调查》，《农业发展与金融》第3期。

周小川，2013，《推动包容性金融发展》，《资本市场》第11期。

周溢，2014，《激活农民"沉睡资产"启动农村"发展引擎"》，《中国农村金融》第4期。

庄博丞，2015，《云南省建设沿边金融综合改革试验区的对策研究》，硕士学位论文，云南财经大学。

## 英文文献

Arestis, P., P. Demetriades. 1997. "Financial Deepening and Economic Growth: Assessting," *The Evidence. The Economic Journal* (107).

Besley, T. 1994. "How do Market Failures Justify Interventions in Rural Credit Markets?" *World Bank Research Observer* 9 (1).

Bouman, F., J. Rosca. 1995. "On the Origin of the Species," *Saving and Development* (2).

Darrat, A. 1999. "Are Financial Deepening and Economic Growth Causally Related? Another Look at the Evidence," *International Economic Journal* 13 (3).

Deininger, Klaus, and Hans Bingswanger, 1999. "The Evolution of the World Bank's Land Policy: Principles, Experience, and Future Challenges," *The World Bank Research Observer* 14 (2).

Deininger, K. 2003. *Land Policies for Growth and Poverty Reduction. A World Bank Research Report*. New York: Word Bank and Oxford University Press.

Demirguc-Kunt, A., E. Detragiache. 1998. "Financial Liberalization and Financial Fragility," *Social Science Electronic Publishing* 98 (1917).

Dimitris, K., Christopoulos, Efthymios G. Tsionas. 2004. "Financial Development and Economic Growth: Evidence from Panel Unit Root and Cointegration Tests," *Journal of Development Economics* (73).

Feder, G., A. Nishio. 1998. "The Benefit of Land Registration and Titling: Economic and Social Perspectives," *Land Use Policy* 15 (1).

Goldsmith, R. M. 1969. *Financial Structure and Development.* New Haven, Conn: Yale University Press.

Hoff, KarlaJoseph, and E. Stiglitz. 1997. "Moneylenders and Bankers: Price-increasing Subsidies in a Monopolistically Competitive Market," *Journal of Development Economics* 52 (2).

Johan, F. M. 2006. *Swinnen Scott Rozelle, From Marx and Mao to the Market: The Economics and Politics of Agricultural Transition.* Oxford University Press.

King, R. G., Levine R. Finance. 1993. "Entrepreneurship and Growth: Theory and Evidence," *Journal of Monetary Economics* 32 (3).

Levine, R., Zervos S. Stock. 1996. "Markets, Banks, and Economic Growth," *American Economic Review* 88 (88).

Lucas, R., R. Lucas. 1998. "On the Mechanics of Development Planning," *Journal of Monetary Economics* (1).

Martin, Brown, Maria Rueda Maurer, Tamara Pak and Nurlanbek Tynaev. 2009. "The Impact of Banking Sector Reform in a Transition Economy: Evidence from Kyrgyzstan," *Journal of Banking & Finance* 33 (9).

Michael, S. Barr. 2004. "Banking the Poor," *Yale Journal on Regulation* (21).

Montiel, P. J., P. R. Agénor, N. U. Haque. 1993. *Informal Financial Markets in Developing Countries: A Macroeconomic Analysis.* Blackwell.

Nigrini, M. 2002. "Empowering Poor Rural Villages in South Africa: A Preliminary Investigation into Financial Service Cooperatives," *South African Journal of Economics* 72 (2).

Obstfeld, Maurice. 1998. "Open-Economy Macroeconomics: Developments in Theory and Policy," *The Scandinavian Journal of Economics* 100 (1).

Pal, S. 2002. "Household Sectoral Choice and Effective Demand for Rural Credit in India," *Applied Economics* 34 (14).

Patrick, H. T. 1996. "Financial Development and Economic Growth in Developing Countries," *Economic and Cultural Change* 14 (2).

Peter, B., R. Hazel. 2006. "The Appropriate Role of Agricultural Insurance in Developing Countries," *International Development* (4).

Rao, P. S. C., J. B. Miller, Y. D. Wang, et al. 2009. "Energy-Microfinance Intervention for Below Poverty Line Households in India," *Energy Policy* 37 (5).

Romer, P. M. 1986. "Increasing Returns and Long-Run Growth," *Journal of Political Economy* 94 (5).

Rutherford, S. 1999. The Poor and Their Money: An Essay About Financial Services for Poor People. Chronic Poverty in Bangladesh: Tales of Ascent, Descent, Marginality, and Persistence, Dhaka: Bangladesh Institute of Development Studies Sinha, S. and I. Matin, 1998, "Informal Credit Transactions of Micro-credit Borrowers in Rural Bangladesh" IDS Bullet.

Saeed, Qureshi, Ijaz Nabi, Rashid Faruqee. 1996. *Rural Finance for Growth and Poverty Alleviation in Pakistan*, *Policy Research Working Paper*. World Bank.

Shaw, E. S. 1973. *Financial Deeping in Economic Development*. New York: Oxford University Press.

Sheremenko, Ganna, and Cesar Escalante, 2017. "Financial Sustainability and Poverty Outreach: The Case of Microfinance Institutions in Eastern Europe and Central Asia," *The European Journal of Development Research* 29 (1).

Sonnich, S. 1980. *Consumer's Cooperative*. Elsvier Science Publishing Company, New York.

Soto, H. D. 2000. *The Mystery of Capital: Why Capitalism Triumphs in the West and Fails Everywhere Else*. New York: Basic Books Press.

Stigliz, H. K., J. E. Weiss. 1990. "Introduction: Imperfect Imformation and Rural Credit Arkets: Puzzles and Policy Perspectives," *World Bank Economic*

*Review* (3).

Veettil, Prakashan Chelattan, Darley Jose Kjosavik and Arathy Ashok. 2013. "Valuing the 'Bundle of Land Rights': On Formalising Indigenous People's (adivasis) Land Rights in Kerala, India," *Land Use Policy* 30 (1).

Zaman, H. 2004. *The Scaling-up of Microfinance in Bangladesh: Determinants, Impact and Lessons*. World Bank.

# 后　记

　　首先，要感谢云南省社会科学界联合会的大力支持，使本书得以出版。其次，要感谢课题组及其普惠金融研究团队成员的精诚合作与共同努力，多年的不懈付出终于修成"正果"，尽管还有不少瑕疵与不足。本书由本人负责总体设计、总纂与修改，研究成员绝大部分是云南财经大学长期从事金融教学与研究的教师及本人带的研究生，还有两位是中国人民银行昆明中心支行长期从事金融理论与政策研究的资深研究员。各位研究成员的具体研究任务及其贡献是：陈爱华（金融学院教授）第五章，姜健（硕士研究生）第六章，和双翼（硕士研究生）、刘宏博（硕士研究生）第七章，其余各章主要由本人（金融研究院教授）负责，张旭明和袁天昂（分别为中国人民银行昆明中心支行高级会计师和高级经济师）提供了部分数据资料并参与了讨论指导，硕士研究生们还承担了部分文献综述和数据整理任务。另外，博士研究生罗艺婷、李雪林和硕士研究生王吉祥、唐源参与了最后修改中的数据更新工作。再次，要感谢各位专家提出的诸多修改意见，以及编辑们细致入微的修正校对，该研究不断得以充实完善多仰赖于此。最后，要感谢那些不能一一提及的调研单位及其人员以及身边熟悉的师生、朋友与领导，他们的关心支持与朋友间自由随性的交流讨论，常常使我感动，自觉一无用处，无以为报。现在终于可以聊以自慰，一切的辛劳付出没有白费，谨借此书的正式出版，奉上对以上相关各方人士的崇高敬意与衷心感谢。

　　由于时间紧，加上数据资料和研究水平有限，本书必然存在诸多缺陷与问题，还望广大读者批评指正。

唐青生

2022 年 6 月 20 日

图书在版编目（CIP）数据

云南沿边农村金融发展问题研究／唐青生等著. --
北京：社会科学文献出版社，2023.5
（云南省哲学社会科学创新团队成果文库）
ISBN 978-7-5228-0202-2

Ⅰ.①云…　Ⅱ.①唐…　Ⅲ.①农村金融-经济发展-
研究-云南　Ⅳ.①F832.35

中国版本图书馆 CIP 数据核字（2022）第 099407 号

云南省哲学社会科学创新团队成果文库
云南沿边农村金融发展问题研究

著　　者／唐青生 等

出 版 人／王利民
组稿编辑／宋月华
责任编辑／袁卫华
文稿编辑／公靖靖
责任印制／王京美

出　　版／社会科学文献出版社
　　　　　地址：北京市北三环中路甲 29 号院华龙大厦　邮编：100029
　　　　　网址：www.ssap.com.cn
发　　行／社会科学文献出版社（010）59367028
印　　装／唐山玺诚印务有限公司

规　　格／开本：787mm×1092mm　1/16
　　　　　印张：15　字数：237 千字
版　　次／2023 年 5 月第 1 版　2023 年 5 月第 1 次印刷
书　　号／ISBN 978-7-5228-0202-2
定　　价／138.00 元

读者服务电话：4008918866